鹿児島県
甑島方言からみる
文法の諸相

窪薗晴夫
木部暢子 ｜編
高木千恵

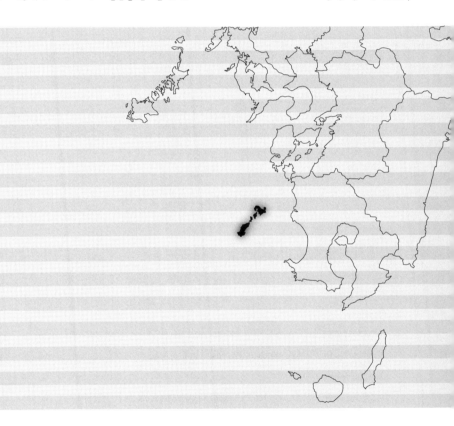

くろしお出版

Japanese Grammar: Koshikishima Japanese and Beyond

© Haruo KUBOZONO, Nobuko KIBE, and Chie TAKAGI

First published 2019

All rights reserved. No part of this publication may be reproduced,
stored in a retrieval system, or transmitted in any form or by any means,
without the prior permission in writing of Kurosio Publishers.

Kurosio Publishers
4-3 Nibancho, Chiyoda-ku, Tokyo 102-0084, Japan

ISBN 978-4-87424-786-0
printed in Japan

序

　本書は日本語の危機方言の一つである甑島方言(鹿児島県)の文法体系・構造を、現地での方言調査をもとに、歴史言語学と対照方言学の視点を交えて考察した研究論文集である。14名の研究者による計11編の論文を、次の4つのセクションにまとめた。
　Ⅰ「甑島里方言の文法概説」(甑島方言の概観)
　Ⅱ「甑島の中を比べる」(集落間の異同を検討する)
　Ⅲ「里方言を掘り下げる」(里集落の体系を詳細に分析する)
　Ⅳ「甑島の外に広げる」(日本語の他の方言や昔の日本語と比較する)

　甑島は鹿児島県本土の西40kmの東シナ海に浮かぶ孤島である(地図参照)。その方言は鹿児島方言や長崎方言の姉妹方言でありながら、本土方言とは音声的にも文法的にも異なる独自の進化を遂げており、近年、方言学だけでなく日本語史や言語類型論などの観点からも注目を集めている。話者は推定で2,500人ほどであるが、方言保存の運動がない中で過疎化・高齢化が進み、あと20〜30年程で消滅するのではないかと危惧されている。日本の危機方言の中でも極めて危機度の高い方言の一つである。

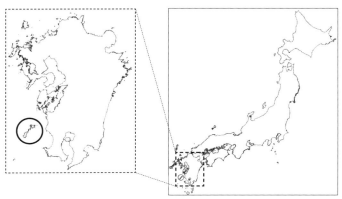

出典：国土地理院

i

序

　この方言については個々の研究者が音声もしくは文法について断片的な研究報告を行ってきたが、本格的な調査が行われていなかったこともあり体系的な記述は皆無であった。そのような中、2012年からの3年間、人間文化研究機構連携研究「アジアにおける自然と文化の重層的関係の歴史的解明」の中の一つの班として、共同研究プロジェクト「鹿児島県甑島の限界集落における絶滅危機方言のアクセント調査研究」(代表者・窪薗晴夫)を行う機会を得た。「アクセント調査研究」という名称ではあったが、実際にはアクセント研究班と文法研究班に分かれて総合的な研究を目指した。本書はこの調査研究のうち、文法研究班の成果を研究論文集としてまとめあげたものである。なお、本書には『甑島里方言記述文法書』(2015年、国立国語研究所)という姉妹書が存在する。書名の通り、甑島の中でも里集落の方言に絞ったもので、その音声・音韻構造から形態、統語、意味の各構造と語彙特徴を概略的に記述した報告書である。データの報告とその記述が中心であるため、本書との重複は小さいものの、本書に収められたいくつかの論考で言及されている。下記のサイトで公開されているので、必要に応じて参照されたい。
https://kuir.jm.kansai-u.ac.jp/dspace/bitstream/10112/9071/1/KU-1100-20150300-00.pdf#search=%27 甑島里方言記述文法書 %27

　本書は、甑島方言の文法体系を格構造、待遇表現、敬語体系、動詞語幹交替、モダリティ、条件表現などの観点から分析した点において、この消滅に瀕した方言に関する初めての文法書と言うことができる。本書はまた、甑島方言を他の日本語方言や昔の日本語(京都方言)と比較するという「外からの視点」も持って執筆されており、単に一方言の記述文法書にとどまらず、日本語史や方言学全体に資する内容をも有している。

　本書を構成する各章は、すべて日本語学会や日本言語学会等の全国規模の学会で発表されたものをもとにしており、そこで得られた専門家の意見をもとに執筆された。すべての章が執筆者間の内部査読と3人の編集者の査読にもとづき修正・改稿されており、その意味において学会誌と同じように厳

しい査読を経て採用された論文である。このたび、JSPS 科研費 JP18HP5063 の出版助成を得て本書が刊行されることになった。この刊行が甑島方言研究の一つのステップとなり、この危機方言と日本語の諸方言に関する調査研究がさらに進むことを期待したい。

　最後に、この論文集は国立国語研究所基幹型共同研究プロジェクト「対照言語学の観点から見た日本語の音声と文法」の支援により編集されたものである。編集作業には同プロジェクトの非常勤研究員である吉田夏也氏の協力が不可欠であった。またくろしお出版の荻原典子氏には科学研究費補助金の申請から本書の刊行までご支援をいただいた。ここに記してお礼申し上げる。

2018 年 7 月

窪薗晴夫
木部暢子
高木千恵

目　次

　　　　　序 i

Ⅰ．甑島里方言の文法概説
甑島里方言の文法概説 .... 松丸真大　3

Ⅱ．甑島の中を比べる
甑島方言の格について .... 坂井美日　49
甑島方言の素材待遇形式の運用とその地域差 .... 酒井雅史　83
甑島方言からみる言語変化と伝統方言形式のゆくえ .... 平塚雄亮　105

Ⅲ．里方言を掘り下げる
甑島里方言のモダリティ表現
　　　　　　　　　　白岩広行・門屋飛央・野間純平・松丸真大　121
甑島里方言の条件表現 .... 有田節子・岩田美穂・江口正　157

Ⅳ．甑島の外に広げる
授与動詞「くれる」と敬語体系
　——甑島・北薩方言における運用から—— .... 森勇太　185
甑島方言における対称詞について .... 山本空　205
指示副詞の形式と意味
　——古典語・甑島方言を通して—— .... 藤本真理子　229
甑島里方言のノダ相当形式にみられる音変化
　——他方言と対照して—— .... 野間純平　249
動詞語幹交替より紐解く九州方言のラ行五段化 .... 黒木邦彦　273

　　　　　索　引 291
　　　　　編者・執筆者一覧 295

I.
甑島里方言の文法概説

甑島里方言の文法概説

松丸真大

キーワード：甑島、文法概説、音韻論、形態論

要旨

　本稿は甑島里方言の文法概説であるとともに、本論文集に収められている各論文への導入としても位置づけられる。本稿では森・平塚・黒木（編）(2015) や平塚 (2017) の成果をふまえ、まず当該方言の音声・音韻について簡単に整理した。その後、形態論的、形態音韻論的な特徴をあげた。形態論では、名詞・動詞・形容詞・コピュラの屈折・派生形態論をまとめたうえで、連体詞・副詞・疑問詞などの語や、焦点助詞・接続助詞・終助詞・準体助詞といった助詞（接語）類についてもふれた。本稿では統語構造・構文に関する現象や、各々の文法形式の詳細な意味については記述が及んでいない。また、他方言と比較することで当該方言の特徴を明らかにすることもできていない。これらについては、本論文集所収の各論文が詳しい。

1. はじめに

　本稿はこの論文集の各論文への導入を目的として、甑島里方言の文法を概説するものである。本稿の内容は、森・平塚・黒木（編）(2015) および平塚 (2017) の成果に全面的に拠っている。森・平塚・黒木（編）(2015) では音韻論から統語論まで広く記述がなされているが、本稿では音韻論・形態論を中心に扱う。本論文集に収められた各論文が扱っていない部分を素描することで、論文集全体が一つのまとまりを持った記述となるよう目指すとともに、各論文の連関を示すことも意図している。また、当該方言の文法事象について広く扱うために、それぞれの記述は簡略にせざるをえなかった。当該方言の文法事象についてさらに理解を深めたい場合は、本論文集の各論文や、

森・平塚・黒木（編）(2015)、平塚(2017)、白岩ほか(2017)を参照されたい。

なお、本稿の構成は日本語研究英文ハンドブックシリーズ第7巻 *Handbook of Japanese Dialects*（Mouton 社）の記述様式（下地(2013)の「琉球諸語文法スケッチ章立て（執筆項目）案」を本土方言用に改編したもの）に基づいている。フォーマットの使用を快く認めてくださった、木部暢子氏、佐々木冠氏、新田哲夫氏に記して感謝申し上げたい。

2. 方言の概要

図1　甑島列島と島内の主要地点・港

甑島列島は、鹿児島県いちき串木野市の西方に位置し、上・中・下甑島（および周辺の無人島）からなる（図1）。以前は里村・上甑村・鹿島村・下甑村の4つに区分されていたが、2004年に全域が薩摩川内市に合併された。鹿児島県内の方言区画では「離島方言」として位置づけられ、本土の薩隅方言とは区別される（上村1964）。二型アクセント・敬語形式モスを持つ点で

は薩隅方言と共通する一方で、二重母音 [ai] の変化・語尾イ列ウ列音節の内破音化や主格助詞ノ・対格助詞バ・形容詞カ語尾・接続助詞バッテがあるという点では肥筑方言的な特徴を示すことがわかっている（上村 1936, 1964）。ただし列島内でも地点によって異なった言語的特徴を示し、特に音声・音韻の点では地域差が著しいことが指摘されている。

　薩摩川内市のウェブページによると、2017 年 9 月 1 日時点の甑島の人口は 4,603 人である。このうち、本稿の対象である里地区（里町里）の人口は 1,166 人で、島内で最も人口が多い地域である。

　なお、島内には高等学校や大学がないため、進学を希望する場合は島外（多くは鹿児島県）の学校に行くことになる。そのため、外住歴のない話者のほうが少ない。

　里地区は、さらに薗上（そのうえ）、薗中（そのなか）、薗下（そのした）、村東（むらひがし）、村西（むらにし）という地区に分かれる。本稿の記述の大部分は、薗中、薗下、村東の話者への調査に基づいている。

3. 音韻論

3.1. 音素目録

　里方言の母音を表 1 に、子音を表 2 に示す。表では音素表記の / / を省略している。表中の [ ] 内には実現形を示した。異音がある場合は音声を「~」で区切って示す。子音の表における調音の位置は便宜的なものであり、必ずしもこの位置で実現するとは限らない。これらのほかに、モーラ音素 /Q/ と /N/ がある点は現代標準日本語（以下、「標準語」）と共通している。

表 1　母音

	前舌	奥舌
狭	i [i]	u [u̜]
	e [je~ʲe~e]	o [ʷo~o]
広	a [a]	

表2　子音

	両唇	歯茎	硬口蓋	軟口蓋	声門
無声破裂音	p [p]	t [t]		k [k]	
有声破裂音	b [b]	d [d]		g [g]	
破擦音			c [ts]		
無声摩擦音		s [s]			h [ɸ~h]
有声摩擦音		z [z~dz]			
鼻音	m [m]	n [n]			
弾き音		r [ɾ]			
接近音	w [w]		j [j]		

3.1.1. 母音要素

短母音音素は /i, e, a, o, u/ の5つである。/i/、/a/ の音価はそれぞれ [i]、[a] である。/u/ はやや前よりの [ɯ] で発音される（以下、表記の便宜から [u] で代表させる）。母音 /e/、/o/ は次のような条件異音を持つ。

(1) 　/e/ 　→ [je] / #__ 　　　（例）/eda/ [jeda] '枝'
　　　　　→ [ʲe] / V.__ 　　　/hu.e/ [ɸuʲe] '笛'
　　　　　→ [e] / その他 　　/ki.see/ [kʲiseː] '煙管'
(2) 　/o/ 　→ [ʷo] / V.__ 　　（例）/si.o/ [ɕiʷo] '塩'
　　　　　→ [o] / その他 　　/orooi/ [oroːi] '居ようよ'

長母音は、/ii/、/ee/、/aa/、/oo/、/uu/ の5種類である。

二重母音は /ai/、/oi/、/ui/、/au/ の例が多いが、/ae/（[mae]'前'）、/oe/（[koe]'声'）、/ue/（[tsue]'杖'）、/io/（[io]'魚'）、/ao/（[ao]'青'）などの例もある。それ以外は不適格か稀少である。

3.1.2. 子音要素

子音音素は /m, p, b, w, n, r, s, c, z, t, d, j, k, g, h/ の15種類である。

3.1.2.1. 位置の制限

・/N/ は音節末に現れるのが基本だが、ごく稀に語頭に現れることがあ

る。これを前音節 /NN/ と解釈することもできる。
- 語中の子音連続は /hw/ と /Cj/ 以外は許されない（C は子音を表す。(6) も参照）。
- /N/ 以外の子音は語末に現れない。
- 語末に /ni/、/nu/ は現れない。

3.1.2.2. 結合の制限

- /c/ は /i, u/ 以外の母音と結合しにくい。ただし、naacaa [naːtsaː] '夏は' という例から、全く不可能ではないことがわかる。
- /w/ は /u, o/ とは結合しない。/i/ と結合するのは、長母音 /ii/ の場合のみである。
- /t, d/ は /i, u/ と結合しない。
- /w, t, d/ が /j/ と結合する場合 /wjaa, tjaa, djaa/ という形でのみ現れる。
- /j/ は /i, e/ と結合しない。[je] という実現形があるが、それは /e/ の条件異音と考える ((1) 参照)。
- 漢語以外で /h/ が母音や /n/ の後に現れることはほとんどない。また、/Q/ の後に /h/ が現れることもない。

3.1.2.3. 異音

標準語と同様、子音音素の多くが /i/ の直前で口蓋化する。

(3)　/m/ → [mj]　　/p/ → [pj]　　/b/ → [bj]　　/w/ → [wj]　　/n/ → [ɲ]
　　　/r/ → [rj]　　/s/ → [ɕ]　　/c/ → [tɕ]　　/z/ → [ʑ ~ dʑ]　/k/ → [kj]
　　　/g/ → [gj]　　/h/ → [ç]

/z/ や /h/ は次のような条件異音を持つ。

(4)　/z/ → [z]/V__　　　　　（例）/kaze/ [kaze] '風'
　　　　→ [dz]/その他　　　　　　/zeNzeN/ [dzendzeŋ] '全然'
(5)　/h/ → [ɸ]/__u　　　　　　　/hune/ [ɸune] '船'
　　　　→ [h]/その他　　　　　　/hai/ [hai] '針'

モーラ音素 /N/ と /Q/ の実現形に関わる条件は標準語と同様である。音素

/N/ は鼻音という調音法だけが定まっており、調音点は直後の子音に同化する。/Q/ も閉鎖音という素性だけが定まっており、調音点は直後の子音に同化する。

3.2. 音節構造とモーラ

音節の構成要素を (6) のように定めると、音節の基本構造は (7) のようになる。それぞれの音節構造の例も (8) に示す。

(6)　　C: /p, t, k, b, d, g, m, n, s, z, c, h, r/
　　　　G: /j, w/
　　　　V: /i, e, a, o, u/
　　　　M: /N, Q/

(7)　　(C) (G) V_1 (V_2) (M)

(8)　　V_1:　　　i '胃'、e '家'、i.ta '行った'、mo.e.te '燃えて'
　　　　CV_1:　　me '目'、te '手'、ha '歯'、mi.kjaa '見に'
　　　　GV_1:　　ju.bi '指'、ni.wa '庭'
　　　　CGV_1:　cja '茶'、zja.ko 'キビナゴ'、a.cja.gu.ci '舌足らず'
　　　　V_1V_2:　ee '家に'、uu '追う'、oo.mi '海'、aa.mi '網'
　　　　CV_1V_2:　bui '鰤'、moo '藻'、a.kii '秋に'、toi.kjaa '取りに'
　　　　CGV_1V_2:　kjui 'キュウリ'、wjaa.te '沸いて'、too.hwaa '豆腐は'
　　　　V_1M:　iN '犬'、oN 'ウニ'、iQ.too '一族'、aQ.te 'あって'
　　　　CV_1M:　deN '出ない'、keN '絹; 来ない'、toQ.te '取って'
　　　　CGV_1M:　naN.gjaQ.te '投げなさって'、cjaN.to 'こんな'
　　　　V_1V_2M:　kjoo.iku.iiN.kai.de '教育委員会で' (借用形態素のみ)
　　　　CV_1V_2M:　ne.baaN '真綿'、naaN.mo '何も'、si.reeQ.to '何食わぬ顔で'
　　　　CGV_1V_2M: ci.hoo.sjooN '痴呆症に' (借用形態素のみ)

なお、ピッチの変動は基本的音節の前後でおこる。また、前音節 /NN/ 内でもピッチの変動がおこる。ここから、基本的音節と前音節がそれぞれ 1 モーラを形成すると言える。

3.3. アクセント

当該方言のアクセントはいわゆる二型アクセントである。すなわち、語のアクセントは基幹となる形態素のアクセント型に基づいて、後ろから2つ目のモーラが高く発音されるA型と、最後のモーラが高く発音されるB型のどちらかで実現する（窪薗 2012 など）。

甑島・手打方言（窪薗 2012）と同様、里方言でもアクセントはモーラ単位で付与され、多モーラ語は重起伏になることがある。重起伏式で実現するのは、4モーラ以上のA型語と3モーラ以上のB型語である。

4. 名詞の構造

4.1. 普通名詞の内部構造

4.1.1. 単数と複数

名詞に数（number）のカテゴリはない。ただし人称名詞には単数・複数の区別がある。人称名詞以外の人を表す名詞にも複数を表す手段があり、接尾辞 -taaci を付加することで複数を表せる。この場合、X-taaci という形は「X〈人〉およびXに関係する人々」という「連合複数」（associative plural）の意味を表す。

4.1.2. 接辞

名詞に付く接尾辞には、前節であげた複数を表す -taaci のほかに、人を表す名詞に付いて、待遇的意味を付加する次のような接尾辞がある。上位待遇接尾辞は生産的だが、下位待遇接尾辞は現時点では限られた名詞に付く例しか確認できていない。

(9)　上位待遇接尾辞
  a.　-cjaN：親しみを感じる人物の名前を表す名詞に付く
  b.　-saN：敬意を払っている人物の名前を表す名詞に付く
  c.　-sama：神仏を表す名詞、または上位待遇の2人称名詞 omai に付く

d.　-zjoo：親しみを感じる女性の名前を表す名詞に付く
　　　e.　-doN：親しみを感じる男性の名前を表す名詞に付くのが普通だが、女性を指す名詞にも付きうる
（10）　下位待遇接尾辞
　　　a.　-buroo：mogai（駄々をこねる〈準体〉）-buroo → '理屈者'、tamagai（驚く〈準体〉）-buroo → '臆病者'
　　　b.　-kuroo：zii（爺）-kuroo → '老いぼれ爺'、baa（婆）-kuroo → '老いぼれ婆'、suQpa（??）-kuroo → 'いい加減な人'

なお、-buroo や -kuroo に似た意味を表す goroo という形式があるが、これは（11）に示すように、名詞だけでなく形式名詞や形容詞語幹にも付きうる。したがって、形態論的には形式名詞とすべきであろう。

（11）a.　名詞：kizu '傷' +goroo → '乱暴者'、hijuuzi '怠け' +goroo → '怠け者'、など
　　　b.　準体句：asa-ne '朝 + 寝る〈準体〉' +goroo → '朝寝坊の人'、など
　　　c.　形容詞：hija '寒い' -sjaa+goroo → '寒がり'、jowa '弱い' +goroo → '弱虫'、など

待遇接尾辞は、上述の連合複数を表す接辞 -taaci と同時に現れることができ、その場合は omai-sama-taaci（2 人称 - 待遇 - 数）'あなたたち' のように待遇接尾辞が先行する。

4.2.　代名詞の構造と体系
4.2.1.　人称代名詞の構造と体系

　人称代名詞には、表 3 のような語が用いられる。当該方言の人称代名詞は、話し相手が目上か否かによって用いる語根が異なる。話し相手が目上の場合には wasi（1 人称）、omai (-sama)（2 人称）が用いられる。話し相手が目上以外の場合には、oi（1 人称）、aQko/wai（2 人称）が用いられる。なお、aQko は wai よりもやや丁寧とされる。1 人称代名詞では、標準語のように話し手の性別によって使い分けられるわけではなく、男女ともに wasi（対目上）または oi（対目上以外）を用いる。また、当該方言には、「彼・彼女」の

ような 3 人称代名詞専用の形式がなく、指示代名詞（4.2.2 節）と人間一般を表す語で構成された、「aN huto」や「aN nisi」という表現で代用される。これらの表現は人称代名詞ではないため、対目上-対目上以外という体系とは無関係である。なお、複数を表す =domo と -taaci のうち、-taaci のほうはやや新しいという意識がある。

表 3　人称代名詞の体系

人称	数	対目上	対目上以外
1 人称	単数	wasi	oi
	複数	wasi=domo	oi=domo
2 人称	単数	omai(-sama)	aQko
			wai
	複数	omai(-sama)=domo	{aQko / aku}=domo
		omai(-sama)-taaci	wai=domo
3 人称	単数	aN huto / aN nisi	
	複数	aN huto=domo / aN nisi=domo	

ところで複数を表す =domo は、次のように動詞や人以外を指す名詞に付き、例示を表すことができる。

(12) a.　センエン　ニセンエン　カセグドモワ　　カンタンヤイター
　　　　千円　　　二千円　　　稼ぐ-NPST=ILST=TOP　簡単=VLZ:NPST=SFP
　　　　'千円二千円稼ぐなんてことは簡単じゃないか'
　　b.　ゲームドメー　ジカンバ　ツカウナ
　　　　ゲーム=ILST:DAT　時間=ACC　使う-PROH
　　　　'ゲームなんかに時間を使うな'

4.2.2.　指示代名詞の体系

指示代名詞（指示詞）は、ko-（近称）、so-（中称）、a-（遠称）、do-（不定称）を語根として、表 4 のような接尾辞を付ける。名詞のほかに、副詞・連体詞の形もある。

表4　指示代名詞の体系

		近称 ko-	中称 so-	遠称 a-	不定称 do-
名詞	もの	ko-i	so-i	a-i	do-i
	場所	ko-ko	so-ko	ai-ko	do-ko
	方向	ko-Qci	so-Qci	a-Qci	do-Qci
副詞	指示	koo	soo	aa	doo
	性状	ko-gaN ko-gaNte	so-gaN so-gaNte	a-gaN a-gaNte	do-gaN do-gaNte
連体詞	指示	ko-N	so-N	a-N	do-N
	性状	ko-gaN ko-gaNta	so-gaN so-gaNta	a-gaN a-gaNta	do-gaN do-gaNta

4.2.3. 数詞の構造と体系

　数詞の体系は、標準語と同様に10進法で、語形も標準語とほぼ同じである（表5）。数量は「数詞 - 類別接尾辞（助数詞）」という形で表す。数詞には和語系数詞と漢語系数詞がある。too '10' 以外の和語系数詞が単独で用いられることはほとんどなく、数を数える場合などは漢語系数詞が用いられる。一方、漢語系数詞 si '4' は単独でしか用いられず、類別接尾辞と共起するときは和語系数詞の jo〜joN が現れる（表中の（　）表示）。漢語系数詞 sici '7' も同様の傾向があり、類別接辞と共起する場合は和語系数詞 nana が現れる。ただし si とは異なり、sici と共起可能な類別接尾辞もある。また、類別接尾辞にも和語系と漢語系の区別があり、原則として和語系類別接尾辞は和語系数詞に、漢語系類別接語は漢語系数詞に付く。人数を表す和語系類別接尾辞 -ri と漢語系接語 =niN は相補分布の関係にあり、-ri は hito- '1' と huta- '2' にだけ付き、=niN はそれ以外の数詞と共起する。類別接尾辞には、表にあげたもののほかに、-hiki（人以外の有生物）、=hoN（細長い物体など）などがある。

表5　和語系数詞と漢語系数詞

	和語系数詞			漢語系数詞			
	数詞	個数	人数	数詞	個数	人数	枚数
1	hi	hito-cu	hito-ri	ici	iQ=ko	――	ici=mai
2	hu	huta-cu	huta-ri	ni	ni=ko	――	ni=mai
3	mi	miQ-cu	――	saN	saN=ko	saN=niN	saN=mai
4	jo	joQ-cu	――	si	(joN=ko)	(jo=niN)	(joN=mai)
5	icu	icu-cu	――	go	go=ko	go=niN	go=mai
6	mu	muQ-cu	――	roku	roQ=ko	roku=niN	roku=mai
7	nana	nana-cu	――	sici	――	sici=niN	sici=mai
					(nana=ko)	(nana=niN)	(nana=mai)
8	ja	jaQ-cu	――	haci	haQ=ko	haci=niN	haci=mai
9	kokono	kokono-cu	――	kjuu	kjuu=ko	kjuu=niN ku=niN	kjuu=mai
10	too	too	――	zjuu	zjuQ=ko ziQ=ko	zjuu=niN	zjuu=mai

4.2.4. 格の種類と機能

　格は、名詞に格助詞を付けることで表す。格助詞の種類と機能・意味については表6を参照されたい。属格は名詞と名詞の関係を表すため、主格と同形ではあるが別に扱っている。所格と具格の =de も同様である。また、表中の点線より上は主要項の格標示に用いられる（ただし =(n)i は周辺項としても用いられる）。=de 以下の格助詞は周辺項の標示に用いられる。

表6　格助詞の種類と基本的機能・意味

形式	基本的機能	意味
=ga / =no	属格 (GEN)	所有・所属・属性
=ga / =no	主格 (NOM)	〔無標〕動作主・自動詞節のテーマ
		〔受動〕被動作者・他動詞節のテーマ
=ba / =o	対格 (ACC)	他動詞節のテーマ
=(n)i	与格 (DAT)	〔無標〕受け手・変化の結果・目的地・移動の目的となる事象・存在の場所・動作の時点
		〔受動〕動作主
		〔使役〕動作主（＝被使役者）
=de	所格 (LOC)	空間・領域
=de	具格 (INST)	道具・材料・手段・時間量・原因
=kara	奪格 (ABL)	起点・経路・手段・材料
=to	共格 (TO)	事態を共に成立させる相手
=juukja	比較格 (CMP)	比較の対象
=made	限界格 (TERM)	限界

5. 動詞の構造

5.1. 屈折形態論

　動詞は、「語幹〔語根＋派生接辞〕＋屈折接辞」で表される。文末終止の位置に現れる動詞は表7（次頁）のような屈折接辞をとる。

　動詞を活用型によって分類すると、子音語幹動詞（いわゆる五段活用動詞）、母音語幹動詞（一段活用動詞）、母音複語幹動詞（二段活用動詞・カ行変格活用動詞「来る」・サ行変格活用動詞「する」）の3型5種類の動詞に分けられる。

　子音語幹動詞は、語幹末子音がそれぞれ、k (kak- '書く'など)、g (nug- '脱ぐ'など)、s (das- '出す'など)、t/c (tac- '立つ'など)、n (sin- '死ぬ'など)、b (tob- '飛ぶ'など)、m (nom- '飲む'など)、r (kir- '切る'など)、w/Ø (kaw- '買う'など) の動詞が属する。この語幹末子音によって過去形・中止形の形態が変わる (10.4節)。

表7　文末終止の動詞屈折形式

	子音語幹	母音語幹	母音複語幹		
	kak- '書く'	mi- '見る'	jamu- 'やめる' jame-	ku- '来る' ki- ke- ko-	su- 'する' si- se-
非過去・肯定	kak-u	mi-i	jamu-i	ku-i	su-i
非過去・否定	kak-aN	mi-raN （mir-aN）	jame-N	ke-N ko-N	se-N
過去・肯定	kjaa-ta	mi-ta	jame-ta	ki-ta	si-ta
過去・否定	kak-aN=jaQ-ta	mi-raN=jaQ-ta	jame-N=jaQ-ta	ke-N=jaQ-ta	se-N=jaQ-ta
命令	kak-e	mi-re （mir-e）	jamee	kee	see se-ro
禁止	kak-una	mi-ina mi-Nna	jamu-ina jamu-Nna	ku-ina ku-Nna	su-ina su-Nna
意志	kak-oo	mi-roo （mir-oo）	jamu-u	ku-u ko-joo	su-u
推量	kak-oo	mi-roo （mir-oo）	jamu-u	ku-u ko-joo	su-u

　母音語幹動詞は、語幹末母音がiの動詞（いわゆる上一段活用動詞）とeの動詞（下一段活用動詞）があるが、活用型は同じである。なお、母音語幹動詞の活用形のうち、否定形・命令形・意志形（・推量形）は、語幹末子音がrの子音語幹動詞（ラ行五段動詞）へ移行しつつある。

　母音複語幹動詞は、複数の母音語幹を交替させて活用させるタイプである。「やめる」のタイプは古典語で下二段活用をとる語群で、過去形・否定形・命令形で jame- のように語幹末がeで終わる語幹が現れ、それ以外で jamu- のように語幹末がuで終わる語幹が現れる。このグループに属する動詞で特徴的な活用パターンを見せる動詞として ne-/nu-/ner- '寝る' や de-/du-/der- '出る' のタイプと、ori-/ore-/oru- '下りる・降りる' がある。「寝る・出る」タイプは、否定形や中止2否定形で ner-aN/ner-aziN、der-aN/der-aziN のようにr子音語幹動詞のような活用形になる。また、「おりる」だけは ori-/ore-/

oru- の 3 つの語幹で交替する。元々は「やめる」と同様に oru-/ore- の 2 つの語幹で活用していたが、他方言との接触で ori- を取り入れて 3 つの語幹となった。ここでは活用型として独立した類型は設けず、「やめる」と同じグループとして扱う。

　ku- 'くる'と su- 'する'は不規則活用動詞で、それぞれ「来る」と「する」の各 1 語しか所属しない。ku- は ku-/ki-/ke-/ko- の 4 つの語幹、su- は、su-/si-/se- の 3 つの語幹が交替する。

　母音複語幹動詞の命令形 jamee/kee/see は（13）のような形を基底として、音韻的な変化を経て実現する（平塚 2017）。

（13）a.　母音複語幹動詞「やめる」：jame-re ＞ jamee
　　　b.　母音複語幹動詞「来る」：koi ＞ kee
　　　c.　母音複語幹動詞「する」：sere ＞ see

　意志形は -(a)u によって作られる。つまり、（14）のような形を基底形とするが、それぞれ音韻規則を経て表の形で実現する。なお、（14b）からわかるように、母音語幹動詞の場合は r 子音語幹動詞化した形（例 mir-「見る」）を用いる。

（14）a.　子音語幹動詞「読む」：jom-au ＞ jomoo
　　　b.　母音語幹動詞「見る」：mir-au ＞ miroo
　　　c.　母音複語幹動詞「やめる」：jame-u ＞ jamuu
　　　d.　母音複語幹動詞「来る」：ke-u ＞ kuu
　　　e.　母音複語幹動詞「する」：se-u ＞ suu

　推量形は、=joo/=jaroo による推量形式（5.2.5 節）に加えて意志形と同形の形式が使われることがあるが、=joo/=jaroo のほうが広い用法で用いられる。

　次に、非文末終止の動詞は次のような屈折形式をとる。連体修飾の形式は、文末終止の非過去・過去形と同形であるため省略する。

表8　非文末終止の動詞屈折形式

	子音語幹	母音語幹	母音複語幹		
	kak- '書く'	mi- '見る'	jamu- 'やめる' jame-	ku- '来る' ki- ke- ko-	su- 'する' si- se-
中止1	kak-i-	mi-	jame-	ki-	si-
中止2・肯定	kjaa-te	mi-te	jame-te	ki-te	si-te
中止2・否定	kak-aziN	mir-aziN	jame-ziN	ke-ziN ko-ziN	se-ziN
並行動作	kak-i-nagara	mi-nagara	jame-nagara	ki-nagara	si-nagara
目的	kak-i-kjaa	mi-kjaa	jame-kjaa	ki-kjaa	si-kjaa
並列	kjaa-tari	mi-tari	jame-tari	ki-tari	si-tari
条件1	kjaa-tara	mi-tara	jame-tara	ki-tara	si-tara
条件2・非過去	kak-eba	mi-reba	jamu-reba	ku-reba	su-reba
条件2・過去	kjaa-taiba	mi-taiba	jame-taiba	ki-taiba	si-taiba

　以下、接辞を -(r)eba や -(a)ziN のように ( ) を用いて示すことがある。( ) 内が子音の接辞は母音語幹に接続する場合にその子音が現れることを表す。したがって、kak-eba/mi-reba/jame-reba/ku-reba/su-reba のようになる。一方、( ) 内が母音の接辞は、子音語幹に接続する場合にその子音が現れることを表す。したがって、kak-aziN/mir-aziN/jame-ziN/ke-ziN/ko-ziN/se-ziN のようになる。この点は次節以降の接辞に関しても同様である。

　中止形1（いわゆる連用形）は、並行動作 kak-i-nagara、目的 kak-i-kjaa などの活用形を作るほか、kak-i-hazime- '書きはじめる' のような複合語を構成する要素にもなる。肯定中止形2（いわゆるテ形）は、動詞語幹の種類や語幹末子音（子音語幹動詞の場合）によって (15) のような形態変化をする。音便語幹の生成については、10.4 節を参照されたい。

(15) a.　子音語幹動詞：音便語幹＋テ形接辞
　　 b.　母音語幹動詞・母音複語幹動詞：中止形1＋テ形接辞

5.2. 派生形態論
5.2.1. 派生接辞の承接順序および屈折接辞との共起関係

動詞の派生接辞には、他動（TR）-(k)as-、使役（CAUS）-(s)ase-、受動（PASS）-(r)are-、可能（POT）-e-、継続相（CONT）-tor-、不完成相（IPFV）-(i)or-、尊敬（HON）-(i)jar-、非1人称（2/3）-(r)ar-、丁寧（POL）-(i)mos-、否定（NEG）-(a)N- がある。動詞語幹内で複数の接辞が現れる場合、（16）の順序になる。

(16)　TR - CAUS - PASS - CONT - IPFV - HON - POL - NEG
　　　　　　　　- POT　　　　　　　　- 2/3

なお、派生接辞と屈折接辞の共起関係は表9の通りである。非1人称（2/3）の -(r)ar- は話者の使用語彙ではないため、談話資料などから推定した共起関係を（ ）で示す。

表9　派生接辞と屈折接辞の共起関係

	-(i)kjaa -(i)nagara	-(i)Ø	-tai	-(a)u, -(a)zjaa -e, -(r)una -(a)ziN	-ta -teNka	-ta -ta(i)ba	-te -(r)eba	-(r)u
-(k)as-, -(s)ase-, -(r)are-	✓	✓	✓	✓	✓	✓	✓	✓
-e-		✓	✓			✓	✓	✓
-tor-, -(i)or-, -(i)jar-			✓	✓	✓	✓	✓	✓
-(r)ar-	( )	( )	(✓)	(✓)	(✓)	(✓)	(✓)	(✓)
-(i)mos-				✓				
-aN-							✓	✓

5.2.2. ヴォイス

使役は、動詞に派生接尾辞 -(s)ase-、あるいは -(s)as- が付く（以下の説明では -(s)ase- で代表させる）。「する」の使役形式は sase-、あるいは sas- となる。なお、母音語幹動詞が r 子音語幹動詞化した、mir-ase-、kor-ase- という形もある。

(17) a.　子音語幹動詞「書く」：　　kak-ase-
　　 b.　母音語幹動詞「見る」：　　mi-sase- / mir-ase-
　　 c.　母音複語幹動詞「やめる」：jame-sase-

d.　母音複語幹動詞「来る」：　　ki-sase- / ko-sase- / kor-ase-
　　e.　母音複語幹動詞「する」：　　sase- / sas-

派生接尾辞 -(s)ase-/-(s)as- の付加に伴い、項構造と格標示が変化し、使役者は =ga で、動作主（＝被使役者）は =(n)i で標示されるようになる。

(18) a.　サトン　フテー　キカセテモ　　　ワカイチューン？
　　　　里 =GEN　人 :DAT　聞く -CAUS-CTX= も　わかる :NPST=QUOT:NPST-Q
　　　　'里の人に聞かせても、わかるというの（わからないんじゃないの）？'
　　b.　〔母を探して歩く子供を描いたテレビドラマを見ながら〕
　　　　コン　コバ　　オッカンニ　アワスー　　　ゴタイナー
　　　　この　子 =ACC　母 =DAT　　　会う -CAUS-VOL　様子 # ある(→ DES):NPST=SFP
　　　　'この子を母に会わせたいなあ'

受動（受身）は、-(r)are-、あるいは -(r)ar- が付く（以下、-(r)are- で代表させる）。「する」の受動形式は sare-、あるいは saru- となる。

(19) a.　子音語幹動詞（書く）：　　　kak-are-
　　b.　母音語幹動詞（見る）：　　　mi-rare-
　　c.　母音複語幹動詞（やめる）：jame-rare-
　　d.　母音複語幹動詞（来る）：　　ko-rare-
　　e.　母音複語幹動詞（する）：　　sare- / saru-

使役と同様、派生接尾辞 -(r)are-/-(r)ar- の付加に伴い、項構造と格標示が変化し、経験者（＝被動作主）は =ga で、動作主は =(n)i、あるいは =kara で標示される。

(20) a.　タローガ　センセーニ　オモチャバ　　トイアゲラレタ
　　　　太郎 =NOM　先生 =DAT　おもちゃ =ACC　取り上げる -PASS-PST
　　　　'太郎が先生におもちゃを取り上げられた'
　　b.　センセーカラ　　ガラレー　　　　　ガラレー
　　　　先生 =ABL　　　怒る -PASS:NL-SIM　怒る -PASS:NL-SIM
　　　　'先生から怒られ怒られ（怒られながら）'

なお、当該方言には動詞語幹から自動詞語幹を派生する接辞 -ar- がある。しかし、生産性が低く、「結ぶ、ほどく、たたむ」で確認できるのみである。

ホガル（（穴が）空く）、トカル（溶ける／解ける）なども -ar- を含むと分析できるかもしれないが、対応する動詞ホグ・トクはあまり用いられない。

(21) a.　ヒモバ　ムスーダ
　　　　　紐=ACC　結ぶ-PST
　　　　'紐を結んだ'
　　b.　ヒモノ　ムスバッタ
　　　　　紐=NOM　結ぶ-INTR-PST
　　　　'紐が結ばれた（結んだ状態になった）'

接辞 -ar- は自動詞語幹から自動詞語幹を派生することもある。ただし、生産性が低く、「浮く、開く、止む、沸く、付く」といった動詞にしか付かない。

(22)　トノ　　アカットイ
　　　　　戸=NOM　開く-INTR-CONT:NPST
　　　　'戸が開いている'

可能には5つの形式があり、「書く」を例にすると、kak-i=ga#nar-、kak-i=ga#ju-、kak-i+kir-、kak-are-/kak-aru-、kak-i+das- となる。子音語幹動詞にはいわゆる可能動詞 kak-e- もある。

これら5形式は表10のように能力可能・外的条件可能といった可能の意味によって使い分けられる。

表10　各可能形式が表す可能の意味

	=ga#nar-	=ga#ju-	+kir-	-(r)are-/ -(r)aru-	+das-
能力可能	✓	✓	✓		
外的条件可能	✓	✓		✓	✓

なお、先述の -ar- で派生された自動詞語幹は、可能構文で用いることができない (23b)。

(23) a.　ウキガナイ
　　　　　浮く-POT

b. *ウカイガナイ

  浮く -INTR-POT

5.2.3. アスペクト

　アスペクトは、完成相の場合は接辞が付かず、不完成相の場合は進行と結果の対立を接辞で表し分ける。不完成相は、他の西日本諸方言と同様に、-(i)or- あるいは -(i)jor-（以下、-(i)jor- で代表させる）が進行を表し、-tor- が結果を表す。また、+kata=jar-、-te#ok-、-te#ar-、-te#simaw- などの形式によってもアスペクト的な意味が表されうる。

　主体変化動詞や主体動作客体変化動詞に付く場合、-(i)jor- は（24a）のように限界達成前の段階を表し、-tor- は（24b）のように限界達成後の段階を表す。

(24) a.　イマ　アケヨイドー

  今　　開ける -IPFV:NPST=SFP

  '今開けつつあるよ'

b.　マタ　タローガ　アケトイドー

  また　太郎 =NOM　開ける -CONT:NPST=SFP

  'また太郎が開けているよ'

主体動作動詞や状態動詞に付く場合は、-(i)jor- と -tor- の対立が中和する。

(25) a.　イケン　　ナカデ　　アソビヨッタサイガ

  池 =GEN　中 =LOC　遊ぶ -IPFV-PST-NLZ:VLZ=SFP

  '池の中で遊んでいたんだよ'

b.　タローワ　　イケデ　　アスードッタドー

  太郎 =TOP　池 =LOC　遊ぶ -CONT-PST=SFP

  '太郎は池で遊んでいたよ'

　-(i)jor- は、動作や変化の直前段階（いわゆる将然）や、過去・現在の反復・習慣も表す。将然の意味は、+kake-tor- や、kaNmjaa=jar- '構えだ' のような迂言的な形式でも表せる。

(26) a.　キンギョー　シンヨラー

  金魚　　　死ぬ -IPFV:NPST:SFP

'金魚が死にかけているよ'
b. キンギョガ　シンカケトッターヨ
　　金魚=NOM　　死ぬ:NL+かける-CONT-PST=SFP=SFP
'金魚が死にかけていたよ'
c. キンギョガ　シン　　　カンミャーヤイドー
　　金魚=NOM　　死ぬ:NPST　構え=VLZ:NPST=SFP
'金魚が死にそうだよ'

-tor- は、終了限界達成後の段階を表せることから、動作や変化の痕跡から推定される出来事も表しうる。

(27)〔今は雨が降っていないが、地面が濡れているのを見て〕
　　アメン　フットッタサイドーナー
　　雨=NOM　降る-CONT-PST=NLZ:VLZ=INFR=SFP
'雨が降っていたんだろうな'

標準語のアスペクト形式は形容詞語幹には付かないが、当該方言の -(i)jor- は形容詞語幹に付けることができる。ただしその場合は、形容詞語幹を -kar- によって動詞化する必要がある。また、「形容詞語幹 -(i)jor-」の形は非過去時制では用いられず、専ら過去の一時的な状態を表すために用いられる。

(28)〔最近のトマトは赤みがないという話になって〕
　　ムカシン　トマター　　アカカオッタ
　　昔=GEN　　トマト:TOP　赤い-VLZ-IPFV-PST
'昔のトマトは赤かった'

-(i)jor- は存在動詞「ある」にも付くことができ、この場合は事態の継続あるいは反復を表す。

(29)キノー　ウンドーカイノ　アイヨッタサイター
　　昨日　　運動会=NOM　　　ある-IPFV-PST=NLZ:VLZ:NPST=SFP
'昨日運動会がおこなわれていたんだね'

周辺的なアスペクト表現のうち、+kata=jar- は進行を表す。

(30) アオジル　ノミカタヤイド
　　　青汁　　　飲む -NL+ カタ =VLZ:NPST=SFP
　　'青汁を飲んでいるよ'

その他の形式（-te#ok-、-te#ar-、-te#simaw-）は、標準語とほぼ同じ意味で用いられる。

5.2.4. テンス

標準語と同様、テンスは過去と非過去で対立する。過去を表す場合は接辞 -ta が用いられ、非過去を表す場合は接辞 -(r)u が用いられる。

5.2.5. ムード

動詞の屈折形式で表されるムードは、命令・禁止・意志（・推量）である（表7、およびその説明を参照されたい）。

付属語で表されるムード（モダリティ）形式には表11のようなものがある。また、迂言的な形式として、可能性を表すカクカモシレン（kak-u=ka=mo#sir-e-N）'書くかもしれない'、禁止を表すキャーチャーナラン（kjaa-cjaa#nar-aN）'書いてはいけない'、あるいはノージャーイカン（noo-zjaa#ik-aN）'飲んではいけない'（//-te=wa// → -cjaa/-zjaa に、nar- 'なる'あるいは ik- '行く'の否定形を続けた形）、義務を表すカカニャナラン／イカン（kak-an-ja#{naraN/ikaN}）'書かなければ{ならない／いけない}'、許可・勧めを表すキャーテモヨカ（kjaa-te=mo#jo-ka）'書いてもいい'、勧めを表すカケバヨカ（kak-eba#jo-ka）'書けばいい'、などがある。

表11　モダリティ形式

形式	意味	備考
=joo	推量	
=jaroo	推量	
=mjaa	否定意志・否定推量	肯定形・否定形の両方に付く
=goto#ar-/=gotar-	様態・伝聞・希望	
=soo	様態・伝聞・徴候の存在	
=huu	様態・伝聞	
=hazu	当然	

　これらの形式の用法については、本書収録の白岩ほか（2019）を参照されたい。文末に現れるモダリティ形式（終助詞）については9.2節にあげる。

5.2.6. 待遇

　待遇には、主格尊敬を表す接辞 -(i)jar-、丁寧を表す接辞 -(i)mos- がある。
　主格尊敬接辞 -(i)jar- は、主格が目上にあたる人物の場合に用いられる。-(i)jar- は、子音語幹動詞に付く場合は -ijar- となり、母音語幹動詞・母音複語幹動詞に付く場合は -jar- となる。

(31) a. 子音語幹動詞：ik-i-jar- → iQkjar- 'î行かれる'、or-i-jar- → oijar- 'おられる'
　　 b. 母音語幹動詞：mi-jar- '見られる'
　　 c. 母音複語幹動詞：jame-jar- 'やめられる'、ki-jar- '来られる'、si-jar- 'される'

　主格尊敬接辞の適用範囲は男女差が見られ、男性よりも女性のほうが適用範囲が広いという傾向がある。-(i)jar- の用法の詳細については、本書収録の酒井（2019）が詳しくとりあげているので、そちらを参照されたい。なお、標準語では「行く」「食べる」などの主格尊敬動詞語根としてそれぞれ「いらっしゃる」「召し上がる」などがあるが、当該方言では主格尊敬専用の動詞語根はない。
　丁寧接辞 -(i)mos- は、子音語幹動詞に付く場合に -imos- となり、それ以

外の動詞に付く場合は -mos- となる。また、形容詞語幹を -kar- で動詞化した形やコピュラにも付く。ただし、形容詞の丁寧形としてアカカモス（aka-ka=mos-u）という形式も増えてきており、=mos- が接語のようにふるまうようになってきているという指摘もある（平塚 2017）。

(32) a. 子音語幹動詞：ik-imos- '行きます'
 b. 母音語幹動詞：mi-mos- '見ます'
 c. 母音複語幹動詞：jame-mos- 'やめます'、ki-mos- '来ます'、si-mos- 'します'
 d. 形容詞：aka-kar-imos- → akakaimos-／aka-ka=mos- '赤いです'
 e. 名詞：seNsee=jar-imos- → sense=jaimos- '先生です'

斜格尊敬表現には生産的な接辞がなく、授与動詞 age- 'あげる' が用いられる。この age- は、他の動詞語幹と複合して、斜格尊敬表現を表すこともできる。ただし、生産性はかなり低く、調査では mise- '見せる' と tanom- '頼む' との複合が確認できるのみである。

(33) a. イーゼン　センセーニ　リョコーノ　シャシンバ　ミッシャゲタヨ
　　　　さっき　　先生=DAT　旅行=GEN　写真=ACC　　見せる+あげる-PST=SFP
　　　'さっき先生に旅行の写真をお見せしたよ'
 b. タノンミャゲモスデー　　　　センセー　コンドン　エンカイデ
　　　頼む-NL+ あげる-POL-NPST=CSL　先生　　　今度=GEN　宴会=LOC
　　　アイサツバ　シテ　　　クイヤイモーセ
　　　挨拶=ACC　　する-CTX　くれる-HON-POL-IMP
　　　'お願いしますから、先生、今度の宴会で挨拶をしてください'

5.2.7. 存在動詞

存在動詞としては or- 'いる' と ar- 'ある' が用いられる。原則として有生物の存在を表す場合は or-、無生物の存在を表す場合は ar- が用いられる。or- の否定形は or-aN であり、ar- の否定は形容詞の na-ka '無い' で表される (34a)。ただし、無生物の場合であっても、「車」や「船」のように移動可能な無生物には、or-aN が用いられることもある (34b)。

(34) a.　イマ　　ウチンニャ　　クーラーワ　　ナカ
　　　　　今　　　うち =DAT:TOP　クーラー =TOP　ない -NPST
　　　　　'今うちにはクーラーはない'
　　b.　クルマー　　オラン
　　　　　車 :TOP　　いる -NEG:NPST
　　　　　'車はいない（＝ない）'

　また、上述のように有生物の非存在を表す場合は原則として or-aN が用いられるが、人間名詞を主語とする場合の限量的存在文の否定には na-ka が用いられることもある。

(35) a.　ワガコオ　　オンマン　　　　オッカンワ　オイヤラン
　　　　　我が子 =ACC　思う -NEG:NPST　母親 =TOP　　いる -HON-NEG:NPST
　　　　　'我が子を思わない母親はいらっしゃらない'
　　b.　ワガコオ　　オンマン　　　　オッカンワ　ナカ
　　　　　我が子 =ACC　思う -NEG:NPST　母親 =TOP　　ない -NPST
　　　　　'我が子を思わない母親はない'

　なお、存在動詞 ar- は (36) のようにアスペクト接辞 -(i)jor- を伴って、事態の継続や反復を表すことができる。この ar-i-jor- の形は過去時制でしか用いられない。同じ存在動詞であっても or- は -(i)jor- と共起できず、また、同じアスペクトを表す接辞であっても -tor- は ar- と共起できない。状態を表す動詞が -(i)jor- を伴って一時的状態の継続や反復を表せるという点は、次節の形容詞に -(i)jor- が続く現象と共通する。

(36)〔昨日の運動会の後片付けがおこなわれているのを見て〕
　　　　　キノー　　ウンドーカイノ　　アイヨッタサイター
　　　　　昨日　　　運動会 =NOM　　　ある -IPFV-PST-NLZ:VLZ:NPST=SFP
　　　　　'昨日運動会がおこなわれていたんだね'

6. 形容詞・コピュラ形態論

6.1. 基本構造

　文終止の位置に現れるのは、動詞のほかに形容詞（いわゆるカ語尾の形容詞）、形容動詞（ナ形容詞）、そして「名詞＋コピュラ」の形がある。形容詞は、次の例のように屈折接尾辞 -ka または -u で終わる。(37a) は形容詞語幹に -ka が付いた例、(37b) は形容詞語幹に -u が付いた例である。また、(37c) のように、動詞に希望・願望を表す派生接辞 -ta '〜たい' を付けた形を形容詞語幹として用いることもできる。

(37) a.　タケン　　　タッカ
　　　　丈 =NOM　　高い -NPST
　　　　'背が高い'
　　b.　ナマナ　　ウレシュー　　シテ
　　　　とても　　嬉しい -NL　　する -CTX
　　　　'とても嬉しくて'
　　c.　コイバ　　　クワセタカ
　　　　これ =ACC　食う -CAUS-DES-NPST
　　　　'これを食わせたい'

　形容詞語幹には (38) のようなものが含まれる。gaNzjuu- '頑丈な' や oQkina- '大きい' のように、標準語では形容動詞や連体詞に所属する語が、この方言では形容詞と同じ屈折接辞をとることもある。

(38)　aQtara- 'もったいない'、ara- '荒い'、uu- '多い'、uto- '疎い・鈍い'、uresi- '嬉しい'、oQkina- '大きい'、odoo- '意地悪い'、obu- '重い'、karu- '軽い'、gaNzjuu- '頑丈な'、kosu- 'ずるい'、komeka- '小さい・細かい'、kowa- '固い'、sii- '酸い'、sewasi- '忙しい'、sewarasi-/sekarasi- 'うるさい'、taka- '高い'、tazina- '少ない'、databjaa- '大きい、多い'、na- '無い'、namai- '生な・生の'、huku- '低い'、maNmaru- 'まん丸い・まん丸な'、mizjoo- '見目よい'、jo- '良い'、joora- '柔らかい・弱い'、waru- '悪い'

形容詞の屈折形式は表12の通りである。taka- '高い' や waru- '悪い' は、接辞 -ka、-kaQ、-kar が付く場合、それぞれ taQ-、wai- のように語幹末音が変化する。また中止形1は、それぞれ //taka-u, na-u, sii-u, waru-u// を基底形とし、それに形態音韻規則（10節）を適用した結果、/takoo, noo, sjuu, waruu/ が現れる。中止形2（テ形）や否定形は、この中止形1を構成要素として用いる。なお形容詞否定形のパラダイムは、na- '無い' と同じ屈折接辞をとる。また、形容詞は尊敬形を持つ。

表12　形容詞の活用形式

			taka- '高い'	na- '無い'	sii- '酸い'	waru- '悪い'
文終止	非過去	肯定	taQ-ka taka-sa(a)	na-ka na-sa(a)	sii-ka sii-sa(a)	wai-ka waru-sa(a)
		否定	takoo na-ka	———	sjuu na-ka	waruu na-ka
	過去	肯定	taQ-kaQ-ta	na-kaQ-ta	sii-kaQ-ta	wai-kaQ-ta
		否定	takoo na-kaQ-ta	———	sjuu na-kaQ-ta	waruu na-kaQ-ta
	推量		taQ-kar-oo taQ-ka(i)=joo taQ-ka(i)=jaroo	na-kar-oo na-ka(i)=joo na-ka=jaroo	sii-kar-oo sii-ka(i)=joo sii-ka=jaroo	wai-kar-oo wai-ka(i)=joo wai-ka=jaroo
接続	中止1		takoo	noo	sjuu	waruu
	中止2		takoo si-te taQ-koo si-te	noo si-te	sjuu si-te sii-koo site	waruu si-te wai-koo si-te
	否定中止		———	na-ka-ziN	———	———
	仮定		taQ-kar-eba 〜taQ-karjaa taQ-kaQ-taiba taQ-kaQ-tara	na-kar-eba 〜na-karjaa na-kaQ-taiba na-kaQ-tara	sii-kar-eba 〜sii-karjaa sii-kaQ-taiba sii-kaQ-tara	wai-kar-eba 〜wai-karjaa wai-kaQ-taiba wai-kaQ-tara

文終止の位置に形容動詞や名詞が現れる場合は、コピュラ =jar が用いられる。=jar は表13のような屈折形式をとる。形容動詞と名詞の屈折形式はほとんど同じだが、次の2点で異なる。1点目は、非過去肯定形で連体修飾節の述語となる場合に、形容動詞は -na をとり、名詞は属格の =no（または =N）をとること、2点目は、「静かになる」「先生になる」のように動詞「な

る」が後ろに続く場合に、形容動詞は「シズカー（ナイ）」となるのに対して、名詞は「先生ニ（ナイ）」という形で現れる、という違いである。

なお、形容動詞に所属する語の一部（例えば「静か」）は、形容詞型の活用形も持つものがある（平塚 2017: 162）。

表 13　コピュラ形態素の活用形式

			sizuka '静か'	seNsee '先生'
文終止	非過去	肯定	sizuka=jai	seNsee=jai
		否定	sizuka= ja/zja na-ka	seNsee=ja/zja na-ka
	過去	肯定	sizuka=jaQ-ta	seNsee=jaQ-ta
		否定	sizuka=ja/zja na-kaQ-ta	seNsee=ja/zja na-kaQ-ta
	推量		sizuka=jar-oo	seNsee=jar-oo
			sizuka=jai=joo	seNsee=jai=joo
接続	中止1		sizukaa	seNsee=ni
	中止2		sizuka=de	seNsee=de
	仮定		sizuka=jar-eba	seNsee=jar-eba
			sizuka=jaQ-ta(i)ba	seNsee=jaQ-ta(i)ba
			sizuka=jaQ-tara	seNsee=jaQ-tara

　形容詞にアスペクト接辞 -(i)jor- が付いて、一時的な状態を表すことがある。(39c) のように形容動詞でも同様のことが可能であるが、名詞述語は状態よりも属性を表すためあまり用いられない。なお、アスペクト接辞 -tor- は形容詞述語と共起できない（前節の存在動詞 ar- と -(i)jor- の共起も参照）。

(39) a.　〔いつも寂しかった過去を思い出して〕

　　　　アン　　コラ　　　ナマナ　　トデンナカイヨイモイター

　　　　あの　　頃:TOP　　とても　　寂しい-VLZ-IPFV-POL-PST=SFP

　　　　'あの頃はとても寂しかったです'

　　b.　〔最近のトマトは赤みがないという話になって〕

　　　　ムカーシン　　トマター　　　アカカオッタ

　　　　昔=GEN　　　　トマト:TOP　　赤い-VLZ-IPFV-PST

　　　　'昔のトマトは赤かった'

c. ムカーシカラ ココン　　モーヤー　シズカヤイヨイモイタサラー
昔 =ABL　　　ここ =GEN　あたり :TOP　静か =VLZ-IPFV-POL-PST=NLZ:VLZ-NPST:SFP
'昔からここのあたりは静かでしたよ'

6.2. 品詞上の位置づけ

　形容詞は屈折するという点で動詞と共通し、共起できる派生接辞も動詞と似ている部分がある。例えば、アスペクト接辞 -(i)jor- や尊敬接辞 -(i)jar- が付加できる点は特徴的である。しかし、ヴォイス・可能などの派生接辞が付加できず、また、否定形・過去形・中止形などの屈折パラダイムが動詞とは全く異なる。これらの点から、形容詞を動詞とは異なる品詞として位置づける。

　形容動詞は、従来この方言には存在しなかった品詞で、標準語との接触によって取り入れられたと考えられる。所属語彙も少なく、また標準語と同形のものばかりである。また、形容動詞は形態論的に「名詞＋コピュラ」に近いが、非過去肯定形で連体修飾節の述語となる場合に接辞 -na をとる点で「名詞＋コピュラ」とは異なっている。意味的には形容詞と同様、事物の状態を表すことが多いのに対して、「名詞＋コピュラ」は事物の属性を表すことが多い。以上のように形態的な類似点がかなり多いが、ひとまず形容動詞と名詞とは別の品詞とみなしておく。

6.3. 丁寧

　形容詞は「タッカイモス」(taQ-kar-imos-u)、あるいは「タッカモス」(taQ-ka=mos-u)のような形になる。後者は終止形にモスを付加した形で、モスが接語のようにふるまう、比較的新しい形式である（平塚 2017: 162）。

　形容動詞・名詞は「静かヤイモス」「先生ヤイモス」(AN/N=jar-imos-u) という形になる。6.1 節で述べたように、形容動詞の一部語彙は形容詞型の活用形も持つため、「シズカカイモス／シズカカモス」(sizuka-kar-imos-u / sizuka-ka=mos-u) のような丁寧形もある。

6.4. 〔準体助詞＋コピュラ〕構文

　動詞・形容詞・コピュラ動詞の後に準体助詞 =to が付く構文（いわゆる「のだ文」）がある。文終止の位置に現れる場合は、この =to にコピュラ動詞 =jar- が続く。疑問文の場合は =to、あるいは =to=na (=to=N となることもある) というコピュラを介さない表現が用いられる。

　標準語と異なるのは、準体助詞の直前に現れる述語が連体形ではなく終止形をとることである。この点は動詞や形容詞でははっきりしないが、形容動詞や名詞型の活用をとる述語を見るとわかる。準体助詞を起源とする形式だが、すでに終助詞化が進んでいる可能性がある。

　なお、終止・断定形の =to=jar- は、=cjar- という形になることがある。また、地域や性別によっては、この =cjar- が =sar- や =tar- の形で実現することがある。里町内では、=cjar- が村西で、=sar- が薗上・薗中で、=tar- が薗下・村東で使用されるという地域差がある。また =sar- は女性が多く使用する傾向にある。

(40) a.　マチン　　ナカヤイテー
　　　　　街 =GEN　中 =VLZ:NPST=CONC
　　　　　{シズカカ／シズカヤイ／*シズカナ} トン？
　　　　　{静か -VLZ:NPST／静か =VLZ:NPST／*静か -NLZ} =NLZ=Q
　　　　　'街の中なのに静かなの？'

　b.　ヘヤン　　ナカー　{シズカカ／シズカヤイ} {チャイ／タイ／サイ}。
　　　　部屋 =GEN　中 :TOP　{静か -VLZ:NPST／静か =VLZ:NPST} =NLZ:VLZ:NPST
　　　　'部屋の中は静かなんだよ'

(41) a.　アッカー　　{ショーガクセーヤイ／*ショーガクセーノ} トン？
　　　　　お前 :TOP　{小学生 =VLZ:NPST／*小学生 =GEN} =NLZ=Q
　　　　　'お前は小学生なの？'

　b.　アン　フトガ　　オクサンヤイ {チャイ／タイ／サイ}。
　　　　あの　人 =NOM　奥さん =VLZ:NPST:NLZ:VLZ:NPST
　　　　'あの人が奥さんなんだよ'

　なお、=to は節全体を名詞化することから、否定や疑問のスコープを広げ

ることができる。

(42)　イコー　　　ゴタッテ　　　　イクトヤ　　　　　　　　　ナカ
　　　行く-VOL　様子#ある-CTX　行く-NPST=NLZ=VLZ.CTX:TOP　ない-NPST
　　　'行きたくて行くのではない'

7. 連体詞・副詞・疑問詞

連体詞には、koN 'この'、kogaN 'こんな'、kogaNta 'こうした'、kogaNmeeta 'こんな（めいた）' などの指示代名詞（4.2.2 節）のほか、名詞にノ・ガを付けた形式がある。

(43)　連体詞
　　　a.　{ko/so/a/do} – {n/gaN/gaNta/gaNmeeta}
　　　b.　N= {no/ga}

「指示詞語根-N」（コン・ソンなど）以外の連体詞は、準体助詞 =to を付けることで名詞を派生させることもできる。逆に、名詞から連体詞を派生させるには、属格助詞 =ga、=no を用いる（以下の (44b) (44c) 参照）。

(44) a.　コガントバ　　　　アガン　　　スイヨキャ
　　　　 こんな=NLZ-ACC　あんなに　　する-NPST=CMP
　　　　 'こんなのをああするよりか'
　　　b.　ムカシントン　　　　ツズイテ
　　　　 昔=GEN=NLZ=NOM　　続く-CTX
　　　　 '昔のが続いて'
　　　c.　タローガトヤイカモ　　　　　ワカランナー
　　　　 太郎=GEN=NLZ=VLZ:NPST=Q=も　わかる-NEG:NPST=SFP
　　　　 '太郎のかもしれないなあ'

副詞には、koo 'こう'、kogaN 'こんなに'、kogaNte 'こうして' などの指示代名詞のほか、namana 'たくさん（量）・とても（程度）'、guNbai 'いっぱい'、cubakai 'だいたい'、heesii 'いきなり'、manekjaa 'たまに'、naikjaa 'なぜ'、mohjaa 'もはや' のようなものがある。また、ciQ-to/cibiQ-to/cjobiQ-to 'ちょっ

と・少し'、heQ-to'すぐに'、gabaa-to'ごっそり'、kociN-to'小さく・ちょこんと'、muriQ-to'あまりに'など、-to を構成要素として持つものや、ciN〜ciN-to'少しずつ'、kii〜kii-to'さっさと'のように -to の付加が義務的ではないものもある。

疑問詞には次のものがある（4.2.2 節も参照）。

(45) nani〜nan'何'、dare〜dai'誰'、dore〜doi'どれ'、doiko/dogaiko'いくつ・いくら'、doQci'どっち'、doko'どこ'、doo'どう'、dogaN'どのように'、naikjaa'なぜ'、icu'いつ'

疑問詞を用いた疑問文は、次のように準体助詞 =to (46a)(46b) や疑念を表す終助詞 =ka、疑問を表す終助詞 =na (46c) が用いられる。疑問文に現れる終助詞については、9.2 節で整理する。

(46) a.　ドケー　　イッキャイモスト？
　　　どこ:DAT　行く-HON-POL-NPST-NLZ
　　　'どちらへ行かれますか？'
　　b.　アン　フター　　ダレヤイト？
　　　あの　人:TOP　　誰=VLZ:NPST=NLZ
　　　'あの人は誰なの？'
　　c.　ドコン　　ヘンガ　　イタカイヤイナ？
　　　どこ=GEN　辺=NOM　痛い-VLZ-HON:NPST=Q
　　　'どの辺が痛いですか？'

8. 焦点助詞など

当該方言には、琉球諸方言の =du のように「焦点化」の機能を果たす助詞はない。ここでは、いわゆる「取り立て」と呼ばれる助詞類について述べる。ここでの「取り立て」とは、取り立て助詞が付く名詞に情報を付加する操作を表す。取り立てを表す助詞には、「主題（非焦点化）・対比」(TOP) を表す =(w)a (47)、「添加・並列」を表す =mo (48)、「添加」を表す =sa(a)ka (49a) と =zui (49b) と =made、「限度」を表す =siko、「例示」を表す =doogu、

「限定」を表す =koso (48) がある。

(47) キノーワ　コドモオ　ムカエニャ　　ナランヤッタデー　　ハヨ
　　　昨日=は　子供=ACC　迎える-NEG-COND　なる-NEG=VLZ-PST=CSL　早く:ML
　　　カエッタ
　　　帰る-PST
　　　'昨日は子供を迎えなければならなかったので、早く帰った'

(48) イマコソ　ユックイ　イチジツモ　フツカモ　ミッカモ　シモスバッテカ
　　　今=こそ　ゆっくり　元日=も　　二日=も　三日=も　する-POL-NPST=CONC
　　　'今でこそ、ゆっくり元日も二日も三日もしますけれども'

(49) a.　クルマサーカ　　モットーレバ　　ナカゴシキマデ
　　　　車=さえ　　　　持つ-CONT-COND　中甑=TERM
　　　　イカルイチャイバッテナ
　　　　行く-POT-NPST-NLZ:VLZ:NPST=CONC=SFP
　　　　'車さえ持っていれば、中甑まで行けるんだけどな'

　　b.　アンカー　メメン　　ナカ　　　ウイェー　セーカクズイ　ワイカドー
　　　　あの子=は　見目=GEN　ない-NPST　うえ:DAT　性格=まで　　悪い:NPST-SFP
　　　　'あの子は見た目が悪いうえに、性格まで悪いよ'

取り立て助詞は、標準語と同様、主格・対格名詞に付く場合と、主格・対格以外の名詞に付く場合とで、その構造が異なる。

(50) a.　主格・対格名詞　　　：名詞=取り立て
　　 b.　主格・対格以外の名詞：名詞=格=取り立て

(50) の構造に対応する例を以下にあげる。(51a) は「主格名詞」の例、(51b) は「主格・対格以外の名詞」の例である。

(51) a.　オナゴ {*ガ／*ノ} モ　　ショッタバッテ
　　　　女子 (*=NOM) =も　　　する-IPFV-PST=CONC
　　　　'女子もしていたけれど'

　　b.　ドケーモ　　　デラレン　　　　ワケヤイデー
　　　　どこ=DAT=も　出る-POT-NEG:NPST　わけ=VLZ:NPST=CSL
　　　　'どこにも出られないわけだから'

取り立て助詞のうち、=(w)a、=mo、=saka は（52）のように動詞・形容詞とも共起できる。（52a）～（52d）からわかるように、=(w)a と =mo は準体動詞・準体形容詞（いわゆる連用形）に付くのに対して、=saka は（52d）のように、連体動詞（連体形）に付く。

(52) a. カキャー　　　シタバッテ
　　　　書く-NL=は　　する-PST=CONC
　　　　'書きはしたけど'
　　b. カキモ　　　　シタバッテ
　　　　書く-NL=も　　する-PST=CONC
　　　　'書きもしたけど'
　　c. ヤスー{ワ／モ}　　ナカバッテ
　　　　安い-NL={は／も}　ない-NPST=CONC
　　　　'安く{は／も}ないけど'
　　d. カクサカ　　　　スリャ　　　　ヨカ
　　　　書く-NPST=さえ　する-COND　よい-NPST
　　　　'書きさえすればよい'

　なお、=(w)a と =mo が付く動詞に含まれうる構成要素と =saka が付く動詞に含まれうる構成要素は異なる。表 14 に示すように、=(w)a と =mo の場合は -e- までだが、=sa(a)ka の場合は否定以外の接辞を含むことが可能である。

表 14　取り立て助詞と共起する動詞に含まれる接辞

	-(k)as- TR	-(s)ase- CAUS	-(r)are- PASS	-e- POT	-tor- CONT	-(i)jor- IPFV	-(i)jar- HON	-(i)mos- POL	-(a)N- NEG
V={(w)a/mo}	✓	✓	✓	✓	?	*	*	*	*
V=sa(a)ka	✓	✓	✓	✓	✓	✓	✓	✓	*

9. 節末に現れる接語類

9.1. 接続助詞

　接続助詞には、目的、比況、仮定（順接仮定条件）、逆接、原因・理由（順

接確定条件)、並列、引用を表すものがある。目的を表すのは、接辞 -(i)kjaa と =tamee である。比況を表すのは =goto で、この =goto はモダリティ形式としても用いられる。条件表現のうち、仮定は、-tara、-(r)eba (〜-rjaa)、-ta(i)ba のような接辞 (表 8、表 12、表 13) に加えて、=nara、=gii、=tookjaa のような接語もある。=gii は =giini、=giinjaa、=giinjaaba といった形でも実現する。逆接は、-te=mo のほか、=baQte(ka)、=tee、=deete といった接語で表される。原因・理由は主に =dee が用いられる。並列を表す =si が原因・理由のように用いられることもある。引用を表すには、=Qte や =to が用いられる。

表 15 に接続助詞の機能、形式、節の従属度 (田窪 1987、南 1974) と、接続の例をあげておく。

表 15 接続助詞一覧

機能	接続助詞	節の分類	前接語 (非過去形)		
			動詞 '書く'	形容詞 '高い'	コピュラ
目的	=tamee	B 類	kaku=tamee	——	——
比況	=goto	B 類	kaku=goto	taQka=goto	jai=goto
順接仮定条件	=nara	B 類	kaku=nara	taQka=nara	jai=nara
	=gii	B 類	kaku=gii	taQka=gii	jai=gii
	=tookjaa	B 類	kaku=tookjaa	taQka=tookjaa	jai=tookjaa
順接確定条件	=dee	C 類	kaku=dee	taQka=dee	jai=dee
逆接条件	=baQte(ka)	C 類	kaku=baQte	taQka=baQte	jai=baQte
	=tee	C 類	kaku=tee	taQka=tee	jai=tee
	=deete	C 類	kaku=deete	taQka=deete	jai=deete
並列	=si	C 類	kaku=si	taQka=si	jai=si
引用	=Qte	D 類	kaku=Qte	taQka=qte	jai=Qte
	=to	D 類	kaku=to	taQka=to	jai=to

(53) ソン　　ウチー　タローガ　　ダイガク　イク　　　タメー
　　　その　　うち　　太郎 =NOM　大学　　　行く -NPST　ため :DAT
　　　ワシャー　　チョキン　　シモスドー
　　　1SG:TOP　　貯金　　　　する -POL-NPST=SFP

'そのうち太郎が大学に行くため（に）、私は貯金しますよ'

(54) タローガ　マイニチ　ハシットイ　　ゴト　アッコモー　ハシランカ
　　　太郎 =NOM 毎日　走る -CONT:NPST 様子 2SG= も　　走る -NEG:NPST=Q
　　　'太郎が毎日走るように、お前も走りなさい'

(55) オラー　ショーチュー　　　スキヤイデナー　　　　イツデモ
　　　1SG:TOP 焼酎　　　　　　好き =VLZ:NPST=CSL=SFP　いつ = でも
　　　ノモ　　　ゴタイ
　　　飲む -VOL　様子 # ある -NPST
　　　'私は焼酎が好きなのでね、いつでも飲みたい'

(56) a. ダイデモ　レンシュー　スイバ　　デキュータイガ
　　　　誰 = でも　練習　　　する -COND　できる :NPST=NLZ:VLZ:NPST=SFP
　　　　'誰でも練習すればできるんだよ'

　　b. イソイデ　｛クリャー／キタバ｝　　ワスレモン　シタ
　　　　急ぐ -CTX　来る -COND / 来る -PST.COND　忘れ物　　する -PST
　　　　'急いで来たら、忘れ物をした'

(57) a. イェー　クイトナラ　　　　レンラク　センカ
　　　　家 :ALL　来る -NPST=NLZ:COND　連絡　　する -NEG:NPST=Q
　　　　'家に来るのなら、連絡してくれ'

　　b. ココズイ　　クイギー　　　ダイモ　　ケンヨーモン
　　　　ここ =TERM　来る -NPST=COND　誰 = も　来る -NEG:NPST=INFR=SFP
　　　　'ここまで来れば、誰も来ないだろうね'

　　c. シゴトン　　スンダ　　トーキャー　ノミキャー　イコーヤ
　　　　仕事 =NOM　済む -PST　時 :TOP　　飲む -PURP　行く -HORT=SFP
　　　　'仕事が済んだら、飲みに行こうよ'

(58) ウーアメノ　フッタデー　　フネン　　デンヤッタ
　　　大雨 =NOM　降る -PST=CSL　船 =NOM　出る -NEG=VLZ-PST
　　　'大雨が降ったので、船は出なかった'

(59) バスオ　　ツコーテ　イカニャ　　　イカンシ　　　　タイヘン
　　　バス =ACC　使う -CTX　行く -NEG-COND　行く -NEG:NPST=CSL　大変

　　　　'バスを使って行かなければならないし、大変'
（60）a.　アン　　ミセー　　イッテモ　　　　アラー　　カウナ
　　　　　あの　　店 =DAT　行く -CTX= も　　あれ :TOP　買う -PROH
　　　　'あの店に行っても、あれは買うな'
　　　b.　アン　ミセー　イタ｛バッテ／デーテ｝　　　アラー　　カウナ
　　　　　あの　店 =DAT　行く -PST ｛=CONC / =CSL=QUOT｝あれ :TOP　買う -PROH
　　　　'あの店に｛行っても／行ったからって｝、あれは買うな'
　　　c.　ウーアメヤイテー　　　デカケタナー
　　　　　大雨 =VLZ:NPST=CONC　出かける -PST=SFP
　　　　'大雨なのに、出かけたなあ'
（61）a.　ロージンクラビー　クイヤレテ　　　　　ユータイター
　　　　　老人クラブ :DAT　　くれる -HON-IMP=QUOT　言う :NPST=NLZ:VLZ:NPST=SFP
　　　　'「老人クラブにください」と言うんだよ'
　　　b.　ツズケテ　イカニャ　　　ナラント　　　　　オモートヨナー
　　　　　続ける -CTX　行く -NEG-COND　なる -NEG:NPST=QUOT　思う :NPST=NLZ=SFP=SFP
　　　　'続けていかなければならないと思うのよね'

9.2.　終助詞

　主節末、および D 類副詞節末に現れる助詞類を表に示す。=na には平叙文に生起するものと疑問文に生起するもの、の 2 つがある。2 つの =na は音調にも違いがあり、前者は上昇下降調、後者は下降調で実現する。この 2 つは同一形式である可能性もあるが、ここではひとまず別形式（同音異義語）として扱い、前者を =na（平）、後者を =na（疑）と表記する。
　終助詞は -(r)u、-ta、-ka のいずれかで終わる動詞に付く。また、=a、=ga、=do、=taa 以外の終助詞は、名詞にも付くことができる。
（62）a.　V=｛a/ga/do/jo/na（平）/taa/ka/na（疑）｝
　　　b.　N=｛*a/*ga/*do/jo/na（平）/*taa/ka/na（疑）｝
　終助詞が相互に共起することもあるが、その組み合わせは限られている。面接調査、およびテクストで確認できた組み合わせのうち、確実に生起可能

だと判断できるのは、=a=jo、=jo=na、=do=na の 3 パターンだけであった。

表 16 終助詞一覧

文タイプ	終助詞	機能の概略
平叙文	=a、=ga、=do、=jo、=so	伝達（標準語の「よ」「ぞ」相当）
	=na（平）、=ne	同意要求（標準語の「ね」「な」相当）
	=ga、=taa	確認要求（標準語の「ではないか」相当）
疑問文	=ka、=na（疑）	
勧誘文	=ja、=ni	

終助詞の詳細な意味記述については、本書収録の白岩ほか（2019）、および、白岩ほか（2017）を参照されたい。

9.3. 準体助詞

名詞節を形成する助詞として、=to、=joo、=ka があげられる。

準体助詞 =to は節全体を名詞化する。(63) に示すように、=to による名詞節は主格助詞 =N や対格助詞 =ba をとることができる。=to 節を述語として用いるのが〔準体助詞＋コピュラ〕構文（6.4 節）である。

(63) a. サツマイモバ　　シッツイトン　　　　アイ　トーキャー
　　　　サツマイモ =ACC　捨てる -NPST=NLZ=NOM　ある　時 :TOP
　　　クイヤレヨー
　　　くれる -HON-IMP=SFP
　　　'さつまいもの捨てるのがある時は、くださいね'

　　b. オイモ　　カン　　コマンカトバ　　　コーテ　　キテ
　　　　1SG= も　こんな　小さい -NPST=NLZ=ACC　買う -CTX　来る -CTX
　　　'私もこんな小さいのを買ってきて'

推量形式 =joo と疑問の終助詞 =ka も節全体を名詞化するという点では =to と同じだが、こちらは疑問節を形成する。なお (64d) の juu-te#kas- は直訳すると '言っ-て#くれ-' に相当する表現であるが、juu-te と kas- に分析されることが少ないのでここでは 1 語相当の表現として扱う（グロスも全体で

「教えてくれる」とした）。

（64）a.　ドケー　　　イッタヨー　　　シラン
　　　　　どこ:DAT　　行く-PST=INFR　知る-NEG:NPST
　　　　　'どこに行ったか知らない'

　　　b.　アッカー　　イクチャイヨー　　　イカンチャイヨー
　　　　　2SG:TOP　　行く:NPST=NLZ:VLZ=INFR　行く-NEG:NPST=NLZ:VLZ=INFR
　　　　　ワカラン
　　　　　わかる-NEG:NPST
　　　　　'お前は行くか行かないかわからない'

　　　c.　ライネン　　イケルカ　　　　　ドーカ　　ワカラン
　　　　　来年　　　　行く-POT-NPST=Q　どう=Q　　わかる-NEG:NPST
　　　　　'来年行けるかどうかわからない'

　　　d.　ドケー　　　イクヨー　　　　ユーテカセ
　　　　　どこ:DAT　　行く-NPST=INFR　教えてくれる-IMP
　　　　　'どこに行くか教えてください'

（65）a.　ナンニン　クイヨーデ　　　　チガウ
　　　　　何人　　　来る-NPST=INFR=DAT　違う-NPST
　　　　　'何人来るかで違う'

　　　b.　ゲンキデ　イキテルカ　　　　ドーカモ　ワカラナイジャ
　　　　　元気=ESS　生きる-CONT-NPST=Q　どう=Q=も　わかる-NEG:NPST=VLZ.CTX:TOP
　　　　　ナイノ
　　　　　ない-NPST=NL
　　　　　'元気で生きてるかどうかもわからないじゃないの'

10.　主な形態音韻規則

10.1.　//ri//、//ru//の交替規則

　基底形//ri//と//ru//は、鼻音/N/の直前で/N/となり、それ以外は/i/となる。ただし、//=na//が続く場合は例外で、/N/とならずに/i/で実現する。

10.2. 二次的 //Vi// および二次的 //Va// の交替規則

/i/ 以外の母音の後に母音 /i/ が続く場合、次のように交替する。

(66) a. //ui// → /ii/
　　 b. //ei//, //oi// → /ee/
　　 c. //ai// → /jaa/

また、何らかの母音の後に /a/ が続く場合、次のように交替する。

(67) a. //ia//, //ea// → /jaa/
　　 b. //aa//, //oa//, //ua// → /aa/

10.3. 当該方言にない音素配列の回避

非単純語の内部で、当該方言の音素配列規則 (3.1 節) と齟齬をきたす配列が生じた場合、次の交替規則にしたがって回避する。

(68) 　j → ∅/__ {i/u}　　　(例) (huju=(n)i → huju=i →) huujii → huuii
　　　 w → ∅/__ {u/o}　　　 cukaw-u → cukau
　　　 wi → u/u__　　　　　 kuw-i → kuu
　　　　 → i/ その他　　　　 cukaw-i → cukai
　　　 ni/nu → N　　　　　 (sin-imos- →) sinimos- → siNmos- / sin-u → siN
　　　 t → c/__ {i/u}　　　　(tat-imos- →) tatimos- → tacimos-

10.4. 子音語幹動詞とテ形接辞の結合

子音語幹動詞は、/t/ で始まる動詞接尾辞をとる際にテ形語幹と交替する。テ形語幹の形態は子音語幹動詞の語幹末子音によって次のように決まる。

表 17 語幹末子音とテ形語幹

語幹末子音	交替後	条件	例
m	u/N	u_	'組む' kum- → kuN-/kuu-
	u	その他	'縮む' cizim- → ciziu- → cizuu-
b	u		'飛ぶ' tob- → tou- → too-
w	u		'買う' kaw- → kau- → koo-
n	N		'死ぬ' sin- → siN-
r	Q		'切る' kir- → kiQ-
t	Q		'立つ' tat- → taQ-
s	i		'消す' kes- → kei- → kee-
k	i		'引く' hik- → hii-
g	i		'剥ぐ' hag- → hai- → hjaa-

ただし、動詞「行く」は上の規則の例外となる。「行く」は後続する接尾辞に応じて次のような語幹を用いる。

(69) i-/__-ta　　　　（例）i-ta, i-tai, i-ta(i)ba

　　 iQ-/__-to　　　　　　　iQ-tor-

　　 ita-/__-te　　　　　　　ita-te, ita-teNka

また、語幹末子音が /m, b, n, g/ の動詞語幹は、後続するテ形接辞の初頭音素を /d/ に替える。

10.5. 形容詞中止形

形容詞中止形は、語幹末母音によって次のように決まる。

表 18 形容詞語幹末母音と中止形

語幹末母音	交替後	例
i	juu	'嬉しく' uresi-u → uresjuu '酸く' sii-u → sjuu
a	oo	'痛く' ita-u → itoo '高く' taka-u → takoo
o	oo	'意地悪く' odo-u → odoo '見目よく' mizjoo-u → mizjoo
u	uu	'多く' uu-u → uu '悪く' waru-u → waruu

10.6. 形容詞語根に /k/ で始まる接尾辞が続く場合の交替規則

形容詞語根の末尾音節は、/k/ で始まる接尾辞が後続する場合にモーラ数を保ちつつ交替がおこる。交替規則は次の通りである。

(70)　s → i/{a/o/u}__-k　　　　　（例）a.zi.ro.si.ka → a.zi.ro'i.ka
　　　　→ Q/その他　　　　　　　　　　u.re.si.ka → u.re'Q.ka
　　　ru → i/{w/k/g}a__-k　　　　　　wa.ru.ka → wa'i.ka
　　　{w/k/g} u → Q　　　　　　　　　nu.ku.ka → nu'Q.ka
　　　{w/k/g} a → N/C（鼻音）a__-k　na.ga.ka → na'N.ka
　　　　　　　　→ Q/C（非鼻音）a__-k　ta.ka.ka → ta'Q.ka

10.7. 名詞と与格助詞の結合

与格助詞 =(n)i の実現形は、次のように直前の名詞の末尾音節によって異なる。

(71)　(n)i → ni / ViVi=__
　　　　　→ ni / N=__
　　　　　→ i / その他

この交替規則と二次的 //Vi// の交替規則（10.2 節）の組み合わせによって、与格名詞の実現形が求められる。

(72)　　　基底形　　　　　　　→与格助詞の交替規則→二次的 //Vi// の交替規則
　　a.　boo=(n)i '棒に'　　→ boo=ni
　　b.　hoN=(n)i '本に'　　→ hoN=ni
　　c.　tooki=(n)i '時に'　→ tooki=i　　　　　→ tookii
　　d.　ike=(n)i '池に'　　→ ike=i　　　　　　→ ikee
　　e.　koko=(n)i 'ここに'→ koko=i　　　　　→ kokee
　　f.　ika=(n)i 'イカに'　→ ika=i　　　　　　→ ikjaa
　　g.　buui=(n)i '鰤に'　　→ buui=i　　　　　→ buuii
　　h.　tooi=(n)i '鳥に'　　→ tooi=i　　　　　→ tooii
　　j.　taai=(n)i '樽に'　　→ taai=i　　　　　→ taaii

10.8. 名詞と主題助詞の結合

主題助詞 =(w)a の実現形は、次のように直前の名詞の末尾音節によって異なる。

(73)　(w)a → wa / ViVi=__
　　　　　 → na / N=__
　　　　　 → a / その他

この交替規則と二次的 //Va// の交替規則（10.2 節）の組み合わせによって、主題名詞の実現形が求められる。

(74)　　基底形　　　　　　　→主題助詞の交替規則　→二次的 //Va// の交替規則
　　a.　boo=(w)a '棒は'　　→ boo=wa
　　b.　hoN=(w)a '本は'　　→ hoN=na
　　c.　tooki=(w)a '時は'　→ tooki=a　　　　　　→ tookjaa
　　d.　ike=(w)a '池は'　　→ ike=a　　　　　　　→ ikjaa
　　e.　koko=(w)a 'ここは'→ koko=a　　　　　　 → kokaa
　　f.　ika=(w)a 'イカは'　→ ika=a　　　　　　　→ ikaa
　　g.　buui=(w)a '鰤は'　→ buui=a　　　　　　 → buujaa
　　h.　tooi=(w)a '鳥は'　→ tooi=a　　　　　　 → toojaa
　　j.　taai=(w)a '樽は'　→ taai=a　　　　　　 → taajaa

参考文献

上村孝二（1936）「甑島方言の系統に就いて」『九大国文学会誌』11、九州大学国文学会
上村孝二（1964）「薩隅方言の区画」東条操（編）『日本の方言区画』東京堂出版
窪薗晴夫（2012）「鹿児島県甑島方言のアクセント」『音声研究』16-1、日本音声学会
酒井雅史（2019）「甑島方言の素材待遇形式の運用とその地域差」窪薗晴夫・木部暢子・高木千恵（編）『鹿児島県甑島方言からみる文法の諸相』くろしお出版
下地理則（2013）「危機方言研究における文法スケッチ」田窪行則（編）『琉球列島の言語と文化──その記録と継承──』くろしお出版
白岩広行・門屋飛央・野間純平・松丸真大（2017）「鹿児島県甑島里方言の終助詞」『阪大日本語研究』29、大阪大学大学院文学研究科日本語学講座
白岩広行・門屋飛央・野間純平・松丸真大（2019）「甑島里方言のモダリティ表現」窪薗晴夫・木部暢子・高木千恵（編）『鹿児島県甑島方言からみる文法の諸相』くろ

しお出版
田窪行則（1987）「統語構造と文脈情報」『日本語学』6-5、明治書院
平塚雄亮（2017）「鹿児島県甑島里方言」方言文法研究会（小西いずみ・日高水穂）（編）『全国方言文法辞典資料集（3）　活用体系（2）』2014–2018 年度科学研究費補助金基盤研究（A）「日本語の時空間変異対照研究のための『全国方言文法辞典』の作成と方法論の構築」研究成果報告書
南不二男（1974）『現代日本語の構造』大修館書店
森勇太・平塚雄亮・黒木邦彦（編）窪薗晴夫（監修）（2015）『甑島里方言記述文法書』大学共同利用機関法人　人間文化研究機構連携研究「アジアにおける自然と文化の重層的関係の歴史的解明」サブプロジェクト（研究代表者・窪薗晴夫）「鹿児島県甑島の限界集落における絶滅危機方言のアクセント調査研究」研究成果報告書、国立国語研究所

参照ウェブサイト

薩摩川内市 統計データ https://www.city.satsumasendai.lg.jp/www/contents/1300087101977/index.html（2017 年 12 月 27 日確認）

II.
甑島の中を比べる

甑島方言の格について

坂井美日

キーワード：主語標示、格配列、動作主性、自動詞分裂、尊卑

要旨

　本稿では、甑島の手打・里・長浜の方言を対象に、主語標示ガノの観察を通し、以下のことを述べる。

　1. 同じ甑島でも、格配列の詳細は方言ごとに異なる。／2. 別個の体系を持つ三方言には、ガとノの使い分けに関し、共通点がある。ガとノの使い分けは、有生性階層と他動性階層に沿う。／3. 2は、動作主性に換言できる。ここから当方言のガとノは、ガ＝動作主標示、ノ＝非動作主標示と分析できる。／4. ガとノの使い分けにより、甑島方言の格配列は、複数の型が混在する mixed alignment である。その中には、格類型論の観点からも希少な型が含まれている。／5. 尊敬表現になると、ノの使用範囲が広がる（尊卑現象）。従来、ノ＝尊敬という見方があったが、事実として尊敬主語でもノを使えない場合があり、従来の見解では矛盾が生じる。本稿では、尊卑現象も動作主性で捉える立場を採る。

1. はじめに

　本稿は、甑島方言の格について、特に、主語標示を研究対象とするものである。

　甑島方言（を含む九州方言の一部）には、主語標示の形式として、ガとノの2種の形式がある。(1) は、abcともに上甑島里方言の同一話者の発話であるが、(1a) ではガが用いられる一方、(1b)(1c) ではノが自然に用いられる（以下例文は、基本的に平仮名で表記し、主語標示「ガ」「ノ」、目的語標示「バ」（後述）はカタカナで表記する。また例文の後ろに丸括弧で標準語訳を付ける）。

(1)　　上甑島里方言
　　a.　じなんガのぼった。（次男が登った。）
　　b.　おとっちゃんノのぼいやった。（お父さんが登りなさった。）
　　c.　どろぼーノたおれたー。（泥棒が倒れた。）

　本稿は、甑島方言における主語標示2種の使い分けを明らかにするとともに、それによって生じる格配列（主語標示と目的語標示が織り成す体系。後述）の整理を行なう。バリエーションの観察のため、甑島の中の3つの地域（下甑島・手打、上甑島・里、下甑島・長浜）の方言を扱う。

　本稿は、次のように進める。まず、2節で先行研究を整理し、3節で本稿の枠組みを示す。4節においては、ベーシックな文法環境下（「基本配列」後述）におけるガノ分布を整理し、同じ甑島の方言でも、手打・里・長浜のガノ分布が同一ではないということを示すとともに、いずれもガとノが動作主性に応じた分布をしているということを示す。4節をもとに5節では考察を行ない、結論として、ガ＝動作主マーカー、ノ＝非動作主マーカーと位置づける。6節では、4節をもとに、甑島方言の格の型を整理する。甑島方言は、複数の格の型が混在する mixed alignment（後述）であり、その中には通言語的に希少な型も含まれているということを述べる。7節では、先行研究（2節）に指摘される尊卑現象を再考する。主語が尊敬対象になるとノの使用範囲が広がるという現象が認められるが、従来説のようにノ＝尊敬と捉えては、言語事実と矛盾する。本稿では尊卑現象も、動作主性で統一的に説明できるという立場を採る。8節はまとめである。

2.　先行研究の整理

　主語標示ノの存在は、これまでにも、現代標準日本語と比較する形で注目されてきた。

(2)　　里村郷土誌編纂委員会（編）(1985: 857)
　　　　助詞…「花ノ咲ク」「風ノ吹ク」など「ノ」を用いるが、本土では「風ガ吹ク」「花ガ咲ク」など「ガ」を用いる。

(3) 　　上村（1970: 17）
　　　　　主格の表現で注意すべきは、「日ノ出タ」のように主格に、ノを使うことである。

上村（1982）では、より分析が進められ、(4) のように、尊卑との関わりも指摘される。

(4) 　　上村（1982: 300–301）
　　　　　主格の表現では、「月ノ出タ」「アー、牛ノ牛ノ」（ああ牛が牛が！）のようにノを使う。（一部長浜などではガを専用するが。）ただし里村・中甑・手打などでは「人」に付くノは敬意を含み、ガがつけば、少し卑める意がある（例、オ父サンノ来ヤッタ・弟ガ来タ）。

尊卑については、本稿も後述するように、甑島方言のガとノの使い分けに関与的と考える。しかし一方で、(4) の説明では、甑島方言のガとノの関係を十分に捉えられず、例えば先の (1) は、(4) にも言及される里村の方言の例であるが、(1c) では非尊敬主語にも関わらずノが使われており、(4) に対する反例の1つである。

従来は、(1a) vs (1b) のような、現象の一部しか捉えられておらず、(1c) のような実例を含めた、網羅的かつ体系的な観察が不十分であったと考えられる。主語標示をはじめとする格標示は、名詞句と述部との関係を表すというその本質から、名詞句の属性や、述部の性質に影響を受ける。また、1つの言語の中であっても、節タイプ等の文法条件に応じて、異なる体系を持つことがある（Harris 1990 等）。そのため、格標示の観察は、文法条件ごとに、名詞句と述部の性質を考慮し、網羅的に行なうことが推奨される（角田 2009 等）。本稿は、上記課題に取り組むべく、「格配列」の枠組み (3.1 節) を用いながら、文法条件を限定しつつ (3.2 節)、ガノの使い分けを、網羅的かつ体系的に捉えてゆく。

3. 本稿の枠組み

3.1. 格配列―有生性と他動性のクロス階層―

　格配列（case alignment）とは、主語標示と、目的語標示の織り成す体系である。これは、a）有生性階層と、b）他動性階層（A, Sa, Sp, P）によって整理される。

　a）有生性階層は、Silverstein（1976）に端を発し、以来 Dixon（1979）や角田（2009）等、多くの先行研究の成果を経て、現在では一般的に（5）のようにまとめられる。この階層が何を表すのかについては、様々な見解があるが（Dixon1979、Zubin1979 等）、Silverstein 自身は、動作主になりやすい度合い、対象になりやすい度合いであると言う（左ほど動作主に、右ほど対象になりやすい）。

（5）　有生性階層
　　　人称代名詞 >> 親族名詞／人間固有名詞 >> 人間普通名詞 >> 動物 >> 無生物

　b）他動性階層は、他動詞文の主語なのか目的語なのか、自動詞文の主語なのか、という観点から分けられる。1. 他動詞は、「壊す」「殺す」等、他に影響を与える動作の主体（主語）と、その影響を受ける対象（目的語）の二者が参与する動作の動詞である。2. 自動詞は、他との影響関係が無く、主体の動作や状態を表す動詞である。自動詞は、意志性の有無から、更に2つに分ける考えがある。1つは、2-1.「逃げる」「登る」等、主体が意志的に行なう動作を表す意志自動詞、もう1つは、2-2.「倒れる」「ある」等、主体の意志によらない出来事や状態を表す非意志動詞である。以下、他動詞文主語を A、意志自動詞文主語を Sa、非意志自動詞文主語を Sp、他動詞文目的語を P と表記する。

　これら四者は、一般に（7）のように整理される。

（6）　　A太郎が　P次郎を　殴った。【他動詞文】
　　　　Sa太郎が　逃げた。【意志自動詞文】
　　　　Sp次郎が　倒れた。【非意志自動詞文】

(7) 他動性階層：A >> Sa >> Sp >> P

(7)の階層についても、動作主性で捉える考え方がある。A, Sa, Sp, P については、古くから近年に至るまで、動作主性の観点から連続的なものと捉える立場が多くある（下地 2016、Hopper and Thompson 1980 等）。動作主の意味特性には、意志性（自らの意志で行動）、活動性（出来事の起こし手）、安定性（「非受動性」（下地 2016）他に影響を与え、自身は影響を受けない）等、複数挙げられる。これらの意味特性をもとに動作主性を程度問題と捉えると、A ほど動作主の典型にあり、P ほど動作主の典型から外れ、A>>Sa>>Sp>>P の順に整理される（8）。

(8) 他動性階層と動作主性
A：意志的な活動をし、他に影響を与え、自らは影響を受けない。
Sa：他に影響を与えないが、意志的な活動をする。
Sp：他に影響を与えず、意志的な活動をせず、他者からの影響を受けない。
P：他者から影響を受けるのみ。他者への影響も無く、意志的な活動も無い。

本稿では、有生性階層と他動性階層を掛け合わせた階層（以下便宜的に「クロス階層」）に沿って観察を進める。有生性階層も、他動性階層も、動作主性に換言できることから、上位層の掛け合わせほど動作主性が高いと見ることができる。

3.2. 観察対象とする構文環境

本稿ではまず、より典型的な格配列をおさえるために、(9)の条件下の配列を観察する（便宜的に「基本配列」、4 節参照）。その後、先行研究にも言及のある尊卑を観察するため、主語への敬意のみを加えた(10)の条件下を観察する（便宜的に「＋尊敬」、6 節参照）。

(9) 基本配列：主節[1]・能動文・中立叙述（非焦点、非主題）・非尊敬主語

---

[1] 連体節や条件節は、現代標準日本語においても「ガ／ノ交替」を起こす特殊な環境である。古典日本語においても、主節と異なる格配列の様相を呈する（山田 2013 等）。今回は典

(10)　＋尊敬：主節・能動文・中立叙述（非焦点、非主題）・尊敬主語

　中立叙述とは久野 (1973) に代表される概念であるが、これは情報構造的に見て、文全体が新情報である文焦点に相当する。調査においては、例文が中立叙述であることを確認するため、「どうしたの？」等の返答に例文がくるよう場面設定し、文全体に焦点が当たるようにした（文焦点）。代名詞の扱いについては、それ自体焦点を含むという見解もあることを理解した上で、ひとまず文焦点下のものを提示する。

3.3.　本稿の基礎情報―地点と調査方法について―

　本稿では、先行研究 (4) にも名前が挙がる下甑島手打集落、上甑島里集落、下甑島長浜集落の方言を扱う（以下、手打方言・里方言・長浜方言）。話者情報は各節に述べる。

　本稿のデータは、筆者の現地調査に基づくものであり、基本的に面接調査（特に標準語から方言への翻訳式）で得たものである。

　本調査では、いずれの地点においても、各文法条件下で、複数の述部動詞で例文を採るようにしている。例えば、次のようなものを調査している。

　　他動詞文：割る、食べる、壊す、隠す等
　　意志自動詞文：逃げる、登る、走る、歩く等
　　非意志自動詞文：倒れる、転ぶ、生まれる、死ぬ、いる等

　同じ枠内でも、述部動詞でガノの判断に違いが出た場合は、適宜記述する。

3.4.　甑島方言の中心格の概要

　論を進めるに当たり、甑島方言の中心格（主語と目的語の格）の概要を述べておく。

型を見る目的から、主節のみを観察対象とした。

3.4.1. 中心格の有形無形

今回の対象方言は、中心格の有形標示がほぼ義務的である。面接調査において、主語と目的語をハダカ（無助詞）で回答することは無く、別途採集した談話テキストでも、中心格のハダカ標示は、ほぼ現れない。なお、中心格において、ハダカ標示が許容されにくいというのは、九州方言によく見られる特徴の1つである（坂井近刊）。

3.4.2. 目的語標示

目的語標示は、手打・里・長浜のいずれも、バまたはオを用いる。現時点の観察の限りでは、この二者は自由交替の関係にある（平塚2013によると、前者が伝統方言形で、二者は新旧の関係）。文法的に交替するわけでなく、階層に応じた使い分け等も無いため、4節以降は、主語標示ガ／ノの使い分けのみを扱う。

（11）　にもつ｛バ／オ｝おまいーおくってくいやいどー。

　　　（（お兄さんが）荷物をおまえに送ってくれなさるよ。）

3.4.3. 主語標示の概要

主語標示ガとノの詳細な使い分けについては、次節に述べる。ここでは、基本的なところを整理しておく。実は、ガとノは、容認度の面でレベルが違う。まず、ガは、主語標示として拒絶されることが無い。つまり、方言としてノを使うのが自然な文であっても、ガとの入れ替えについては、可能と回答される（標準日本語の主語標示「ガ」の影響もあると考えられる）。

一方、ノには、明らかに使えない場合がある。容認度の判断は、大きく2つ、「拒絶」（自分も言わないし、人が言うのを聞いても許容できない）と、「自然」（方言文脈ではガよりもノの方が自然）に分かれる。

そのため、ガとノを巡る話者の判断は、ガしか使えない（ノを拒絶する）場合と、ノを自然に使う（ただしガを拒絶するわけではない）場合の、大きく2つに分かれる。

ただし一部、一見同じ文法環境下であっても、部分的にノの可否が変わる

場合も観察される。本稿では、この中間段階を設けた三段階で観察を進める。

表1　容認度の実態と、本稿の表記

回答	表
「ガ」のみ許容。「ノ」は拒絶。	ガ
「ガ」が自然。「ノ」は限定的。	ガ（*ノ）
方言としては「ノ」が自然。 ただし「ガ」を拒絶するわけではない。	ガノ

4.　基本配列下の主語標示

本節では、基本配列（9）の環境下におけるガとノの分布（以下ガノ分布）を整理する。

4.1.　手打／基本配列

手打方言[2]について、基本配列のガノ分布をクロス階層で示すと、次の通りである。表の見方は、横軸が有生性階層（5）（左ほど上位）、縦軸が他動性階層（7）（上ほど上位）である。3.1節に述べたように、有生性階層も、他動性階層も、動作主性に換言できることから、上位層の掛け合わせ（左上）ほど、動作主性が高いと見ることができる。

表2　手打方言（基本配列）

手打	人称代名詞		名詞			
	一人称	二人称	親族／固有	人間普通	動物	無生物
A	ガ	ガ	ガ	ガ	ガ	ガノ
Sa					ガノ	
Sp						

2　手打方言話者情報：手打集落は、本町、麓、港の3つのエリアに分かれている。本稿のデータは、麓の話者への調査に基づく。S2生・女性、T13生・男性、S20生・女性、S6生・女性、S20年代後半生・女性、S34生・女性／調査期間：2013〜2018

表2を見ると、ヒト（人称代名詞～人間普通名詞）／動物／無生物でパターンが異なる。ここで、全体を見て注目してほしいのは、ガノ分布が、決してランダムではないということである。動作主性が高い左上ほどガしか使えず、動作主性が低い右下ほどノが自然という分布になっている。1つひとつ整理してゆく。

まず、主語名詞句が人称代名詞の場合、他動性階層に関わらず、ガしか使えない。次の (12) は、同等目下の二人称代名詞「わい」を主語とする例である。ここでは、A, Sa, Sp いずれにおいても、ノが拒絶される（なお、一人称代名詞は「おい」。そのガノ分布も、二人称に同じ）。Aの標示にノを使えないという判断は、語順を入れ替えても同じである。要するに、ここのガノの選択に、隣接性は関与していない。例えば「わい {ガ／*ノ} わった（おまえが割った）」のように、主語と述部が隣接している場合でも、ノを使うことはできない（以下同様の場合、Aの例文の横に【隣接関与-無】と表記）。なお、隣接性が関与しないということは、次の可能性を棄却する。(12A) を標準日本語の感覚から見ると、一見、属格との混同のリスクでノを使えないのではないか（二人称＋ノの後ろに、目的語名詞句（壺）が隣接すると、「おまえの（所有する）壺」という属格解釈と混同するからノを使えないのではないか）という推察があるかもしれない。しかし上述のように、述部と隣接する場合も、主語標示としてノを使えないことから、その可能性は棄却される。また、手打方言の属格形式にはノだけでなくガもあり、ガは、二人称「わい」の属格にも用いるため（例「わいがと（私のもの）」…わい＝が＝と／二人称＝属格＝準体）、'属格との混同を避けるためにガを使う'という分析は当たらない。ここは純粋に、動作主性を要因として、ノを使えないと見るのが穏当と考えられる。

(12)　二人称「わい」
　　A：わい {ガ／*ノ} つぼバわったよーが。【隣接関与-無】
　　　（おまえが壺を割ったでしょう。）
　　Sa：こけーわい {ガ／*ノ} すわったよーが。
　　　（ここにおまえが座ったでしょう。）

　　　　Sp：しごとばっかいして、わい{ガ／*ノ}たおるっど。
　　　　　（仕事ばかりして、おまえが倒れるよ。）
　続いて、名詞層のうちヒト名詞（親族／固有〜人間普通）を主語とする場合も、人称代名詞と同様に、A, Sa, Sp 全てにおいてノが拒絶される。(13)は、固有名詞（「M」は息子の名前）の例である。なお A は、語順を入れ替えても同じ結果である。

（13）　固有
　　　　A：M{ガ／*ノ}壺バうつわったどー。【隣接関与無】
　　　　　（Mが壺をうち割ったよ。）
　　　　Sa：M{ガ／*ノ}逃げたどー。（Mが逃げたよ。）
　　　　Sp：M{ガ／*ノ}おっどー。（Mがいるよ。）

　基本配列下では、上述のように、ヒト主語にはガしか使えない。一方で、動物が主語になると、少し様相が異なるようである。(14)は、動物（猫）を主語とする例である。まず、Aではノを拒絶する。これは語順を入れ替えても同じ結果である。一方で、S (Sa, Sp)になると、ノを自然に使うことができる。なお、AとSで標示の仕方が異なるというのは、通言語的に見て希少な現象の1つである。詳しくは、後節に述べる。

（14）　動物
　　　　A：ねこ{ガ／*ノ}つぼバわってしもーた。【隣接関与無】
　　　　　（猫が壺を割ってしまった。）
　　　　Sa：ねこ{ガ／ノ}のぼったとよ。（猫が登ったんだよ。）
　　　　Sp：ねこ{ガ／ノ}しんだー。（猫が死んだ。）

　最後に、主語が無生物名詞である場合、ノを自然に使う領域がより広がるようである。次のように、A, Sa, Sp の全てで、ノを自然に使うことができる。

（15）　無生物
　　　　A：くも{ガ／ノ}たいようバかくしたど。【隣接関与無】
　　　　　（雲が太陽を隠したよ。）
　　　　Sa：やまにくも{ガ／ノ}のぼった。（山に雲が登った。）
　　　　Sp：きのーはあめ{ガ／ノ}ふったな。（昨日は雨が降ったな。）

以上の観察から、手打方言の基本配列は、(16)のようにまとめられる。

(16) 手打方言の基本配列

 a. 人称代名詞とヒト名詞（親族／固有〜人間普通）が主語の場合、AS全てにおいて、ガしか使えない。動物主語の場合、Aではガしか使えず、Sではノを使う。無生物主語の場合、AS全てにおいて、ノを使う。

 b. 動作主性が高い主語（クロス階層の左上）ほどガしか使えず、動作主性が低い主語（右下）ほどノを自然に使うという分布である。

4.2. 里／基本配列

続いて、里方言の基本配列を示す[3]。本節のデータは、坂井 (2015b) に、修正と更新を加えたものである[4]。基本配列のガノ分布をクロス階層で示すと、次の通りである。

表3　里方言（基本配列）

里	人称代名詞		名詞			
	一人称	二人称	親族／固有	人間普通	動物	無生物
A	ガ	ガ	ガ	ガノ	ガノ	ガノ
Sa						
Sp			ガ(*ノ)			

里方言の基本配列では、人称代名詞、親族／固有名詞、人間普通名詞以下で、パターンが異なる。前節の手打方言と比較すると、ガとノの範囲の狭広は異なるが、やはりランダムではなく、(16b) と同様、動作主性が高い主語（左上）ほどガしか使えず、低い主語（右下）ほどノを自然に使うという分布になっている点が注目される。それでは、具体例を挙げながら整理する。

3　里方言話者：S4生・男性、薗上／調査期間：2011〜2018

4　坂井 (2015b) では複数の話者への調査に基づいて記述したが、その執筆を通し、里方言は集落・性別・年齢に基づく差が大きいということが分かった。本稿のデータは、注3に示したように、話者を限定した結果である。

まず、主語名詞句が人称代名詞の場合、他動性階層に関わらず、ガしか使えない。次の(17)は、同等目下の二人称代名詞「あん」を主語とする例であり、A, Sa, Sp いずれにおいても、ノが拒絶される（なお、一人称代名詞は「おい」。ガノ分布は、二人称に同じ）。なお、A の標示にノを使えないという判断は、語順を入れ替えても同じである。

(17)　二人称「あん」
　　　A：あん{ガ／*ノ}つぼばわったなぁ。【隣接関与無】
　　　　（おまえが壺を割ったな。）
　　　Sa：あん{ガ／*ノ}すわったっちゃろー。（おまえが最後に走れ。）
　　　Sp：あん{ガ／*ノ}たおるいどー。（おまえが倒れるよ。）

　続いて、親族／固有名詞を主語とする場合、状況がやや複雑である。
　まず、A 及び Sa は、ガしか使えない。次の(18)は親族名詞（次男）、(19)は固有名詞（太郎）を主語とする例であるが、他動詞文（述部：割る）と、意志自動詞文（述部：登る）ではノを使うことができず、その判断は、述部を替えても（他動詞文は、食べる・壊す等、意志自動詞は、走る・歩く等でも例文を採ったが）揺れなかった。
　一方、Sp は述部動詞の性質によって、ノの許容度が２つに分かれるようである。まず具体例から挙げると、(18)(19)の Sp-a は、「たおるる（倒れる）」を述部とする例であり、これはノが非常に不自然（使えるかもしれないが、非常に違和感を覚える）とのことである。しかし、(18)(19)の Sp-b のように、「うんまれる（生まれる）」が述部であれば、ノを自然に使えるとのことである。

(18)　親族
　　　A：じなん{ガ／*ノ}つぼばわったどー。【隣接関与無】
　　　　（次男が壺を割ったよ。）
　　　Sa：じなん{ガ／*ノ}のぼった。（次男が登った。）
　　　Sp：a. じなん{ガ／??ノ}たおれた。（次男が倒れた。）
　　　　　b. じなん{ガ／ノ}うんまれた。（次男が生まれた。）

(19)　固有

　　　　A：たろー｛ガ／*ノ｝つぼばわったー。【隣接関与無】
　　　　　（太郎が壺を割った。）
　　　　Sa：たろー｛ガ／*ノ｝のぼったー。（太郎が登った。）
　　　　Sp：a．たろー｛ガ／??ノ｝たおれたー。（太郎が倒れた。）
　　　　　　b．たろー｛ガ／ノ｝うんまれた。（太郎が生まれた。）
　（18）（19）と同様の非意志自動詞文の調査において、a．ノを使うのが不自然だと判断されたのは、述部が、倒れる、溺れる、転ぶ等の場合であり、一方、b．ノが自然だと判断されたのは、生まれる、死ぬ、いる、いなくなる等の場合であった。上述の範囲で注目されるのは、ノを許容するbが、存在・出現・消失を意味するものに偏るという点である。捉えなおすと、ノを許容しないaの述部は、語彙的に、主語の動きの展開（誰がどうなった）を表す動詞であるのに対し、ノを許容するbの述部は、存在と現象の認識局面（何が起こった）を表す動詞である。それでは、bの文にノが付きやすいというのはなぜなのか。この詳しい考察については今後の課題であるが、先述のように当方言のノは、格配列の全体から見て、動作主性が低い主語に付く傾向がある。これが存在・出現・消失を表す構文になじみやすいと見ると、1つ思い当たるのは、当該構文が通言語的に、主語の無標化や、背景化といった現象と関連があるということである。例えば下地（2017, 近刊）は、標準日本口語や日琉諸語における、存在・出現・消失を表す構文が、他の構文に比べ、主語を無標（無助詞）にしやすいということを示している。また、中国語において、存在・出現・消失を表す構文（いわゆる「存現文」）は、中国語の一般語順がSV（O）である中において、意味的に主語相当の名詞句（存在や現象の経験者）が動詞句の後ろに置かれるという点で注目を集めるが（場所・時間―動詞述語―名詞句の語順となる）、その統語操作については、主語の背景化が関与しているという見方がありうる[5]。ここで直接的に他言語や他方言と

5　例えば「雨が止んだ」は、通常の主述構文「雨 (S) 住 (V) 了」であるのに対し、「雨が降ってきた」は、存現文を採る「下 (V) 雨 (S) 了」。前者と後者の違いの1つとして、後者の場合、「降る」というイベントが先立たなければ「雨」も認識されないという点が挙げられる。木村（2017）の存現文の解説に、「事態と事物が未分化の形で出来するタイプの自然現象を表

関連付ける意図は無いが、存在・出現・消失を表す構文は、存在や現象の認識局面を表すという性質上、通常の主述構造〈誰がどうした〉ではなく、〈何が起こった〉という出来事を描写する形で提示されやすいと考えられる。つまり当該構文は、主語が動作主として描かれる度合いが特に低いため、当方言では、動作主性が低い主語に付くノが付きやすいのではないかと考える。

次に、主語名詞句が人間普通名詞以下の場合、ASともにノを自然に使用する。(20)は動物名詞の例である。比較のため、(18)(19)と述部を揃えて提示するが、いずれも、ノを使えるとのことである。(21)は無生物名詞の例である。

(20) 動物
　　　A：いん{ガ／ノ}つぼバわった。【隣接関与無】(犬が壺を割った。)
　　　Sa：いん{ガ／ノ}のぼった。(犬が登った。)
　　　Sp：a. いん{ガ／ノ}たおれた。(犬が倒れた。)
　　　　　b. いん{ガ／ノ}うんまれたな。(犬が生まれたな。)
(21) 無生物
　　　A：くも{ガ／ノ}たいようバかくれきゃーた。【隣接関与無】
　　　　　(雲が太陽を隠してしまった。)
　　　Sa：うーかぜ{ガ／ノ}やっととーいすぎたなぁ。
　　　　　(台風がやっと通り過ぎたな。)
　　　Sp：本{ガ／ノ}あいがぁ。(本があるよ。)

すのに用いられます」(p. 234)と述べられるように、存現文の成立条件の1つとして、主語が出来事と一体化(主語が出来事に背景化)していることが挙げられる。なお、存現文の特殊性については、情報構造面からの見解(主語が新情報、文全体が新情報)もある。中国語の存現文を含め、存在・出現・消失を表す構文は通言語的に、主語及び文全体が新情報であることから、その主語は主題として機能しえないという点で特殊である。そのため風間(2015)は、存現文の格について、類型的に「その言語におけるデフォルトの格とは言えない」(p. 77)ものの一種と述べる。先述の下地(近刊)も、標準日本口語や日琉諸語の無助詞現象が存在・出現・消失に偏ることについて、情報構造(主題性)の観点から論を展開している。本稿の甑島方言の分析については、動作主性の観点から捉えるのが穏当と考え、主語の背景化という側面からアプローチするが、情報構造との関連についても、今後の検討課題である。

以上の観察から、里方言の基本配列は、(22)のようにまとめられる。

(22)　里方言の基本配列
　　a. 人称代名詞が主語の場合、AS全てにおいてガしか使えない。親族／固有名詞の場合、ASともに、基本的にノを使えないが、Spのうち存在・出現・消失を表す場合のみ、ノを使える。人間普通名詞以下の場合、AS全てノを使う。
　　b. 動作主性が高い主語（クロス階層の左上）ほどガしか使えず、動作主性が低い主語（右下）ほどノを自然に使う。

4.3.　長浜

長浜方言[6]について、基本配列のガノ分布をクロス階層で示すと、次の通りである。

表4　長浜方言（基本配列）

長浜	人称代名詞		名詞			
	一人称	二人称	親族／固有	人間普通	動物	無生物
A	ガ	ガ	ガ	ガ	ガノ	ガノ
Sa						
Sp			ガ(*ノ)	ガ(*ノ)		

先述(4)の上村(1982)には「長浜などではガを専用する」と記述されるが、本調査では、ノを使う領域があるという結果である。長浜方言の基本配列では、人称代名詞、ヒト名詞（親族／固有〜人間普通）、ヒト以外名詞で、パターンが異なる。手打方言や里方言と比べると、ガとノの範囲の狭広は異なるが、やはりランダムではなく、左上ほどガ、右下ほどノという分布である。それでは、具体例を挙げながら整理する。

まず、主語名詞句が人称代名詞の場合、他動性階層に関わらず、ガしか使えない。次の(23)は、同等目下の二人称代名詞「あん」を主語とする例で

6　長浜方言話者：T14生・女性、S3生・女性、S2生・女性、S2生・女性、S3生・女性、S7生・女性、S16生・男性、S22生・男性／調査期間：2011〜2018

あり、A, Sa, Sp いずれにおいても、ノが拒絶される（なお、一人称代名詞は「おい」。ガノ分布は、二人称に同じ）。A でノを使えないという判断は、語順を替えても変わらない。

(23) 二人称
  A：あん {ガ／*ノ} サーバわったたおが。【隣接関与無】
   （おまえが皿を割っただろうが。）
  Sa：あん {ガ／*ノ} すわったたーもん。（おまえが座っただろうが。）
  Sp：あん {ガ／*ノ} たおるっどー。（おまえが倒れるよ。）

続いて、ヒト名詞（親族／固有～人間普通）の場合、A と Sa ではガしか使えない。次の (24) は、固有名詞（太郎）を主語とする例である。他動詞「なげる（投げる）」と意志自動詞「のぼる（登る）」を述部とする文では、全くノを使えないとのことであった。なお、A でノを使えないという判断は、語順を替えても変わらない。

一方、Sp ではノの許容に揺れがあった。(24Sp-a)、(24Sp-b) はそれぞれ、非意志自動詞「たおるる（倒れる）」と「おる（いる）」を述部とする文である。これらの文については、基本的にはガを使うとのことであるが、ノも使えるという回答であった。ただし、調査の回を重ねると、同一話者への同じ質問であっても回答に揺れが見られ、(24Sp-a) については、ノを許容するという回答と、許容しにくいという回答の 2 パターン見られた。(24Sp-b) は、ノを使えるという回答で安定していた。今後もう少し、述部動詞の語彙のバリエーションを増やして詳細な調査をする必要があるが、同じ非意志自動詞文でも、存在等の認識局面を表す文の方が、よりノを許容しやすいものと見られる。程度は違うが、前節の里方言のケース（基本配列の親族／固有名詞 Sp で、存在・出現・消失を表す場合に限りノを使えた）と重なるところである。

(24) 親族／固有
  A：たろー {ガ／*ノ} いしバなげた。【隣接関与無】
   （太郎が石を投げたよ。）
  Sa：たろー {ガ／*ノ} のぼった。（太郎が登った。）

　　　　Sp：a. たろー {ガ／？ノ} たおれた。（太郎が倒れた。）
　　　　　　b. たろー {ガ／ノ} おっど。（太郎がいるよ。）
　最後に、ヒト以外を主語とする場合、AS ともにノを使用する。(25) は、動物主語の例、(26) は、無生物の例である。A でノを使うという判断は、語順を替えても変わらない。

(25)　動物
　　　A：いん {ガ／ノ} つぼバわった。【隣接関与無】（犬が割った。）
　　　Sa：いん {ガ／ノ} ぬげた。（犬が逃げた。）
　　　Sp：いん {ガ／ノ} おっど。（犬がいるよ。）

(26)　無生物
　　　A：おひさまバくも {ガ／ノ} かきーた。【隣接関与無】
　　　　（太陽を雲が隠した。）
　　　Sa：はる {ガ／ノ} きたろー。（春が来たよ。）
　　　Sp：やへー {ガ／ノ} あっど。（野菜があるよ。）

(27)　長浜方言の基本配列
　　a. 人称代名詞が主語の場合、AS 全てガしか使えない。ヒト（親族／固有〜人間普通）が主語の場合、A と Sa では、ガしか使えない。Sp ではノを使えるとされるが、存在・出現・消失を表す文の方が、より自然にノを使用でき、それ以外の Sp は、ノの許容に揺れがある。ヒト以外の場合、AS 全てノを使う。
　　b. 動作主性が高い主語(クロス階層の左上)ほどガしか使えず、動作主性が低い主語（右下）ほどノを自然に使う。

5.　甑島方言におけるガとノ

　4節の観察をもとに、甑島方言のガとノについて考察する。
　まず、(16a)(22a)(27a)にまとめたように、手打・里・長浜の観察においては、方言ごとに、ガとノの範囲の狭広が異なっていた。いずれも同じ甑島の方言であるが、それぞれ別個に格配列の体系をなしていることが分かる。

そして重要と考えられるのは、そのように別個の体系であるはずの三者に、同じ法則を見出せることである。いずれも、ガとノの分布はランダムではなく、(16b)(22b)(27b)にまとめたように、〈クロス階層の左上ほどガ、右下ほどノ〉という分布が見られる。

　3.1 節に述べたように、クロス階層をなす有生性階層(5)と他動性階層(7)は、いずれも動作主性との関連が見出せることから、上位層の掛け合わせ＝左上ほど動作主性が高く、下位層の掛け合わせ＝右下ほど動作主性が低いと解釈できる。これをもとにガとノを捉えると、ガは、より動作主的な主語を標示し、ノは、動作主的ではない主語を標示するものと考えられる。またノは、動作主性が低い限られた範囲で使用され、かつその範囲においても、ノが必須、すなわちノでなければならないというところが無いことから、機能的には無標に近い主語マーカー(その主語を動作主として積極的に示すわけではないマーカー)と見るのが穏当と考えられる。機能的に無標なら無助詞でもよいと思われるところであるが、これについては、3.4.1 節に述べたように、無助詞を許容しない点と関連していると思われる(ただ、無助詞を許容しないこと自体、動作主性による標示分けシステムが要因である可能性はある。つまり、動作主性で標示分けしようとする体系だからこそ、標示が無いことが許容されず、何らかの有形標示を付けないといけないという可能性が考えられる。詳細は今後の課題)。現段階の観察からガとノを位置づけると、次のようになる。

(28)　ガ…動作主主語マーカー／ノ…非動作主主語マーカー

　なお、このような、動作主性に応じていると考えられるガとノは、熊本・福岡・宮崎等、九州各地に確認されつつある(坂井 2013a, 2015a, 2017, 2018, 近刊)。これら九州他方言との対照研究によっても分析が進む可能性があり、今後の課題である。

　また、里方言と長浜方言の一部に見られた Sp 内の分裂現象(存在・出現・消失を表す文の Sp ほどノを許容しやすい)についても、(28)と矛盾はしないのではないかと考える。4.2 節(18Sp-b)(19Sp-b)を巡って述べたように、当該の述部動詞は、存在と現象の認識局面(何が起こった)を表すという語彙

的特徴を帯びるため、その構文は主語も述部も 1 つにしたコトガラ全体を描写する形で提示されやすく、主語が動作主として描かれる度合いが特に低いと考えられる。そのため、当該構文の主語は、非動作主主語マーカーであるノとなじみがよく、よりノを許容しやすいと考えれば、一応矛盾はしないと考えられる。

6. 格配列と型

　本節では、手打方言・長浜方言・里方言の格配列の型について、格類型論の観点から位置づける。これらの方言では、動作主性に応じたガとノの使い分けにより、1 つの方言の中に、複数の型が混在する状況 (mixed alignment) が生じている。

　まず「型」とは、A, Sa, Sp, P のグルーピングパターンである。次の表 5 にまとめるように、通言語的に主に 5 つの型が知られている。それぞれの概要を述べると、（Ⅰ）主語（S と A）を同標示、目的語を別標示する「対格型」、（Ⅱ）S と P が同標示で A が別標示の「能格型」、（Ⅲ）A, S, P 全て同標示の「中立型」、（Ⅳ）全てが別標示の「三立型」がある。これら 4 つ[7]は、主語か目的語かという統語面に基づいた配列で、統語的配列（Syntactic alignment）と呼ばれる。なお（Ⅳ）の三立型は、通言語的に希少とされるタイプである。更に、（Ⅴ）S が分裂し、動作主性が高い Sa と A が同標示、動作主性が低い Sp と P が同標示となる「活格型」がある。S の振る舞いが分かれるこの現象は「自動詞分裂現象（split intransitivity）」と言われ、通言語的に希少とされる。また、この格配列は、意味（動作主性や意志性）に基づく配列であるため「意味的配列（semantic alignment）」と呼ばれる。

　上記が従来の主な 5 タイプであるが、近年明らかにしつつあることとして、九州方言には、上記 5 つのどれにも当てはまらない型がある（坂井 2013a, 2015a, 2017, 2018, 近刊）。熊本方言や博多方言の観察から、格配列の

---

[7] この他に、非常に稀であるが、A と P が同標示で S が別標示の、「二重斜格型」もある。

一部に、A と Sa が同標示（ガ）で、Sp が別標示（ノ）、更に P が別標示（バ）という型があることが分かってきた。これは、目的語専用形式が個別にあるという点で、統語的配列の対格型的な側面を持つ一方、主語標示が意志性で分かれるという点で、意味的配列の活格型的な側面を持つ。従来の類型に無い新たな型である（便宜的に「九州型」）。

表5　格の類型

統語的配列				意味的配列	統語×意味
Ⅰ対格型	Ⅱ能格型	Ⅲ中立型	Ⅳ三立型	Ⅴ活格型	九州型
(A)	(A)	(A)	(A)	(A)	(A)
Sa	(Sa	Sa	Sa	Sa)	Sa)
Sp	Sp)	Sp	Sp	(Sp	(Sp)
(P)	P	P)	(P)	P)	P

ここで、本稿の手打方言・里方言・長浜方言の基本配列の型を観察する。目的語標示については、3.4.2節に述べたように、いずれもバ（またはオ）であり、二者は階層等に関係なく自由交替の関係にある。表2, 3, 4をもとに型を見ると、次の通りである。

表6　手打方言の基本配列の型

手打	人称代名詞		名詞			
	一人称	二人称	親族／固有	人間普通	動物	無生物
A	ガ	ガ	ガ	ガ	ガ	ガノ
Sa						
Sp					ガノ	
P	バ／オ	バ／オ	バ／オ	バ／オ	バ／オ	バ／オ
型	対格				三立	対格

表7　里方言の基本配列の型

里	人称代名詞		名詞			
	一人称	二人称	親族／固有	人間普通	動物	無生物
A	ガ	ガ	ガ	ガノ	ガノ	ガノ
Sa						
Sp			ガ(*ノ)			
P	バ／オ	バ／オ	バ／オ	バ／オ	バ／オ	バ／オ
型	対格		対格〜九州	対格		

表8　長浜方言の基本配列の型

長浜	人称代名詞		名詞			
	一人称	二人称	親族／固有	人間普通	動物	無生物
A	ガ	ガ	ガ	ガ	ガノ	ガノ
Sa						
Sp			ガ(*ノ)	ガ(*ノ)		
P	バ／オ	バ／オ	バ／オ	バ／オ	バ／オ	バ／オ
型	対格		対格〜九州		対格	

　甑島方言の標示の様相は、対格型が多いが、それ以外のパターンも見られる。

　まず、手打方言の動物名詞層は、Aでガしか使えない一方、Sはノを使えるという点で、AとSの振る舞いが異なる。Pは別標示のため、三立的な振る舞いが認められる。

　里方言の親族／固有名詞層と、長浜方言の親族／固有名詞〜人間普通名詞層は、AとSaでガしか使えない一方、Spの一部でノの許容に揺れがある（存在・出現・消失を表す場合ではノを許容しやすく、そうでない場合ノの許容度が下がる）。SaとSpではっきりと振る舞いが分かれるわけではないが、Saで全く許容されなかったノが、部分的ではあれSpで許容されるという点では、広い意味で振る舞いが異なる。対格型と九州型の中間、広義の九州型と捉えられる。また、5節にも述べたように、Sp内の振る舞いの分裂自体、意味的な要因（動作主性）が効いていると考えられる。Sa vs Spという

典型的な自動詞分裂現象ではないが、広い意味でS内の分裂が意味（動作主性）に基づいて起こっており、意味的配列の要素を持つことが認められる。

本稿のデータから、甑島方言には複数の型があるということが分かる。そしてこの事実は、格類型論や日本方言研究に重要なデータを提示する。

先述のように、標準日本文語は、典型的な対格型である。そして従来、日琉諸語の格については、「日本語の方言には疑いなく能格型や活格型とみなすことができる体系はない」（佐々木 2006: 20）と述べられるように[8]、諸方言を含め、活格的な分裂自動詞性を有する型は無いと考えられてきた。しかし近年、坂井（2013a, 2013b, 2015a, 2015b, 2017）、下地（2016, 2017）、竹内・松丸（2017）等により、日琉諸語における分裂自動詞性の研究が進んでいる。本稿のデータも、甑島方言に広い意味での分裂自動詞性があることを示すものである。

7. ＋尊敬の検証

本節では、先行研究（4）「里村・中甑・手打などでは「人」に付くノは敬意を含み、ガがつけば、少し卑める意がある」（上村 1982: 300–301）と記述される尊卑説の検証を行なうため、主語に対する待遇を加えた環境下（10）の格配列を整理する。一人称、動物、無生物に対しては、そもそも尊敬表現が使われないため、ここでは、二人称代名詞と、ヒト名詞（親族／固有名詞、人間普通名詞）のみを対象とする。なお、話者は4節と同じである。

7.1. 手打／＋尊敬

手打方言の＋尊敬の格配列は、次の通り。基本配列（4.1節）の該当部も左に挙げる。

---

[8] 中には、活格型の存在を喜界島方言のデータから示唆する松本（1982）もあったが、これに対しては角田（2009）がデータの処理の問題を指摘し、その後、田畑（2007）が喜界島の談話集から一部活格型が成立するとの結論を示したが、これも話者に直接確認する方法ではないことから、活格型の存在を認めるには証拠が弱い状態が続いた。

表9　手打方言（基本配列と＋尊敬の比較）

手打基本	代名詞	名詞	
	二人称	親族／固有	人間普通
A	ガ	ガ	ガ
Sa			
Sp			

→

手打尊敬	代名詞	名詞	
	二人称	親族／固有	人間普通
A	ガ	ガノ	ガノ
Sa	ガノ		
Sp			

　基本配列では、二人称代名詞から人間普通名詞までガしか使えなかった。一方、主語への敬意が加わると、表9右のように、ノを使う領域が格段に広がる。尊敬表現というものが、ノの広がりに関与しているということが窺える。ただし、尊敬表現の全てでノを使えるわけではない。最高位の掛け合わせである二人称Aに、ノを使えない領域を残しており、左上ほどガ、右下ほどノという階層に沿った分布となっている。基本配列と比較したノの広がりも、ランダムではなく、右下から左上に向けて広がるように増えている。これらの観察から、＋尊敬の配列にも、動作主性が関与している可能性が窺える。分析は7.4節に後述するとし、まずは具体例を挙げながら整理する。

　目上に対する二人称代名詞が主語の場合、Aではガしか使えず、Sではノを使える（型については、A＝ガ、S＝ガ／ノ、P＝バとなり、三立型）。(29)は、目上二人称「おまい」を主語とする例である。なお、Aでノを使えないという判断は、語順を入れ替えても変わらず、隣接性は関与しない（目上二人称には「わが」という形式もある。「おまい」よりやや待遇が低く、親しい目上に対して使うとのこと。ガノ分布は「おまい」に同じ）。

(29)　二人称尊敬

　　A：ここのつぼバおまい {ガ／*ノ} わったなー。【隣接関与無】
　　　（ここの壺をあなたが割ったね。）
　　Sa：おまい {ガ／ノ} こけーすわったなー。
　　　（あなたがここに座ったね。）
　　Sp：おまい {ガ／ノ} たおるっど。（あなたが倒れるよ。）

　尊敬対象のヒト名詞が主語の場合、A, Sa, Spに関わらずノを使う。次の(30)は、尊敬対象の親族名詞「じいさん」を主語とする例である。なお、

述部はそれぞれ尊敬形になっている（三人称敬語接辞と考えられる -(r)ar が含まれる。(30A) かった：kw-ar-ta〈食う - 三人称尊敬 - 過去〉/ (30Sa) にげらった：nige-rar-ta〈逃げる - 三人称尊敬 - 過去〉/ (30Sp) おらった：or-ar-ta〈居る - 三人称尊敬 - 過去〉）。A でノを使えるという判断は、語順を入れ替えても変わらない。

(30) 親族尊敬

 A：じいさん {ガ／ノ} かしバかったとよ。【隣接関与無】
  （爺さんが菓子をお食べになったのよ。）
 Sa：じいさん {ガ／ノ} にげらったどー。
  （爺さんがお逃げになったよ。）
 Sp：じいさん {ガ／ノ} おらったどー。
  （爺さんがいらっしゃったよ。）

話者の内省を確認したところ、ノを使用する領域、すなわち尊敬の二人称代名詞 Sa, Sp と、尊敬のヒト名詞（親族／固有〜人間普通）A, Sa, Sp では、ノを使ってよいというよりは、ノを積極的に使うとのことであった。これについては、7.4 節で改めて述べる。

上述のノの広がりを見ると、ノ＝尊敬主語マーカーというようにも見えるかもしれない。しかし、尊敬の二人称 A に、ガしか使えないという事実から、そう単純には結論づけられないことが分かる。また、階層全体を見ると、左上ほどガ・右下ほどノという分布になっており、尊敬表現の主語標示にも、動作主性が関与していることが考えられる。動作主性の関与の可能性は、次の里方言と長浜方言の観察を通しても強化される。

7.2. 里

里方言における、＋尊敬の格配列は、次の通りである。

表10　里方言（基本配列と＋尊敬の比較）

里基本	代名詞	名詞		→	里尊敬	代名詞	名詞	
	二人称	親族／固有	人間普通			二人称	親族／固有	人間普通
A	ガ	ガ	ガノ		A	ガ	ガノ	ガノ
Sa					Sa	ガノ		
Sp		ガ(*ノ)			Sp			

　主語への敬意が加わると、やはり先の基本配列（4.2節）に比べ、ノを使う領域が広がる。尊敬表現が、ノの広がりに関与していることが窺える。ただし、表10を見ても分かるように、尊敬表現の全てでノを使えるわけではない。最高位の掛け合わせである二人称Aはガしか使えず、左上ほどガ、右下ほどノという分布になっている。基本配列と比較したノの広がりも、ランダムではなく、右下から左上に向けて広がる。この階層に沿った様相からは、やはり動作主性の関与が窺える。以下、具体例を挙げ整理する。

　尊敬対象の二人称代名詞が主語になる場合、Sではノを自然に使用する。一方、Aではノの許容度が落ち、ガを使うとのことである[9]。(31)は、目上の二人称代名詞「おまいさま」が主語の例である（述部は、尊敬の派生接辞-jarが付加された尊敬形）。

(31)　二人称尊敬

　　A：おまいさま｛ガ／*ノ｝つぼバわいやいもいたなぁ（隣接については注9を参照）。

　　（あなたが壺を割りなさいましたね。）

9　＋尊敬・二人称Aは、語順を入れ替えてもノを使うのが不自然という判断は変わらず、調査対象の話者自身は、ガしか使わない。ただ、語順によって微妙にノの拒絶の度合いが違ったので、ここに記しておく。まず、APV語順でノを使うことについては、完全に拒絶であった（自分では言わないし、他人が言ったとしてもおかしい）。一方で、PAV、AV語順でノを使うことについては、自分は使わないが、人によっては使うのかもしれないという回答であった。この微妙な差については、今後の課題。
○＋尊敬・二人称A
(APV) おまいさま｛ガ／*ノ｝つぼバわいやいもいたなぁ。
(PAV) つぼバおまいさま｛ガ／??ノ｝わいやいもいたなぁ。
(AV) おまいさま｛ガ／??ノ｝わいやいもいたなぁ。

Sa：おまいさま{ガ／ノ}すわいやいもいたちゃーなかもすな。
　　（あなたが座りなさいましたんじゃないですか。）
Sp：そがんしごとばっかいしよいやいもせば、おまいさま{ガ／ノ}たおれやいもすど。
　　（そんなに仕事ばかりしなさっていましたら、あなたが倒れなさいますよ。）

　尊敬対象の親族／固有名詞が主語になる場合、A, Sa, Sp いずれもノを使う。(32)は目上の親族「おとっちゃん（父）」が主語で、述部は尊敬形になっている（尊敬の派生接辞 -jar が付加される）。なお A でノを使うという判断は、語順を入れ替えても変わらない。

(32)　親族尊敬
　　　A：おとっちゃん{ガ／ノ}さらばわいやった。【隣接関与無】
　　　　（お父さんが皿を割りなさった。）
　　　Sa：おとっちゃん{ガ／ノ}でていっきゃったどー。
　　　　（お父さんが出て行きなさったよ。）
　　　Sp：おとっちゃん{ガ／ノ}たおれやった。
　　　　（お父さんが倒れなさった。）

　里方言においても、主語への敬意が加わると、1. ノを使う領域が増えること、2. 階層の左上ほどガ、右下ほどノという動作主性に沿った分布であることが見出せる。1 からは、尊敬表現とノが関連しているということ、2 からは、尊敬表現でも動作主性が関与しているということが読み取れる。それでは、長浜方言も観察してみる。

7.3.　長浜／＋尊敬

　長浜方言における、＋尊敬の格配列は、次の通りである。

表11　長浜方言（基本配列と＋尊敬の比較）

長浜基本	代名詞 二人称	名詞 親族／固有	名詞 人間普通		長浜尊敬	代名詞 二人称	名詞 親族／固有	名詞 人間普通
A	ガ	ガ	ガ	→	A	ガ	ガ	ガノ
Sa	ガ	ガ	ガ		Sa	ガ	ガノ	ガノ
Sp	ガ	ガ（*ノ）	ガ（*ノ）		Sp	ガ	ガノ	ガノ

　主語への敬意が加わると、やはり先の基本配列（4.3節）に比べ、ノを使う領域が広がる。尊敬表現が、ノの広がりに関与していることが窺える。ただし、表11を見ても分かるように、尊敬表現の全ての領域でノを使えるわけではない。ここでも、左上ほどガ、右下ほどノという分布になっており、基本配列と比較したノの広がりも、ランダムではなく、右下から左上に向けて広がるように増えている。やはり階層に沿った様相から、動作主性の関与が窺える。以下、具体例を挙げる。

　まず、目上の二人称代名詞は「おまい」であり、A, Sa, Spいずれも、ガしか使えない。Aでノを使えないという判断は、語順を替えても変わらない。

(33)　二人称尊敬
　　　A：おまい {ガ／*ノ} さーバわったとな。【隣接関与無】
　　　　（あなたが皿を割ったでしょうが。）
　　　Sa：おまい {ガ／*ノ} すわったとな。（あなたが座ったのか。）
　　　Sp：おまい {ガ／*ノ} たおるっどー。（あなたが倒れるよ。）

尊敬対象の親族／固有名詞の場合、Aではガしか使えないが、Sではノを使える。Aでノを使えないという判断は、語順を替えても変わらない。

(34)　親族尊敬
　　　A：じーさん {ガ／*ノ} おいがきびなごバとった。【隣接関与無】
　　　　（爺さんが私のきびなごをとった。）
　　　Sa：じーさん {ガ／ノ} 手打にいったろー。
　　　　（爺さんが手打に行ったでしょう。）
　　　Sp：じーさん {ガ／ノ} ほけおったー。

（爺さんがそこにおられたよ。）

尊敬対象の人間普通名詞の場合、A, Sa, Sp いずれでもノを使える。

(35)　人間普通尊敬

　　　A：先生｛ガ／ノ｝ボールバなげた。【隣接関与無】
　　　　（先生がボールを投げた。）
　　　Sa：先生｛ガ／ノ｝のぼった。（先生が登った。）
　　　Sp：先生｛ガ／ノ｝おった。（先生がいた。）

長浜方言においても、主語への敬意が加わると、1. ノを使う領域が増えること、2. 階層の左上ほどガ、右下ほどノという動作主性に沿った分布であることが見出せる。

7.4.　いわゆる尊卑現象について

手打・里・長浜方言では、程度の差はあれ、主語への敬意が加わるとノを使う領域が増えた。このノの広がりが、従来の尊卑説（2 節）の捉えようとしていたところであろう。

しかし、従来の記述（4）「「人」に付くノは敬意を含み、ガがつけば、少し卑める意がある」（上村 1982: 300–301）は、再検討の必要がある。手打・里・長浜のいずれの方言でも、7.1 〜 7.3 節に示したように、尊敬する「人」が主語でも、ガしか使えない場合があるからである。

ここで改めて、7.1 〜 7.3 節をもとに、尊卑現象を整理すると、まずどの方言でも、＋尊敬の配列は、左上ほどガ、右下ほどノという分布であった。そして、いずれの方言も、尊敬表現でノの領域が増えているが、その増加はランダムではなく、基本配列の分布をベースに、右下から左上に向けて広がるように増えている。これら階層に沿った様相を踏まえると、基本配列と同様、尊敬表現のガノにも動作主性が関与している可能性が考えられる。

尊敬表現と動作主性とが関連するという可能性については、他の九州方言（博多、熊本）のガノの観察を含め、坂井（2018）に仮説を述べたところである。仮説の概要としては、尊敬表現という表現そのものが、主語の動作主性を下げる（主語を背景化する）操作を含みうることから、その操作の結果とし

て、当該のガとノについては、非動作主マーカーのノがより付きやすくなると見るものである[10]。

　従来の尊卑説（ノ＝尊／ガ＝卑）に比べ、上述の動作主性に基づく尊卑説が優れている点は、尊敬主語にノを使えない（ガしか使えない）場合があるという事実と矛盾せず、そのガの分布が階層上位に偏るということと整合性がある点にある。

　ただし、この動作主性に基づく尊卑仮説は今後、より詳細に考察する必要がある。課題の1つは、尊敬表現の中で、ノの機能が再解釈され、変化する可能性である。先に問題ないところから整理すると、里方言や長浜方言のノは、基本配列の環境下と＋尊敬の環境下で、同様の機能にあると捉えて差し支えない。＋尊敬の環境下でも、基本配列と同様、ノはそれを使える範囲で任意に使用され（ガを使ってもよく、ノは必須ではない）、動作主ではない主語に付く。つまり基本配列でも、＋尊敬でも、その使用は積極的ではなく、機能的には無標に近いマーカー（5節）と捉えられる。

10　詳しくは坂井（2018）及び後稿に述べるところであるが、尊敬表現と動作主性を下げることとの関係は、日本語の標準語研究をはじめ多くに言及される。例えば、標準日本語のナル敬語について、益岡（2007）は、「事態の自然発生を表す「なる」を用い」(p. 65)、「動作主の意志性を背景化」(p. 65)することで、敬意を表現するものと解釈する。また、ラレル敬語について、「ラレル（古：ラルル）」は歴史的に自発用法から生じたとされるが（川村2004 等）、尾上（1998, 2003 等）は、その「ラレル」を用いる構文を「事態をあえて個体の運動（動作や変化）として語らず、場における事態全体の出来、生起として語るという事態認識の仕方を表」すものと捉えた上で（尾上 2003: 36）、その尊敬用法については、主語の動作を「自然に生起したように語る」ことで「行為の直接性が消えて、高貴な事態として表現する」(p. 86)ものと解釈する（「出来文」）。甑島方言の尊卑現象を、ナル敬語やラレル敬語と直接的に結びつけるわけではないが、これらを踏まえると、主語を敬う表現と、主語の動作主性を背景化することが、密接に関係しうるという傍証が得られる（むしろ上述の先行研究と本稿のデータは、相互に補強し合う関係にあると言ってもよい。本稿は、ノが非動作主標示であることを実証的に示した上で（5節）、そのノが尊敬表現でより用いられるという事実を示している。本稿のデータを翻せば、先行研究の解釈に傍証を提供する）。なお、根本的な動機部分の検証、すなわち甑島方言が、そもそも尊敬表現で動作主性を下げようとする言語かどうかについては、より詳しい調査が必要であるが、各方言の伝統的な動詞敬語形が、非動作性の要素で構成されている点も傍証かもしれない。例えば、里方言の敬語接辞 -jar は、存在詞起源であり、動作性を表さない要素である。手打の -(r)ar も、自発起源である可能性を、今のところ否定できない。

一方、手打方言のノは、特に尊敬表現において、異なる様相を呈していた。まず基本配列のノは、手打においても里や長浜と同様、'任意のノ''無標のノ'と捉えられるものであった。しかし 7.2 節に述べたように、手打方言の尊敬表現においてノは、それを使える範囲で（二人称 Sa, Sp、親族／固有〜人間普通 A, Sa, Sp）、任意というより、尊敬表現のために積極的に使われていた。

　これについて、話者の方々が教えてくれた内省は、興味深いものであった。＋尊敬でノを使える範囲（二人称 Sa, Sp、親族／固有〜人間普通 A, Sa, Sp）の例文について、ガを使ってよいかという質問をしたところ、ある方は、ガを使ってもよいが、ガを使うと〈誰がどうした〉という行為をはっきり表す印象で、目上の動作を表すには使いにくいという主旨の内省を教えてくれた。目上の動作を表すには、できるだけ間接的な表現をしたいという内省があるとのことであり、ノを使うと、描写的に行為をぼやかす表現になるため使いやすいとのことであった。この話者の内省に基づけば、尊敬表現のノは、基本配列の'任意のノ''無標のノ'とはだいぶ性質が異なっている。動作主性が低いから使われるのではなく、むしろ、動作主性を積極的に下げる（脱動作主化）ために使われている可能性がある。

　また、ある方は、ガを拒絶はしないが、やや失礼な印象があり、目上や武家屋敷の人に対してはノを使うということ（手打は、歴史的に武家の集落があり、身分が意識されることがある）、そして、ノを使うと '敬いの言葉' になるという認識があることを教えてくれた。この話者の内省に基づけば、ノ＝尊／ガ＝卑に近づく。

　しかし、ここで思い出してほしいのは、手打方言には実態として（この話者への調査結果を含め）尊敬主語であっても、ガしか使えない範囲があるということである。この事実がある限り、ノ＝尊／ガ＝卑と単純に位置づけられない。また、左上ほどガ、右下ほどノという分布を保っていることから、手打方言の＋尊敬も、間違いなく動作主性の影響下にある。

　ただし、ここに話者の意識面を否定する意図は無い。話者の内省は、非常に重要な情報である。ここで捉えるべきは、意識面と実態の差を生み出す要

因であるが、1つ考えられるのは、基本配列と＋尊敬の配列とのコントラストである。手打方言では、二者のガノ分布に著しい差があり、基本配列では圧倒的にガが使われ、＋尊敬では圧倒的にノが使われる。このコントラストが大きいほど、尊敬マーカーとしての再解釈が進むこともありうるのかもしれない。

　検討すべきところは多く、ガノの境界線の詳細な計算等も課題として残るが、動作主性の観点から尊卑現象を捉えることで、従来の尊卑説では一見矛盾があったガノ分布を、より説明しやすくなると考えられる。

8.　まとめ

　本稿では、甑島の手打・里・長浜の方言を対象に、主語標示ガノの観察を通し、以下のことを述べた。

1. 同じ甑島でも、格配列の詳細は方言ごとに異なる。
2. 別個の体系を持つ三方言には、ガとノの使い分けに関し、共通点がある。ガとノの使い分けは、有生性階層と他動性階層に沿う。
3. 2は、動作主性に換言できる。ここから当方言のガとノは、ガ＝動作主標示、ノ＝非動作主標示と分析できる。
4. ガとノの使い分けにより、甑島方言の格配列は、複数の型が混在するmixed alignmentである。その中には、格類型論の観点からも希少な型が含まれている。
5. 尊敬表現になると、ノの使用範囲が広がる（尊卑現象）。従来、ノ＝尊敬という見方があったが、事実として尊敬主語でもノを使えない場合があり、従来の見解では矛盾が生じる。本稿では、尊卑現象も動作主性で捉える立場を採った。

付記・謝辞

　本稿は、人間文化研究機構連携研究「アジアにおける自然と文化の重層的関係の歴

史的解明」において進められた鹿児島県薩摩川内市甑島方言の記述プロジェクト（研究代表者：窪薗晴夫）、若手研究（B）（16K16851、研究代表：坂井美日）及び、日本学術振興会特別研究員奨励費（17J05328、研究代表者：坂井美日）の成果の一部である。

　本稿の執筆に当たり、手打・里・長浜の多くの方にご協力をいただいた。また、井上優氏、竹内史郎氏、新永悠人氏、下地理則氏に、多くのアドバイスをいただいた。この場を借りて、厚く御礼を申し上げる。なお、本稿に誤りがあるとすれば、それは全て、筆者の責任である。

参考文献

尾上圭介（1998）「文法を考える5　出来文（1）」『日本語学』17-7、明治書院
尾上圭介（2003）「ラレル文の多義性と主語」『言語』32-4、大修館書店
風間伸次郎（2015）「日本語（話しことば）は従属部標示型の言語なのか？――映画のシナリオの分析による検証――」『国立国語研究所論集』9、国立国語研究所
上村孝二（1970）「甑島方言概説」荒木博之（編）『甑島の昔話』三弥井書店
上村孝二（1982）「甑島方言集（1）　方言集のための甑島方言概説」『南日本文化』15、鹿児島国際大学付属地域総合研究所
川村大（2004）「受身・自発・可能・尊敬――動詞ラレル形の世界――」尾上圭介（編）『朝倉日本語講座6』朝倉書店
木村英樹（2017）『中国語はじめの一歩［新版］』ちくま学芸文庫
久野暲（1973）『日本文法研究』大修館書店
坂井美日（2013a）「現代熊本市方言の主語標示」『阪大社会言語学研究ノート』11、大阪大学大学院文学研究科社会言語学研究室
坂井美日（2013b）「甑島方言の格配列――日本語方言の類型論的展開の可能性――」『日本語学会2013年度秋季大会発表予稿集』日本語学会
坂井美日（2015a）「九州方言における分裂自動詞性」第151回日本言語学会ワークショップ
坂井美日（2015b）「第六章　統語論」森勇太・平塚雄亮・黒木邦彦（編）窪薗晴夫（監修）（2015）『甑島里方言記述文法書』大学共同利用機関法人人間文化研究機構連携研究「アジアにおける自然と文化の重層的関係の歴史的解明」サブプロジェクト（研究代表者・窪薗晴夫）「鹿児島県甑島の限界集落における絶滅危機方言のアクセント調査研究」研究成果報告書、国立国語研究所
坂井美日（2017）「九州の方言と格標示――熊本方言の分裂自動詞性を中心に――」成城学園創立100周年・大学院文学研究科創設50周年記念シンポジウム「私たちの知らない〈日本語〉――琉球・九州・本州の方言と格標示――」
坂井美日（2018）「九州方言における主語標示の使い分けと動作主」『日本言語学会第156回大会予稿集』日本言語学会

坂井美日（近刊）「熊本市方言の格配列と自動詞分裂」竹内史郎・下地理則（編）『日本語の格標示と分裂自動詞性』くろしお出版
佐々木冠（2006）「格」『シリーズ方言学2　方言の文法』岩波書店
里村郷土誌編纂委員会（編）（1985）『里村郷土誌（上巻）』里村
下地理則（2016）「南琉球与那国語の格配列について」田窪行則・ホイットマン　ジョン・平子達也（編）『琉球諸語と古代日本語――日琉祖語の再建にむけて――』くろしお出版
下地理則（2017）「日琉諸語における分裂自動詞性と有標主格性」成城学園創立100周年・大学院文学研究科創設50周年記念シンポジウム「私たちの知らない〈日本語〉――琉球・九州・本州の方言と格標示――」
下地理則（近刊）「現代日本共通語（口語）における主語の格標示と分裂自動詞性」竹内史郎・下地理則（編）『日本語の格標示と分裂自動詞性』くろしお出版
竹内史郎・松丸真大（2017）「格標示とイントネーション――京都市方言の分裂自動詞性再考――」成城学園創立100周年・大学院文学研究科創設50周年記念シンポジウム「私たちの知らない〈日本語〉――琉球・九州・本州の方言と格標示――」
田畑千秋（2007）「奄美のウタ言葉の中の主格用法としてのNφ形」『国文学　解釈と鑑賞』72-1、至文堂
角田太作（2009）『世界の言語と日本語改訂版――言語類型論から見た日本語――』くろしお出版
平塚雄亮（2013）「甑島方言の言語変化」『日本語学会2013年度秋季大会発表予稿集』日本語学会
益岡隆志（2007）『日本語モダリティ探究』くろしお出版
松本泰丈（1982）「琉球方言の主格表現の問題」『国文学　解釈と鑑賞』47-9、至文堂
山田昌裕（2013）『格助詞「ガ」の通時的研究』ひつじ書房
Dixon, R. M. W. (1979) 'Ergativity' *Language* 55.
Harris, Alice C. (1990) 'Alignment typology and diachronic change' in Winfred P. Lehmann (ed.) *Language typology 1987: Systematic balance in language*. Papers from the Linguistic Typology Symposium, Berkeley, 1–3 December 1987. John Benjamins, Amsterdam/Philadelphia.
Hopper, Paul J. and Sandra A. Thompson (1980) 'Transitivity in grammar and discourse' *Language* 56.
Silverstein, Michael (1976) 'Hierarchy of features and ergativity' in R. M. W. Dixon (ed.) *Grammatical categories in Australian languages*. Australian Institute of Aboriginal Studies, Canberra. (Simultaneously published by Humanities Press, New Jersey)
Zubin, David (1979) 'Discourse function of morphology: The focus system in German' in T. Givon (ed.) *Discourse and syntax*. Academic Press, New York.

甑島方言の素材待遇形式の運用とその地域差

酒井雅史

キーワード：敬語、尊敬語、素材待遇形式、使い分けの型

要旨

　本稿では、甑島内の4つの地域における素材待遇形式の使い分けを記述するとともにその対照を試みた。その結果、対者待遇と第三者待遇で素材待遇形式の適用範囲に違いがみられない絶対敬語型、対者待遇では終助詞の使い分けによって待遇が示され、第三者待遇では素材待遇形式の使い分けが意味を持つ聞き手志向待遇型、第三者待遇に素材待遇形式の使用が偏る第三者偏用型、対者待遇・第三者待遇ともに素材待遇形式が用いられない無敬語型とそれぞれの地域で使い分けの型が異なることを明らかにした。そして、素材待遇形式の使い分けを対照するだけではなく、素材待遇形式の運用のあり方を手がかりに、日常の中で行なわれているコミュニケーションにおける待遇のあり方がどうなっているのかについて、より体系的に捉えていく試みが必要であることを述べた。さらに、甑島内でこれらの方言を対照することで得られるデータは、方言の伝播と接触、変化の観点からの研究にも貢献しうるのではないかということを述べた。

1. はじめに

　本稿では、甑島の諸方言における素材待遇形式の運用（対者待遇場面、第三者待遇場面）の様相とその地域差について述べる。具体的には、里、平良、長浜、手打の4地点を取り上げて面接調査による結果の対照を行なう。

　以下、2節で甑島方言を含む九州南部方言の素材待遇形式に関する先行研究を概観したのち、3節で調査の概要について述べる。4節で調査の結果を

提示して素材待遇形式の運用についてまとめたのち、5節で素材待遇形式の運用の型について特徴的なものを取り上げて述べる。6節はまとめである。

2. 甑島方言の素材待遇形式

　甑島方言に関する研究は概観的なものが多く、素材待遇形式に焦点をあてた研究は春日（1931）のほか、管見の限り見あたらない。春日（1931）は、甑島に残存するマラスル・メーラスルに関する報告である[1]。

　春日（1931）以外で甑島方言の素材待遇形式についてわかるものとしては、九州方言学会（編）（1991）や国立国語研究所（2006）などいくつかの先行研究がある。これらの先行研究では、素材待遇形式としてヤルとラルが甑島方言において用いられているほか、丁寧語としてモスを使用することが指摘されている。また、甑島方言で用いられるヤルは、その命令形が地理的に広く分布することが上村（1971）などで述べられている。

　しかし、甑島方言の素材待遇形式については、ヤルとラルが使用されることのほか、その運用の詳細などについては明らかになっていない。そこで本稿では、甑島内の数地点において素材待遇形式の使い分けがどのようになされているのかを明らかにする。

3. 調査の概要

　本節では調査の概要について述べる。3.1節で調査地点について、3.2節で協力いただいたインフォーマントを示したのち、3.3節で調査文を示す。

3.1. 調査地点

　調査は甑島内の里、平良、長浜、手打の4地点で行なった。それぞれの

---

[1] 筆者が行なった調査ではこのマラスル・メーラスルは甑島方言では使用されなくなっていたため、詳細については本稿では言及しない。また、イラッシャルなどの敬語動詞についても使用が確認できなかったため本稿では扱わない。

地理的な位置は下の図1の通りである。現在、里（上甑島）および長浜（下甑島）は、フェリーおよび高速船が停泊し、それぞれ上甑島、下甑島の中心的な集落である。平良（中甑島）と手打（下甑島）は、かつてはフェリーの港があったが、現在はフェリーは停泊しない。里・長浜からの陸路が主な交通手段となっている。

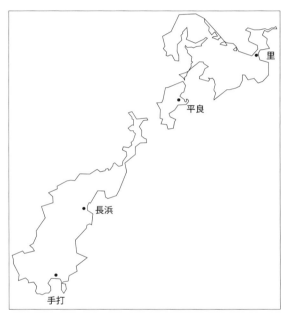

図1　調査地点地図

3.2.　インフォーマント情報

　調査は2011年9月から2014年2月にかけて行なった。調査にご協力いただいたインフォーマントは以下、表1の通りである。表中のインフォーマントIDは「地点（A：里、B：平良、C：長浜、D：手打）-生年の下二桁（西暦）-性別-通し番号」の形で示している。

表1　インフォーマント一覧

インフォーマントID	調査地点	調査時年齢	性別	調査日
A29M01	里	83	男	2012.10.04
A33F02	里	79	女	2012.10.06
B36M03	平良	76	男	2014.02.21
B41F04	平良	71	女	2013.07.04
C52F05	長浜	60	女	2014.02.21
D24M06	手打	88	男	2013.07.05
D49M07	手打	63	男	2013.07.05
D26F08	手打	86	女	2014.02.22

　インフォーマントは、それぞれの地点で言語形成期を過ごした方を対象とした。甑島内には高等学校がないため、すべてのインフォーマントが進学や就職などで島外での外住歴を有するが、5年から10年以内であるため問題ないと判断した。

3.3.　調査文

　本調査では、それぞれのインフォーマントに対して面接調査を行なった。調査では、対者待遇場面および第三者待遇場面において設定した人物に対してどのように言うかについて尋ねた。聞き手または第三者として設定した人物は下の表2に示した通りである。表中、疎の人物として設定した「他地区の年上」などは、インフォーマントの居住する集落とは異なる島内の他集落の人物を想定してもらい調査を行なった。

表2　設定した聞き手および第三者

話し手と聞き手の関係	ウチ			ソト					
				親			疎		
	目上	対等	目下	目上	対等	目下	目上	対等	目下
例	両親	配偶者	兄弟	近所の年上	近所の同じ年	近所の年下	他地区の年上	他地区の同じ年	他地区の年下

　聞き手は、菊地（1997）であげられている社会的ファクター（上下の関係・

立場の関係・親／疎の関係・内／外の関係）をもとに設定した。なお、〈親／疎〉[2]は対人的な関係の尺度として用いられているが、どのような相手を親しい／親しくないとするかは個人によって異なると考える。たとえば、違う地域でも頻繁に交流を持っている人物は親しく、同じ地域でもあまり交流がない人物は親しくないということもあると思われる。そのような場合、親／疎という要因が使い分けの要因となっているのか他地区か否かが使い分けの要因になっているのかをインフォーマントごとに統一できない。ただし、調査にあたっては、なるべく「近所の人」は親しい相手、「他地区の人」は疎遠な相手を想定してもらうようにした。

〈ウチ／ソト〉は、方言の素材待遇形式の運用における特徴のひとつとしてあげられる「身内尊敬用法」の有無を確認するために、話し手の家族かそれ以外かによって区別をした。目上・対等・目下という上下関係は話者と聞き手もしくは第三者との年齢の上下を軸に設定している。目上と目下はそれぞれ一世代上・一世代下の人物を想定してもらっている。

調査の際は、以上の人物に当てはまる人物を想定してもらい、どのような言語形式を使うか尋ねた。具体的な調査文は以下の通りである。調査文内のXは、表2にあげた各人物を表している。

【対者待遇】
（1）　Xに「今日の夏祭りに行くか」と尋ねるとしたら、ふだんどのように言いますか。
（2）　Xに「花火の時間までには来るか」と尋ねるとしたら、どのように言いますか。
（3）　Xに「明日は家に居るか」と聞くとしたら、ふだんどのように言いますか。

【第三者待遇】聞き手＝〈ウチ・対等〉または〈親・対等〉
（4）　「Xは今日の夏祭りに行くだろうか」と尋ねるとしたら、ふだんのように言いますか。

2　以下、本稿では設定人物の属性について触れる際に〈　〉を用いて示す。

(5) 「Xは夏祭りに来るだろうか」と尋ねるとしたら、ふだんどのように言いますか。

(6) 「Xは公民館に居るだろうか」と尋ねるとしたら、ふだんどのように言いますか。

調査文は、待遇する相手が聞き手の場合と第三者の場合を設定した。また、調査文に用いた動詞は「行く」「来る」「居る」である。これらの動詞を調査文に用いたのは、標準語(共通語)の「いらっしゃる」にあたる尊敬語動詞の有無およびそれとの使い分けの有無を調べるためである。なお、インフォーマントによる違いが出ないようにするため今回の調査では〈ウチ・対等〉の人物を配偶者に固定して調査を行なった。そのため、第三者待遇の調査文において、Xに〈ウチ・対等〉(つまり配偶者)を入れると、聞き手が〈ウチ・対等〉(つまり配偶者)の場合にXと聞き手が一致してしまうので、〈ウチ・対等〉を第三者とするときのみ、聞き手を〈ウチ・対等〉ではなく〈親・対等〉に変えて調査した。

4. 調査結果

本節では調査結果についてみていく。まず4.1節で対者待遇について、4.2節で第三者待遇についてみていく。

4.1. 対者待遇

本節では、対者待遇の結果をみていく。対者待遇での素材待遇形式の使い分けに関する結果は、表3のようであった。

表3　甑島方言内での素材待遇形式の使い分け（対者待遇）

			ウチ			ソト					
						親			疎		
			行く	来る	居る	行く	来る	居る	行く	来る	居る
里	A29M01	上	●	●	●	●	●	●	●	●	●
		対等	φ	φ	φ	●	●	●	●φ	●	●
		下	φ	φ	φ	φ	φ	φ	φ	φ	φ
	A33F02	上	●	●	●	●	●	●	●	●	●
		対等	●	●	●	●	●	●	●	●	●
		下	●	●	●	φ	●	●	●φ	●	●
平良	B36M03	上	φ	φ	φ	φ	φ	φ	φ	φ	φ
		対等	φ	φ	φ	φ	φ	φ	φ	φ	φ
		下	φ	φ	φ	φ	φ	φ	φ	φ	φ
	B41F04	上	φ	φ	φ	φ	φ	φ	φ	φ	φ
		対等	φ	φ	φ	φ	φ	φ	φ	φ	φ
		下	φ	φ	φ	φ	φ	φ	φ	φ	φ
長浜	C52F05	上	φ	φ	φ	φ	φ	φ	φ	φ	φ
		対等	φ	φ	φ	φ	φ	φ	φ	φ	φ
		下	φ	φ	φ	φ	φ	φ	φ	φ	φ
手打	D24M06	上	φ	φ	φ	φ	φ	φ	φ	φ	φ
		対等	φ	φ	φ	φ	φ	φ	φ	φ	φ
		下	φ	φ	φ	φ	φ	φ	φ	φ	φ
	D49M07	上	φ	●	●	●	●	●	●	●	●
		対等	φ	φ	φ	φ	φ	φ	φ	φ	φ
		下	φ	φ	φ	φ	φ	φ	φ	φ	φ
	D26F08	上	φ	φ	φ	φ	φ	φ	φ	φ	φ
		対等	φ	φ	φ	φ	φ	φ	φ	φ	φ
		下	φ	φ	φ	φ	φ	φ	φ	φ	φ

［凡例］　●：ヤル、φ：無標形式

　表3から、甑島方言内での素材待遇形式の使用について、以下のことがわかる。

　（ⅰ）対者待遇で使用される素材待遇形式はヤルのみである。

（ⅱ）ヤルを使用するのは里方言（A）と手打方言（D）のみで、そのほかの地域では使用されない。
　（ⅲ）ヤルの使用には、その適用範囲に地域差および、性差がみられる。

　対者待遇場面で使用される素材待遇形式はヤルのみであった。使用される地域は、里方言（A）と手打方言（D）に限られ、そのほかの平良方言（B）、長浜方言（C）では使用されない[3]。里方言と手打方言での具体的な回答例は（7）および（8）のようであった。

（7）　里方言、聞き手＝〈上〉
　　　a.　「今日の夏祭りに行くか」
　　　　　夏祭りに　イッキャイモストン？　　　　//ik-ijar-i-mos-u=to=na//
　　　　　　　　　　イッキャイモスナ？　　　　　//ik-ijar-i-mos-u=na//
　　　b.　「花火の時間までには来るか」
　　　　　花火の時間までに　キヤイモストン？　　//ki-jar-i-mos-u=to=na//
　　　　　　　　　　　　　　キヤイモスナ？　　　//ki-jar-i-mos-u=na//
　　　c.　「明日は家に居るか」
　　　　　家に　オイヤイモストン？　　　　　　　//or-ijar-i-mos-u=to=na//
（8）　手打方言、聞き手＝〈上〉
　　　a.　「今日の夏祭りに行くか」
　　　　　夏祭りに　イキヤイトナ？　　　　　　　//ik-ijar-i=to=na//
　　　b.　「花火の時間までには来るか」
　　　　　花火の時間までに　キヤイトナ？　　　　//ki-jar-i=to=na//
　　　c.　「明日は家に居るか」
　　　　　家に　オイヤイトナ？　　　　　　　　　//or-ijar-i=to=na//

　（7）（8）に示したように、里方言と手打方言ではヤルを用いることは共通しているものの、相違点もみられる。つまり、里方言では丁寧語のモスを加えた回答がみられるが、手打方言ではモスを用いた回答はみられない。モス

---

[3]　本節では素材待遇形式の使い分けを扱うため言及していないが、平良方言では終助詞の違いによる待遇の差がみられた。素材待遇形式以外の言語形式も含めた運用のあり方の違いという点で考察する必要があるため、この点については5節で扱う。

甑島方言の素材待遇形式の運用とその地域差

を使用する回答が得られたのは里方言のみで、手打方言を含めそのほかの地域ではモスを使用するという回答は得られなかった。

また、上記の地域差以外に、ヤルを用いる里方言内、手打方言内でもそれぞれ適用範囲に違いがみられる。手打方言でヤルを使用するという回答があったのはD49M07のみで、D24M06とD26F08は使用しないということであった。この違いは、ひとつはD49M07とD24M06、D26F08はちょうど一世代ほどの年齢差があり、使用する形式の世代差ということが考えられる。もうひとつには手打方言内での地域差ということが考えられる。すなわち、同じ手打でもD49M07は湾岸部周辺の地域で、D24M06とD26F08は麓の地域である。対者待遇でヤルを使用するかどうかが世代差なのか手打方言内での地域差なのかについては、インフォーマントの数が少ないため現段階では判断できないが、4.2節でみる第三者待遇での回答も合わせると、現段階では世代差の可能性が高いと考えている。

一方、里方言内ではヤルの適用範囲に性差がみられる。詳しく述べると、男性のA29M01は、〈ウチ〉の人物に対しては〈上〉にのみヤルを使用し、〈ソト〉に対しては〈対等〉以上にヤルを使用する。一方女性のA33F02は、ほぼすべての人物に対してヤルを使用するという違いがある。このような、適用範囲の違いはヤルの使用だけではなく、丁寧語のモスを用いるかどうかにも現れている。ヤルの使用に加えてモスを用いるかどうかを合わせて示すと表4のようになる。

表4　里方言内でのヤルとモスの使用

| | | | ウチ | | | ソト | | | | | |
| | | | | | | 親 | | | 疎 | | |
			行く	来る	居る	行く	来る	居る	行く	来る	居る
里	A29M01	上	□	□	□	□	□	□	□	□	□
		対等	φ	φ	φ	●	●	●	●φ	●	●
		下	φ	φ	φ	φ	φ	φ	φ	φ	φ
	A33F02	上	□	□	□	□	□	□	□	□	□
		対等	□	□	□	□	□	□	□	□	□
		下	●	●	●	φ	●	●	●φ	●	●

[凡例]　□：ヤル＋モス、●：ヤル、φ：無標形式

表4からわかるように、男性は〈ウチ・ソト〉に関わらず〈上〉の人物に対してはヤル＋モスを用い、〈対等〉にはモスを伴わずにヤルのみで待遇する。一方、女性は〈ウチ・下〉と〈親〉の〈対等〉以下、〈疎・下〉に対してはヤルだけを使用し、それ以外の〈ウチ・対等〉以上と〈親・上〉、〈疎・対等〉以上に対してはヤル＋モスを用いる。以上の結果から、里方言ではヤルは基本的に上下関係によって使い分けられ、丁寧語のモスを伴って使用するかどうかも同様であることがわかる。しかし、それぞれの適用範囲には違いがみられ、男性が〈ウチ・対等〉以下と〈下〉にはヤルまたはヤル＋モスを用いないのに対して、女性はほぼすべての人物に対してヤルまたはヤル＋モスを用いるといった性差がある。

以上、本節では対者待遇における素材待遇形式の使い分けについてみた。本節の内容を以下にまとめておく。

（Ⅰ）対者待遇場面で用いられる素材待遇形式はヤルのみで、里方言と手打方言でのみ使用がみられる。また、里方言ではヤルとともに丁寧語のモスが使用されるが、そのほかの地域ではモスを用いない。

（Ⅱ）ヤルを用いるのは里方言と手打方言であるが、同じ使い分けをしているわけではない。すなわち、手打方言では〈上〉の人物にヤルを用いるが、里方言では〈ウチ・上〉および〈ソト〉の〈対等〉以上の人物に対してヤルが使用される。なお、里方言内ではヤルの適用範囲に性差がみられ女性の方が適用範囲が広く、手打方言では、ヤルの使用に世代差もしくは集落内での細かな地域差があることがうかがえる。

4.2. 第三者待遇

つぎに、第三者待遇での使い分けについてみていく。第三者待遇での素材待遇形式の使い分けについて結果を示すと表5のようになる。

甑島方言の素材待遇形式の運用とその地域差

表5　甑島方言内での素材待遇形式の使い分け（第三者待遇）

			ウチ			ソト 親			ソト 疎		
			行く	来る	居る	行く	来る	居る	行く	来る	居る
里	A29M01	上	●	●	●	●	●	●	●	●	●
		対等	φ	φ	φ	●	●	●	●	●	●
		下	φ	φ	φ	φ	φ	φ	φ	φ	φ
	A33F02	上	●	●	●	●	●	●	●	●	●
		対等	●	●	●	●	●	●	●	●	●
		下	φ	φ	φ	●	φ	φ	φ	φ	φ
平良	B36M03	上	▲φ	φ	▲	▲	●	▲	φ	●	▲
		対等	φ	φ	φ	φ	φ	φ	φ	φ	φ
		下	φ	φ	φ	φ	φ	φ	φ	φ	φ
	B41F04	上	▲φ	▲	▲	▲	▲	▲	▲	▲	▲
		対等	φ	φ	φ	φ	φ	φ	φ	▲φ	φ
		下	φ	φ	φ	φ	φ	φ	φ	φ	φ
長浜	C52F05	上	φ	φ	φ	φ	φ	φ	φ	φ	φ
		対等	φ	φ	φ	φ	φ	φ	φ	φ	φ
		下	φ	φ	φ	φ	φ	φ	φ	φ	φ
手打	D24M06	上	φ	▲	▲	▲	▲	▲	▲	▲	▲
		対等	φ	φ	φ	φ	φ	φ	φ	φ	φ
		下	φ	φ	φ	φ	φ	φ	φ	φ	φ
	D49M07	上	●	●▲	▲	●	▲	●▲	●	●	▲
		対等	φ	φ	φ	φ	φ	φ	φ	φ	φ
		下	φ	φ	φ	φ	φ	φ	φ	φ	φ
	D26F08	上	▲φ	▲	▲	▲φ	▲	▲	▲	▲	▲
		対等	φ	φ	φ	φ	▲φ	φ	φ	φ	φ
		下	φ	φ	φ	▲	φ	▲	▲	▲	▲

［凡例］　●：ヤル、▲：ラル、φ：無標形式

　表5から、第三者待遇における素材待遇形式の使い分けについては以下のことがわかる。
（ⅳ）長浜方言（C）を除くすべての方言で有標の素材待遇形式が用いられ

る。
　（ⅴ）第三者待遇では素材待遇形式はヤルおよびラルが使用されるが、使用
　　　する素材待遇形式には地域差が存在する。
　第三者待遇における結果のうち、まず、大きな特徴として長浜方言では素材待遇形式が用いられないことがあげられる。長浜方言では、対者待遇においても素材待遇形式が使用されず、本調査の結果からはいわゆる無敬語方言であることがわかる。
　長浜方言以外の方言では、ヤルまたはラルの使用がある。しかし、いずれの形式を使用するかと、使用する場合の適用範囲には地域差がみられる。この地域差について（9）にまとめる。
（9）　里方言（A）：ヤルを使用し、〈対等〉以上の人物に適用される。
　　　平良方言（B）：おもにラルを使用する。適用範囲は1例を除き〈上〉
　　　　　　　　　　に限られ、〈ウチ・ソト〉に関係なく使用される。
　　　手打方言（D）：おもにラルが使用される。ヤルも使用されるが世代
　　　　　　　　　　差または方言域内の地域差があると考えられる。適
　　　　　　　　　　用範囲は〈ウチ・ソト〉に関係なく用いられ、〈上〉
　　　　　　　　　　の人物に対して使用されるが、性差がうかがえる。
　まず、里方言について述べると、対者待遇と同様に第三者待遇ではヤルが使用される。
（10）　里方言、聞き手＝〈ウチ・対等〉、第三者＝〈上〉
　　　　Xは夏祭りに　イッキャイモスヨーカイ？　//ik-i-jar-i-mos-u=joo=kai//
　　　　　　　　　　イッキャイチャローカイ？　//ik-i-jar-u-to-jar-oo=kai//
（11）　里方言、聞き手＝〈ウチ・対等〉、第三者＝〈対等〉
　　　　Xは夏祭りに　イッキャイモスヨーカイ？　//ik-i-jar-i-mos-u=joo=kai//
　　　　　　　　　　イッキャイヨーカイ？　　　//ik-i-jar-u=joo=kai//
　　　　　　　　　　イキモスヨーカイ？　　　　//ik-i-mos-u=joo=kai//
（12）　里方言、聞き手＝〈ウチ・対等〉、第三者＝〈下〉
　　　　Xは夏祭りに　イッキャイモスヨーカイ？//ik-i-jar-i-mos-u=joo=kai//
　　　　　　　　　　イキモスヨーカイ？　　　　//ik-i-mos-u=joo=kai//

イクヨーカイ？　　　　　//ik-u=joo=kai//

　適用範囲は、男性が対者待遇と同様に〈ウチ・上〉と〈ソト・対等〉以上の人物を待遇するときにヤルを使用するのに対して、女性は対者待遇ではヤルを使用していた〈ウチ・下〉〈ソト・疎・下〉の人物に対してはヤルを使用せず、これら以外の人物に対してヤルを使用する。対者待遇での適用範囲と比較すると以上の性差がみられるが、対者待遇・第三者待遇ともに待遇対象の上下による使い分けがなされており、〈対等〉以上の人物に対して使用される。このことから里方言の素材待遇形式の運用は絶対敬語的であると言える。

　つぎに、平良方言について述べる。平良方言で使用される素材待遇形式はラルである。

（13）　平良方言、聞き手=〈ウチ・対等〉、第三者=〈上〉
　　　　Xは夏祭りに　イコラットカ？　　//ik-i-jor-ar-u=to=ka//
（14）　平良方言、聞き手=〈ウチ・対等〉、第三者=〈対等〉〈下〉
　　　　Xは夏祭りに　イクタッドカ？　　//ik-u=to=jaroo=ka//

　B41F04の〈疎・対等〉の回答を例外とすれば、ラルは基本的に、〈ウチ・ソト〉に関係なく〈上〉に対してのみ使用される。なお、B36M03の「来る」の回答にのみ〈ソト〉の人物に対してヤルが使用されているが、動詞「来る」を用いた回答が得られず、（15）に示すように動詞オル（居る）を用いた回答しか得られなかった。今回設定した調査文の場面では（15）のような表現が固定的な表現として用いられていると考えられる。また、ほかの動詞に関する調査文ではヤルは使用しないという回答であり、平良方言は第三者待遇では〈上〉に対してのみラルを使用する方言であると考えられる。

（15）　平良方言、聞き手=〈ウチ・対等〉、第三者=〈上〉
　　　　花火の時間までに　オンニャッタカ？　//or-i-jar-i-ta=to=ka//

　さいごに、手打方言についてみる。手打方言では、平良方言と同様にラルが用いられる。しかし、同世代のD24M06とD26F08の使い分けをみると、運用のあり方として里方言と同じく性差もみられる。すなわち、〈ウチ〉を待遇するときは〈上〉にのみラルを使用する点は男女で同じであるが、〈ソト〉

を待遇するとき、男性が〈上〉のみをラルで待遇するのに対して、女性は〈対等〉以下に対してもラルを使用する。女性の〈親・対等〉以下に対しては回答が安定しないものの、〈疎〉のすべての人物に対してラルが使用されており、男性よりも適用範囲が広いことがわかる。

（16）　手打方言、聞き手=〈ウチ・対等〉、第三者=〈上〉
　　　　Xは夏祭りに　イカッタイヨーカイ？　　//ik-ar-i-tai=joo=kai//
（17）　手打方言、聞き手=〈ウチ・対等〉、第三者=〈対等〉
　　　　Xは夏祭りに　イカッタイヨーカイ？　　//ik-ar-i-tai=joo=kai//
　　　　　　　　　　イクヨーカ？　　　　　　//ik-u=joo=ka//
（18）　手打方言、聞き手=〈ウチ・対等〉、第三者=〈下〉
　　　　Xは夏祭りに　イクヨーカナ？　　　　//ik-u=joo=ka=na//

手打方言では、また、対者待遇と同様に世代差もしくは地域差があることがうかがわれる。

（19）　手打方言、聞き手=〈ウチ・対等〉、第三者=〈親・上〉
　　　　公民館に　オライヨーカ？　　　　　　//or-ar-i=joo=ka//
　　　　公民館に　オイヤイヨーカ？　　　　　//or-i-jar-i=joo=ka//

D24M06とD26F08よりも一世代若いD49M07がラルとともにヤルも使用するという地域内での違いはあるものの、運用のあり方は共通しており、手打方言では、第三者待遇で〈上〉に対して素材待遇形式を使用する方言であるとまとめられる。

以上、本節では第三者待遇の結果について述べた。本節で述べたことをまとめるとつぎのようになる。

（Ⅲ）第三者待遇場面で用いられる素材待遇形式はヤルとラルであるが、どちらを使用するかについては地域差が存在する。すなわち、ヤルは里方言で用いられ、ラルは平良方言と手打方言で用いられる。なお、長浜方言では素材待遇形式の使用が認められない。

（Ⅳ）ヤルを用いる里方言では、女性の場合は〈ウチ・下〉〈ソト・疎・下〉への使用が対者待遇と異なるものの、対者待遇・第三者待遇ともに〈対等〉以上の人物に対して用いられ、絶対敬語的な運用である。一

方、ラルを用いる平良方言と手打方言は、対者待遇では素材待遇形式が用いられず、第三者待遇でのみ素材待遇形式を使用する[4]という運用がなされている。

5. 甑島方言の素材待遇形式運用の地域差

4節では、対者待遇と第三者待遇の2つの場面に分けて素材待遇形式がどのように使い分けられているかについて述べた。本節ではこれらをまとめ、甑島方言内での素材待遇形式の運用のあり方がどのようになっているのかについて述べる。

素材待遇形式の運用について、4節でみた内容をもとにまとめると表6のようになる。

表6 甑島方言における素材待遇形式の使い分け

	対者待遇			第三者待遇		
	ヤル -jar-	ラル -(r)ar-	モス -mos-	ヤル -jar-	ラル -(r)ar-	モス -mos-
里（A）	●	-	●	●	-	●
平良（B）	-	-	-	-	●	-
長浜（C）	-	-	-	-	-	-
手打（D）	△	-	-	△	●	-

［凡例］●：使用される（基本的に目上に用いる）　△：世代差があるが使用される　-：使用しない

表6および4節で述べたことから明らかなように、甑島方言内の素材待遇形式の運用は一様ではなく、様々な型が存在する。本稿で扱った4地点をそれぞれ分類するとつぎのようになる。

(20) a.　絶対敬語型：対者待遇・第三者待遇ともに〈ウチ・ソト〉に関係な

4　4.1節表3に示した結果ではD49M07が〈上〉に対してヤルを使用しているが、この点については世代差の可能性があることについては既に述べた。この世代差を考慮に入れると、伝統的な手打方言では対者待遇で素材待遇形式を用いない運用であったと考えられる。

　　　　　　　　　く上下関係によって使い分けられ、基本的に〈対等〉
　　　　　　　　　以上の人物に対して用いられる。　　　【＝里方言】
　　b.　第三者偏用型：対者待遇では素材待遇形式が用いられず、第三者
　　　　　　　　待遇でのみ素材待遇形式が使用される。
　　　　　　　　　　　　　　　　　　　　　　　　　　【＝平良方言】
　　　　　　　　　　　　　　　　　　　　　　　　　　【＝手打方言】
　　c.　無敬語型：対者待遇・第三者待遇ともに素材待遇形式が用いられ
　　　　　　　　ない。　　　　　　　　　　　　　　【＝長浜方言】

　甑島方言の素材待遇形式の運用は上記 (20) のようにまとめられると考える。絶対敬語型の里方言、無敬語型の長浜方言の詳細については4節の繰り返しになるためここでは述べない。以下では、第三者偏用型に分類される手打方言について 5.1 節で、平良方言について 5.2 節でそれぞれ簡単な考察を述べる。

5.1.　手打方言

　まず、第三者偏用型に分類される方言のうち、手打方言についてみておく。手打方言にみられるこのような運用は、素材待遇形式の運用を考える上で重要な指標となる。なぜならば、聞き手が待遇対象となる対者待遇では、聞き手以外の人物が待遇対象となる第三者待遇よりも配慮が必要であると考えられる。ところが、対者待遇では素材待遇形式が使用されず、第三者待遇で〈上〉に対して素材待遇形式が使われているということは、単に話し手と待遇対象との関係を素材待遇形式を用いることで標示するだけでなく、それ以外に話題が変わったことを表したり話し手の心情を表したりといった機能を持っている可能性があるからである[5]。また、対者待遇では素材待遇形式が使用されないが第三者待遇では素材待遇形式が用いられるという運用は関西方

---

[5]　滋賀県長浜市方言を扱った酒井 (2015) では、談話資料の分析から、素材待遇形式の使用が単に関係性を標示するだけではなく、実際のコミュニケーションの場で話の展開や注目すべき情報といった自身の発話に関するメタ的な情報など様々なことを聞き手に伝えているのではないかということについて述べた。

言を対象にした宮治（1987）にもみられる。宮治（1987）は、京都・大阪・滋賀の高校生へのアンケート調査の結果から、対者待遇で素材待遇形式が使用されない対象でも第三者待遇では使用されることを関西方言の運用の特徴として指摘している。この点において手打方言は関西方言と同様の使い分けがされている。本調査では聞き手の違いによる使い分けについては調査していないが、井上（1981）で指摘された対者敬語化[6]や、辻（2009）で明らかにされている京都方言のような第三者指標としての使用[7]など、方言に特徴的な運用と同様のものである可能性が示唆される。手打方言の運用がこれらのいずれと同じなのか、またいずれとも異なるのかということは、甑島方言内だけではなく全国の方言において注目される。

　くわえて、手打方言では世代によって使用する素材待遇形式が異なる（上の世代はラルを使用するが一世代下はヤルも使用する）が、第三者待遇では適用範囲に違いはみられないという結果であった[8]。この結果からは、隣接するほかの方言を取り入れつつも、もとの運用を保持しているということがうかがわれる。これまでの方言の敬語研究において標準語化という視点で扱われてきた敬語体系の変化について、ほかの方言を取り入れた場合の事例を提供することができ、用いる素材待遇形式とその使い分けの関係を考えるため

6　第三者待遇における素材待遇形式が、第三者が誰かではなく聞き手が誰かによって使用するか否かが決まり、丁寧語と連動する形で素材待遇形式が使用される現象をさす。すなわち、同じ第三者を話題にしていても、対等以下の人物が聞き手のときには素材待遇形式が使用されないが、目上の人物が聞き手のときには素材待遇形式が使用されるといった運用である。本稿の調査では話し相手を固定しているため手打方言の運用を「対者敬語化」とまでは分析できないが、手打方言でもこの点について調査する余地がある。

7　辻（2009）では京都方言のハルについて、談話資料を用いた分析から、高年層・中年層・若年層いずれの世代においても、第三者であればほぼ一律にハルが適用されており、年代が下がるにつれて「尊敬語的色彩が薄まり」、京都方言のハルは第三者であることを標示する機能を持っていることが明らかにされている。

8　D24M06 と D26F08 の性差については 4.2 節で言及した。一般に男性よりも女性が丁寧なことば遣いをするという運用の性差が手打方言に存在すると考えられる。したがって、男性（D24M06 と D49M07）よりも女性（D26F08）の方が適用範囲は広くなるが、世代差があると考えられる D49M07 の回答も合わせて考えると、手打方言の第三者待遇における素材待遇形式の適用範囲は 3 者で共通する〈上〉となり、違いはみられないと判断した。

の重要な事例となると考える。

5.2. 平良方言

つぎに、平良方言について述べる。平良方言では手打方言と同じく、素材待遇形式が対者待遇では用いられないが第三者待遇では用いられるという運用がなされる。

しかし、平良方言では、対者待遇において素材待遇形式ではなく、終助詞の使い分けによる待遇のあり方が観察される[9]。具体的には、〈上〉の人物に対してはカナを用いるのに対して〈対等〉以下に対してはカあるいは準体助詞のトを用いた言い方をする。終助詞のカナを用いた言い方は、〈対等〉以下には使用しない。

(21) 〈上〉
　　　夏祭りに　イクトカナ？　　//ik-u=to=ka=na//
(22) 〈対等〉以下
　　　夏祭りに　イクカ？　　　　//ik-u=ka//
　　　夏祭りに　イクト？　　　　//ik-u=to//

終助詞のカナは平良方言だけでなく他の甑島方言でも使用されているが、素材待遇形式の使い分けのように上下関係によって厳密に使い分けられている方言はほかの甑島方言にはなく、平良方言の特徴であると言える。平良方言は、対者待遇では終助詞の使い分けによって待遇が示され、第三者待遇では素材待遇形式の使い分けが意味を持つ方言であると言える。対者待遇でのこのような待遇のあり方は、話し手と聞き手の関係を素材待遇形式で表すことよりも、どのように尋ねるかということが重視されている証拠であると考える。素材待遇形式の使用のみをみた場合、手打方言は第三者偏用型であるものの、対者待遇における終助詞の使い分けも含めた待遇のあり方という点で手打方言と異なる。素材待遇形式の運用のみで分類した（20）では平良方言を第三者偏用型としたが、本稿では素材待遇形式の使い分けと同じように

---

[9] 平良方言の敬語運用に関する詳細は森（2016）において詳しく述べられているので、そちらを参照いただきたい。

終助詞が使い分けられていることから、待遇のあり方という点を重視し、平良方言を第三者偏用型とは別に聞き手志向待遇型としたい。

　終助詞によって待遇が示される方言があることはこれまでにもいくつか指摘されているが、素材待遇形式の使い分けとともにみることによって、待遇のあり方がどうなっているかを考える必要があることを平良方言の運用から指摘できる。

5.3. 甑島方言内での対照

　ここまで甑島方言内の4つの地域における素材待遇形式の使い分けの型とそれが持つ意義について考えるところを述べてきた。さいごに、甑島方言内の素材待遇形式の運用を対照することの意義について述べておく。

　これまで多くの研究で、素材待遇形式の運用はその地域がどういった地域かという社会構造との関連について言及されてきた。近年では、方言の形成と伝播について「地域特性」との関係から考察している中井（2012）がある。甑島方言は本稿でみたように、島内でそれぞれに異なる体系を有している。中井（2012）は、都市社会を対象とした研究であるが、甑島方言は、同様の視点から都市部以外におけることばと社会との関係を考える手がかりとなる。また、ことばと社会との関係に関する研究として、Trudgill（2011）において Sociolinguistic Typology という考えが提唱されている。主要な文法項目やスタイルシフトだけでなく、甑島方言内での素材待遇形式の使い分けを対照することは、標準語や近隣方言との接触と変化に関する研究にも示唆に富むデータを提供することができると思われる。

6. まとめ

　以上、本稿では、面接調査の結果をもとに甑島方言における素材待遇形式の運用についてみた。本稿で述べたことをまとめると以下のようになる。
　（Ⅰ）対者待遇場面で用いられる素材待遇形式はヤルのみで、里方言と手打方言でのみ使用がみられる。また、里方言ではヤルとともに丁寧語

のモスが使用されるが、そのほかの地域ではモスを用いない。
（Ⅱ）ヤルを用いるのは里方言と手打方言であるが、同じ使い分けをしているわけではない。すなわち、手打方言ではおもに〈ソト・上〉の人物にヤルを用いるが、里方言では〈ウチ・上〉および〈ソト〉の〈対等〉以上の人物に対してヤルが使用される。なお、里方言内ではヤルの適用範囲に性差がみられ女性の方が適用範囲が広く、手打方言では、ヤルの使用に世代差もしくは集落内での細かな地域差があることがうかがえる。
（Ⅲ）第三者待遇場面で用いられる素材待遇形式はヤルとラルであるが、どちらを使用するかについては地域差が存在する。すなわち、ヤルは里方言で用いられ、ラルは平良方言と手打方言で用いられる。なお、長浜方言では素材待遇形式の使用が認められない。
（Ⅳ）ヤルを用いる里方言では、対者待遇との適用範囲の違いには性差がみられるが、絶対敬語的な運用である。一方、ラルを用いる平良方言と手打方言は、対者待遇では素材待遇形式が用いられず、第三者待遇でのみ素材待遇形式を使用するという運用がなされている。

以上の結果をふまえたうえで、甑島方言の素材待遇形式の運用を、絶対敬語型（＝里方言）、第三者偏用型（＝手打方言）、聞き手志向待遇型（＝平良方言）、無敬語型（＝長浜方言）の４つの類型に分けて、型の中でも特徴的な点について述べたのち、甑島内における運用を対照することの意義について考えるところを述べた。

本稿では考察が及ばなかったところではあるが、聞き手志向待遇型でみたように日常の中で行なわれているコミュニケーションにおいて、待遇上重要になるのは素材待遇形式の使用だけではない。これらを個別に指摘するのではなく、素材待遇形式の運用のあり方を手がかりに、より体系的に捉えていく試みが必要であると考えている。また、なぜこのような地域差が存在するのかに関する説明もなされるべきであろう。これらの点については、より詳細な調査・分析が必要である。今後の課題としたい。

参考文献

井上史雄（1981）「敬語の地理学」『国文学　解釈と教材の研究』26-2、学燈社
春日政治（1931）「甑島に遺れるマラスルとメーラスル」『九大国文学』2、九大国文学研究会
上村孝二（1971）「甑島の方言」『国語国文薩摩路』15、鹿児島大学法文学部国文学研究室
菊地康人（1997）『敬語』（講談社学術文庫）講談社
九州方言学会（編）（1991）『九州方言の基礎的研究　改訂版』風間書房
国立国語研究所（2006）『方言文法全国地図6』国立印刷局
酒井雅史（2015）「滋賀県長浜市における素材待遇形式の運用――流動的運用とその要因――」『阪大日本語研究』27、大阪大学大学院文学研究科日本語学講座
辻加代子（2009）『ハル敬語考――京都語の社会言語史――』ひつじ書房
中井精一（2012）『都市言語の形成と地域特性』和泉書院
宮治弘明（1987）「近畿方言における待遇表現運用上の一特質」『国語学』151、国語学会
森勇太（2016）「甑島平良方言の敬語」『国文学』100、関西大学国文学会
Trudgill, Peter（2011）*Sociolinguistic typology*. Oxford University Press, Oxford/New York.

甑島方言からみる言語変化と伝統方言形式のゆくえ

平塚雄亮

キーワード：甑島方言、伝統方言、テキスト、言語変化、方言接触

要旨

　本稿では、まず甑島内の5地点（里・小島・瀬上・平良・手打）の方言を対象に、どの地点において最も伝統方言形式が失われているのかを検討した。その結果、甑島内での中心地である里の方言が最も伝統方言形式を失っており、これは方言接触の多さが原因であることを述べた。さらにこの里方言の形容詞の語尾（-ka／-i）だけを深く掘り下げ、方言接触により伝統方言形式／非伝統方言形式の使い分けがなされているのかを分析した。その結果、終止／連体という統語位置による使い分けはみられなかったが、語彙的に使用頻度の高い naka と joka には伝統方言形式の使用が顕著にみられることがわかった。今後は里方言のみならず他方言、さらにはあらゆる項目へと視野を広げ、方言接触が文法体系に与える影響についてより深く追究していく必要がある。

1. はじめに

　日本語の一方言を初めて丸ごと体系的にとらえようとした森・平塚・黒木（編）(2015)『甑島里方言記述文法書』(以下「文法書」)は、甑島里方言の文法について、現在の話者のできるだけ伝統的な体系を記述することを目標とした。記述された項目のほとんどは面接調査を通して得られたデータにもとづいているが、特に用例などの採取において、主に会話を録音し文字化したテキストなしには記述はなしえなかった。筆者が中心となって行った甑島方言のテキスト収集とその活用法については平塚 (2015) に詳しく述べられて

いるが、文法書とテキストを見比べていると、必ずしも伝統的な方言がテキストにそのまま現れているとは言いがたいことに気づかされる。例えば里方言では、むしろ非伝統方言の使用の方が勝っている項目さえ存在する。そこで本稿では、面接調査で得られたデータとテキストで得られるデータを比較しながら、甑島方言、特に里方言の言語変化の実態について改めて考え直してみたい。

　本稿は大きく2部構成となっている。まず、甑島の集落のうち、上甑島（かみこしきじま）の里（さと）・小島（おしま）・瀬上（せがみ）、中甑島（なかこしきじま）の平良（たいら）、下甑島（しもこしきじま）の手打（てうち）の5地点のテキストを用い、それぞれの方言の使用実態と言語変化について論じる（3節）。3節で述べる結果を先取りすると、5地点のなかで里方言の伝統方言の衰退が最も進んでおり、実は文法書での記述から大きく変化してしまっていることを示す。次に、その里方言の形容詞の語尾の使い分けの実態を記述することで、方言接触がもたらす言語変化について考える（5節）。なお、例文等に現れる甑島方言の表記は、文法書にしたがいアルファベットを用いた音素表記とする。

2. 使用する資料

　本稿では、甑島方言のテキストにみられる方言使用の実態を明らかにすべく、甑島内の5地点の談話を文字化したテキストを資料として使用する。テキストは、里・小島・瀬上・平良は1組、手打のみ2組のペアの会話からなり、長さは各地点約30分である。話者情報は、表1のとおりである[1]。話者IDの先頭のアルファベットと最後の2桁の数字は、それぞれ文法書でも使用した便宜的な地点コード、通し番号を表す。アルファベットの次の2桁の数字は生年を表し（「39」ならば1939年生まれ）、Mは男性、Fは女性である。

---

[1] どの話者も甑島外の居住歴があるが、甑島では外住歴のない話者を探す方が困難なため、条件はほぼそろっていると考える。

表1　話者情報

島	上甑島						中甑島		下甑島			
地点	里		小島		瀬上		平良		手打①		手打②	
話者ID	A39M08	A39F11	E32F01	E41F02	F26F03	F29F04	B41F01	B43F02	D19F01	D30F02	D50M03	D31M04

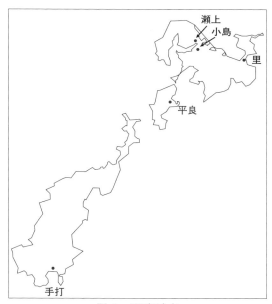

図1　調査地点

3.　調査結果

　2節で示した資料を使用し、この節では調査結果を提示する。分析する具体的な言語項目は、形容詞の非過去を表す屈折接辞 -ka（いわゆる「カ語尾」の終止・連体形）、対格助詞 =ba、動詞のウ音便の3つである。この3つの項目を取り上げたのは、上村（1965）などの先行研究および文法書による記述から、伝統的に甑島の各地点が共有している特徴であると考えたためである。これらの特徴のバリエーションを整理することで、各地点の伝統方言の衰退の度合いを計ることができると思われる。

3.1. -ka と -i

　まず、形容詞の非過去[2]を表す屈折接辞（終止・連体）の調査結果を示す。バリアントとして -ka と -i が存在するが、上村（1964）による記述を参考にすると、伝統的には九州方言に広く分布する -ka が使われていたのであろうと思われる。文法書にも例文（1）のような -ka しか記述がないが[3]、テキストをみると例文（2）のような -i がみられるようになっていることがわかる。

（1）　terebi=mo　nan=mo　na-<u>ka</u>　zidai=jaimoita=dee　　（里 A39F11）
　　　テレビ=も　何=も　ない-NPST　時代=COP:POL:PST=CSL
　　「テレビも何もない時代でしたから」

（2）　kakekko=demo　haja-<u>i</u>　hito=wa　atama=wa　deken=demo
　　　　　　　　　　　　　　　　　　　　　　　　　　　（里 A39F11）
　　　かけっこ=でも　速い-NPST　人=TOP　頭=TOP　できる:NEG=でも
　　「かけっこでも速い人は頭はできなくても」

　これら2つのバリアントの使用実態を整理したのが、下の表2である。以下、表中の数字は用例数、パーセンテージは各地点内の伝統方言／非伝統方言の割合を示す。

表2　-ka／-i の使用実態

	-ka	-i	合計
里	15 (60.0%)	10 (40.0%)	25
小島	37 (88.1%)	5 (11.9%)	42
瀬上	47 (94.0%)	3 (6.0%)	50
平良	54 (91.5%)	5 (8.5%)	59
手打	24 (88.9%)	3 (11.1%)	27

　表2からわかるように、非伝統方言的な -i の使用はどの地点にもみられる。しかしながら、里方言においてその使用が突出しているのが注目すべき

---

[2] 過去を表す場合は、伝統方言でも nakatta（なかった）のように標準語と同形になるため対象外としている。

[3] 黒木邦彦氏の記述による。

点である。5.1 節で述べるように、-ka を取るか -i を取るかは語彙的な偏りがあるものの、これを考慮しても表 2 の数値の傾向に変わりはない。

3.2. =ba と =o

続いて、対格助詞の使用状況についてみる。=ba は肥筑方言的な特徴であるが、上村（1936, 1964）によると行政区画上は鹿児島県に属する甑島でも伝統的に用いられており、本稿でもこれを伝統的な形式であるとみなす。

(3)　　onsenmeguri=ba　siotta=to　　　　　　　　（平良 B43F02）
　　　　温泉めぐり =ACC　　する :CONT:PST=NLZ
　　　「温泉めぐりをしていたの」

また、文法書では対格助詞として =o も記述されているが[4]、上村（1936, 1964）にはないことをふまえると、=ba が伝統的な形式ではないかと考えられる。

(4)　　hode　hata=o　tate-tee　　　　　　　　　　（平良 B43F02）
　　　　それで　旗 =ACC　立てる -CTX
　　　「それで旗を立てて」

表 3 は、=ba と =o の使用実態を示したものである。

表 3　=ba／=o の使用実態

	=ba	=o	合計
里	1（4.3%）	22（95.7%）	23
小島	51（85.0%）	9（15.0%）	60
瀬上	23（95.8%）	1（4.2%）	24
平良	36（87.8%）	5（12.2%）	41
手打	49（79.0%）	13（21.0%）	62

各地点ばらつきがあるが、里方言では =ba の使用が 23 例中 1 例しかみられなかった[5]。先に示した -ka と同様、里方言において極端に伝統方言形式が

4　坂井美日氏の記述による。
5　なお、何も形式を用いずに目的語であることを表すいわゆる「無助詞」も、里方言にお

衰退していることがわかる。このような =o の使用の増加には、伝統的に有形形式として =o を使用する鹿児島方言の影響も考える必要がある。つまり標準語と鹿児島方言の =o の両方の影響により、=ba が衰退しつつあるものと考えられる。

3.3. ウ音便と促音便

最後に、動詞が過去を表す -ta や、いわゆる「テ形」をつくる -te などに接続するときの音便の調査結果についてまとめる。文法書には、語幹末子音が m、b、w の m-b-w 語幹動詞のテ形の記述があるが[6]、m 語幹動詞および b 語幹動詞は用例数が少ないため、本稿では日本語学で一般的にウ音便と言われる w 語幹動詞（omow-「思う」[7]、kaw-「買う」など）が -ta や -te などに続くときの形に注目した。西日本方言に広くみられる (5) のようなウ音便が伝統方言的であると考えられる。以下、用例中の音便に関して、-ta および -te の形態素境界は示さない。

(5)　soi=ba　　koote　　　　　　　　　　　（瀬上 F29F04）
　　それ =ACC　買う :CTX
　　「それを買って」

非伝統方言的なものとして、促音便が存在する。

(6)　omotta　　　　　　　　　　　　　　　（瀬上 F29F04）
　　思う :PST
　　「思った」

ウ音便と促音便の使用実態を、表4として示す。

いて多い印象があった。これについては今後さらに研究を深める必要がある。また、文法書ではテキストから対格助詞 19 例を拾い、=ba の方が優勢であるとの調査結果がある（坂井美日氏の記述による）。

6　黒木邦彦氏の記述による。

7　ただし伝統的な甑島方言では「思う」は onmuu。

表4 ウ音便／促音便の使用実態

	ウ音便	促音便	合計
里	15（60.0%）	10（40.0%）	25
小島	16（88.9%）	2（11.1%）	18
瀬上	35（97.2%）	1（ 2.8%）	36
平良	26（83.9%）	5（16.1%）	31
手打	45（91.8%）	4（ 8.2%）	49

　動詞のウ音便という特徴においても、やはり里方言において非伝統方言的な使用が多くみられることが示されている。

4.　甑島方言の言語変化の要因

　3節でみたように、非伝統的な特徴である -i、=o、促音便のどれを取っても、里方言における使用率が高いことがわかった[8]。このように甑島方言のなかでも、とりわけ里方言の伝統方言の衰退が激しいのには、言語外的な要因が強くかかわっているようである。里は甑島の中心的な集落であり、最も人口が多い[9]。さらに地理的に最も九州本土（ジガタ）に近く、ジガタにアクセスするための船も里を中心に運航されている。つまり、甑島の集落のなかで最も島外の人との交流が多い＝言語接触が多いという要因が、里の伝統的な方言の衰退を進めているのではないかと考えられる。都市部における人の交流の多さが言語変化の要因となることはよく指摘されることであるが、甑島のような非都市部、離島のなかにおいても、それが強く影響するということが明らかになった。なお、里方言話者が具体的にどういった方言接触を経験しているのかは定かではないが、違った方言を話すジガタの話者と接触するなかで、徳川（1978）の言う「第三形式の導入」として、標準語を少しずつ使

---

[8]　本稿の議論からはずれるが、表2、3、4のどれをみても、一貫して瀬上方言が伝統方言形式を保っていると言える。

[9]　2018年4月1日の甑島の人口は4,466人で、そのうち里町の人口は1,122人である（薩摩川内市のウェブサイトによる）。

用するようになっていることが想定される。

里のみならず甑島全体の（話者）人口が減少し、窪薗（2009）や木部（2011）は、甑島方言を危機方言であるとみなしている。特に木部（2011）はユネスコの示す危機度の度合いのスケールを参考に、甑島方言の言語外的な危機度の高さを指摘している。先に里は甑島の中心的な集落であり、最も人口が多いとしたが、やはり話者数は年々急速なスピードで減り続けている。このような言語外的な事実に加え、危機方言の認定にあたっては、3節で示したような言語事実も合わせて考える必要があると言える。

5. 里方言の形容詞語尾

さて、3節では、甑島方言内でも地域によって伝統方言の維持の度合いが異なることを確認した。ここで、文法書でも記述を行った里方言を対象とし、方言接触により里方言に何がもたらされているのかについて考察を深めたい。具体的には3.1節で取り上げた -ka と -i について、どのような使い分けがなされているのかについて考えていく。

里方言を含め、九州方言には形容詞の非過去を表す屈折接辞（終止・連体）として -ka が広く存在する。しかしながら、標準語化の影響により -i が入り込み、その存在がおびやかされつつある[10]。ただし、この -ka と -i を含め、日本語方言の伝統方言形式／非伝統方言形式に、どのような使い分けが生じているのかを詳細に分析した研究はまだない。そこで、里方言の -ka と -i の出現のしかたを調べることで、方言接触がもたらす影響について考察を行うことにする。

形容詞の -ka と -i の使い分けには、語彙的な観点と統語的な観点を取り入れる必要がある。具体的には、「どのような形容詞に -ka／-i が用いられやすいのか（語彙的観点）」、「どのような統語位置に -ka／-i が用いられやすいのか（統語的観点）」という2つの観点から分析を行う。このほか、統語的観

---

10 福岡市方言における -ka の衰退については、平塚（2012）を参照されたい。

点に関して言えば「同じ文末という統語位置でも、どのような機能のときに -ka／-i が用いられやすいのか（機能的観点）」という発展的課題もあるが、これについてはさらなる面接調査を必要とするため、今回は 3 節でも使用したテキストをもとにした考察にとどめておくことにする。ただし、用例数を増やすため、これまで筆者らが収集してきたテキスト約 4 時間分を使用することにする。これにより、表 5 のとおり、話者は男性 3 名、女性 4 名に増えている。

表 5　里方言の話者情報

談話 ID	a001		a004		a005		a007	
話者 ID	A29F01	A29F25	A33F10	A29M19	A33F10	A29M19	A33F10	A29M19
談話 ID	a008		a009		a010		a012	
話者 ID	A33F10	A29M19	A33F10	A29M19	A39M08	A39F11	A33F10	A30M28

このような話者によるテキストに現れた形容詞を用例とし、非伝統方言形式がどのように出現するのかを分析していく。

5.1. 語彙的観点

まず、語彙的な観点からの分析を行う。データを提示する前に、収集対象としなかった用例について説明する。収集対象としなかったのは、丁寧体の場合である。丁寧体の場合、里方言では伝統的に -mos という丁寧語の接辞を使用するため、ここには非伝統方言的な -i が出現しえないからである。実際、-mos は非常によく維持されており、そこに -i の出現はなかった（「赤いです」ならば aka-kai-mos-u または aka-ka-mos-u となる）。伝統方言形式と非伝統方言形式が接続する際、なじみやすいかどうかは形式によってさまざまであるが、ここでは非伝統方言形式である -i と伝統方言形式である -mos はなじんでいないということがわかる。

一方、形容詞ではないものの、主に名詞の否定に使用される =(z)jana は形容詞的な活用をし、-ka も -i も取りうる（実際に取っている）うえに使用頻

度も高いため、ここでは形容詞と一緒にあつかっている。

　以上のような条件のもとに収集した用例数は、295 例であった。その結果、-ka が 86.1%（254 例）、-i が 13.9%（41 例）となり表2とは割合がかなり違っている（伝統方言形式の使用が高い）が、依然として他方言にくらべ里方言の非伝統方言形式 -i の使用率が高いことは変わらない。表6は、テキストに現れたすべての形容詞と、その語尾についてまとめたものである（合計の用例数が5例以下のものについては、用例数のみ示している。また、「苦しい」を表す語根には kurusi- と kurosi- の2形態があった）。

表6　テキストに現れた形容詞とその語尾

意味	-ka		-i		合計
ない	naka	75（88.2%）	nai	10（11.8%）	85
いい	joka	76（93.8%）	ii	5（6.2%）	81
若い	wakka	8（44.4%）	wakai	10（55.6%）	18
～じゃない	zjanaka	10（76.9%）	zjanai	3（23.1%）	13
大きい	hutoka	9（100.0%）	hutoi	0（0.0%）	9
小さい	komanka	8（100.0%）	-	0（0.0%）	8
～じゃない	janaka	6（100.0%）	janai	0（0.0%）	6
早い	hajaka	4	hajai	1	5
暑い	nukka	5	nukui	0	5
ほしい	hoika	5	hosii	0	5
苦しい	kurusika	4	kurusii	0	4
～らしい	rasika	1	rasii	3	4
悪い	waika	4	warui	0	4
多い	ooka	2	ooi	1	3
明るい	akaruka	2	akarui	0	2
荒い	araka	2	arai	0	2
近い	cikaka	0	cikai	2	2
気味が悪い	ezuraika	2	ezurasii	0	2
怖い	kowaka	2	kowai	0	2
暗い	kuraka	2	kurai	0	2
苦い	nigaka	2	nigai	0	2

意味	-ka		-i		合計
うまい	nnmaka	2	nnmai	0	2
嬉しい	urekka	1	uresii	1	2
危ない	abunaka	1	abunai	0	1
ありがたい	arigataka	1	arigatai	0	1
強い	cujoka	1	cujoi	0	1
つらい	curaka	1	curai	0	1
恥ずかしい	hacukaika	1	hacukasii	0	1
細い	hosoka	1	hosoi	0	1
痛い	itaka	1	itai	0	1
柔らかい	jawarakka	1	jawarakai	0	1
固い	kataka	1	katai	0	1
可愛らしい	kawairasika	1	kawairasii	0	1
きつい	kicuka	1	kicui	0	1
大人びている	kosakuroika	1	kosakurosii	0	1
～くない	kunaka	0	kunai	1	1
苦しい	kurosika	0	kurosii	1	1
珍しい	mezuraika	1	mezurasii	0	1
～みたい	mitaka	0	mitai	1	1
難しい	muzukaika	1	muzukasii	0	1
おかしい	okaika	1	okasii	0	1
寂しい	sabisika	0	sabisii	1	1
白い	siroka	1	siroi	0	1
素早い	subajaka	1	subajai	0	1
少ない	sukunaka	1	sukunai	0	1
高い	takka	1	takai	0	1
～たくない	takunaka	0	takunai	1	1
楽しい	tanosika	1	tanosii	0	1
羨ましい	urajamaika	1	urajamasii	0	1
薄い	usuka	1	usui	0	1

　突出して使用の多い naka と joka については、全用例の -ka の割合が 86.1% であることを考えると、両者ともやや平均より高いことがわかる。一方、用

例数の下がる wakka、zjanaka に関しては、むしろ平均より低くなっている。さらに用例数が下がっても、-ka の使用は高かったり低かったりとランダムになる（用例数自体が数例しかないため）。つまり、用例数が極めて多い naka と joka のみ -ka の維持が強くみられ、用例数の少ない形容詞については -ka と -i の使い分けに特に規則性がみられないということが言える。

ところで、九州のなかで -i 専用とされる地域のなかには、naka と joka の 2 語のみ -ka も併存する地域（豊日方言の一部など）があるということが知られている。上記のような里方言の実態を通してみると、実はそういった地域は歴史的に -ka から -i への変化の流れのなかで、この 2 語だけが語彙的に -ka を残したのではないかということを示唆しているのではなかろうか。ただし、これにはさらなる調査が必要となろう。

なお、zjanaka に次いで使用数の多い hutoka と komanka[11] については、それぞれ標準語で語形の近い「太い」「細かい」ではなく、「大きい」「小さい」を意味する。この 2 語をみる限り、両者とも -ka 専用となっており、（意味的に）里方言特有の形容詞は -ka が維持されやすいのではないかということも推測される。用例数は下がるが、否定の janaka や、やはり標準語とは意味が少しずれる nukka（「暑い」の意味）も、すべて -ka 専用となっている。

5.2. 統語的観点

次に、統語的な観点として、終止と連体という違いに注目してみる。用例収集にあたって終止としているもののなかには、従属節末に生起したものと主節末に生起したものがある。なお、主節末に生起した場合、終助詞の有無については機能的観点とも関わることから、今回は考察の対象としない。

表 7　終止・連体とその語尾

	-ka	-i	合計
終止	182 (86.3%)	29 (13.7%)	211
連体	77 (84.6%)	14 (15.4%)	91

11　komanka は、語形のバリエーションとして komenka と komanka を含んでいる。

表7をみる限り、終止形と連体形の間に、-ka と -i の使い分けはみられない。ということは、-ka と -i の使い分けには、終止形／連体形といった文法的な違いは関与していないということが言えよう。

5.3. 方言接触は何をもたらすのか？

以上、5.1節、5.2節でみたように、伝統方言形式は使用頻度という語彙的な制約に支えられている部分はあるものの、非伝統方言形式がもとの文法体系へと割り込み、新たな使い分けのあり方を作り出してはいないことがわかった。本稿では里方言、しかも形容詞語尾という非常に限られた項目をあつかったものの、今後他方言、他項目においても同様の研究を重ねることで、方言接触がもたらすものについてより深い分析が行えるようになるのではないかと期待される。特に、5.1節で述べたように語彙的な観点は重要な鍵を握っていると思われる。

6. 結論

以上本稿では、甑島内5地点の言語変化のあり方を示すとともに、そのうち最も標準語化の進む里方言を例に、伝統方言形式と非伝統方言形式の出現のあり方について考察を行った。本稿で明らかになったことは以下のとおりである。

(a) 形容詞語尾、対格助詞、音便のどれを取っても、里方言の伝統方言の衰退は激しく、危機的な状況にある。

(b) 上記3項目のうち形容詞語尾に関しては、非伝統方言形式は新たな文法体系を作り出すにはいたっていない。ただし、一部語彙的な使い分けがみられるようになっている。

今後は、5.3節で述べたようにさまざまな方言のさまざまな項目を対象に、伝統方言形式／非伝統方言形式の使い分けについて詳細な事例研究を積み重ね、方言接触の影響について一般化できるように研究を行っていく必要がある。

平塚雄亮

グロス一覧

ACC: accusataive、CONT: continuous、COP: copula、CSL: causal、CTX: contextual、NEG: negative、NLZ: nominalizer、NPST: non-past、POL: polite、PST: past、TOP: topic、-: 接辞境界、=: 接語境界

付記

　本稿は、日本語学会2013年度秋季大会（2013年10月26日、静岡大学）のワークショップ「甑島方言から考える方言類型論と方言接触論」で行った口頭発表をもとに、加筆・修正を行ったものである。また、本研究はJSPS科研費（17K13468）の助成を受けている。

参考文献

上村孝二（1936）「甑島方言の系統に就いて」『九大國文學會誌』11、九州帝國大學国文學研究室
上村孝二（1964）「薩隅方言の区画」日本方言研究会（編）『日本の方言区画』東京堂出版
上村孝二（1965）「上甑島瀬上方言の研究」『鹿児島大学法文学部紀要文学科論集』1、鹿児島大学法文学部
木部暢子（2011）「鹿児島県甑島方言」木部暢子・三井はるみ・下地賀代子・盛思超・北原次郎太・山田真寛『文化庁委託事業　危機的な状況にある言語・方言の実態に関する調査研究事業報告書』大学共同利用機関法人人間文化研究機構国立国語研究所
窪薗晴夫（2009）「次世代の音声研究」『言語』38-12、大修館書店
徳川宗賢（1978）「単語の死と生・方言接触の場合」『国語学』115、国語学会
平塚雄亮（2012）「高年層のことばからみえてくるもの──福岡市方言を例に──」『国立国語研究所時空間変異研究系合同研究発表会　JLVC2012予稿集』大学共同利用機関法人国立国語研究所時空間変異研究系
平塚雄亮（2015）「甑島方言のテキストとその活用」『人間文化研究機構連携研究「アジアにおける自然と文化の重層的関係の歴史的解明」最終年度成果報告書』大学共同利用機関法人人間文化研究機構
森勇太・平塚雄亮・黒木邦彦（編）窪薗晴夫（監修）（2015）『甑島里方言記述文法書』大学共同利用機関法人　人間文化研究機構連携研究「アジアにおける自然と文化の重層的関係の歴史的解明」サブプロジェクト（研究代表者・窪薗晴夫）「鹿児島県甑島の限界集落における絶滅危機方言のアクセント調査研究」研究成果報告書、国立国語研究所

III.
里方言を掘り下げる

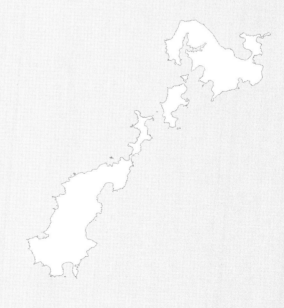

甑島里方言のモダリティ表現

白岩広行・門屋飛央・野間純平・松丸真大

キーワード：推量、様態、伝聞、意志、勧誘、希望

要旨

　本稿では、甑島里方言のモダリティ表現について全般的な記述をおこない、各表現について、以下のことを示した。

　推量表現としては、主にヨーが使われる。ヨーは、おおむね標準語の「だろう」と同様の意味で使われるが、既知のことを確認するときに終助詞ガの後接が必須となる点、疑問節の表示に使われる点で異なる。

　様態表現としては、ゴト、フー、ソーが使われる。ゴトは標準語の「ようだ」に近く、「推量的な意味」「比喩的な意味」「例示的な意味」を持つ。フーは、そのうち「推量的な意味」だけで使われる。ゴト、フーは伝聞の意味でも使われる。ソーは、標準語の連用形接続の「そうだ」に近い。

　意志・勧誘表現としてはウ、否定の意志・勧誘表現としてはンミャーが使われる。それぞれ、標準語の「う」「まい」に相当する。希望表現としては、「動詞語幹＋ウ」をゴトが承けた形が、標準語の「たい」と同様に希望の意味で広く使われる。

1. はじめに

　本稿では、甑島里方言のモダリティ表現について記述をおこなう。本書の執筆メンバーが甑島で各種の調査をおこなった際、筆者ら4名は「モダリティ班」としてモダリティ表現の調査にあたった。

　この調査で明らかになったことの一部は、里方言の記述文法書として森・平塚・黒木（編）（2015）にまとめた。しかし、この記述文法書は音韻論から形態論・統語論、意味論にいたるまでを包括的にまとめたものであり、他の項目とのバランスを考慮し、モダリティ表現の記述もごく概略的なものに留

めざるを得なかった。

　一方で、モダリティ表現については、形態統語論的な特性はもとより、意味面についても記述すべきことが無数にある。調査期間中、筆者らはできるかぎり多くのデータを得ることに努めたが、森・平塚・黒木（編）（2015）で示したのは、そこから明らかになったことの一部にすぎない。

　そこで、本稿では、森・平塚・黒木（編）（2015）で述べ尽せなかった点をふくめ、あらためて甑島里方言のモダリティ表現の全体像を記述する。むろん、一言語体系内のモダリティ表現の全容を記述することは、相応の労力を要する仕事である。筆者らの力の及ばなかった点もあるが、調査した者の責務として、得られたデータは十分に生かし、できるだけ具体的に記述したいと考える。

　以下、2節で調査方法について示したのち、3節では推量や様態などの認識的（epistemic）なモダリティ表現、4節では義務的（deontic）なモダリティ表現についてまとめる。4節の「義務的」とはdeonticの訳語として使う用語であり、意志・勧誘や希望など、話し手ないし聞き手の行動に関わるモダリティ表現を広くふくめている。「〜なければならない」のような狭義の義務表現については「当為」の用語を使う。最後の5節では、本稿全体のまとめをおこなう。本稿は一言語体系としての里方言の記述を目的としたもので、対照研究を視野に入れたものではないが、必要に応じて、標準語や近隣諸方言の類義表現を引き合いに出しながら記述する。

　なお、本稿ではモダリティ表現とされるもの全般を扱うが、「説明のモダリティ」を表す標準語の「のだ」相当の表現については、本書収録の野間（2019）を参照されたい。終助詞についても、白岩・門屋・野間・松丸（2017）として別稿にまとめたので本稿では扱わない。命令や依頼など聞き手に行為を要求する表現については、筆者ら「モダリティ班」の調査対象とせず、待遇表現と関連させた調査が別途おこなわれ、森・平塚・黒木（編）（2015）の7章4.4節としてまとめられているので、そちらを参照されたい。

　また、各形式の音韻形態論的な性質については、里方言の音韻規則や形態論の全般を理解する必要がある。しかし、本稿はモダリティ表現の記述に焦

点をあてた以上、そこには深く立ち入ることができない。そのため、形態的な特徴については、各形式の具体的な形がわかる程度の簡便な方法（おおむね国文法を基本にした記述の方法）で記した。里方言の音韻規則や形態論の包括的記述については森・平塚・黒木（編）（2015）および本書収録の松丸（2019）を参照されたい。

2. 調査方法とデータ

モダリティ表現の記述にあたって、筆者らは、意味面までふくめた分析を目指した。しかし、「モダリティ的な意味」は、その文を発した本人以外には必ずしも明確に理解されるものでなく、自然談話からの分析には限界がある。また、かぎられた調査期間中に必要なデータを効率よく集める必要もある。そのため、里方言話者と面接して内省を尋ねる形で調査をおこなった。具体的には、標準語の例文を里方言に翻訳する形、ないし、里方言で作った例文について適格性を判断する形で、話者の内省を確認した。

話者の一覧は表1に示すとおりである。複数回にわたって多くの方にご協力いただいた。モダリティに関する調査項目は多岐にわたるため、各話者にすべての調査文の内省を求めたわけではないが、同じ調査文に対する内省を複数の話者に尋ね、話者ごとに内省の差がないことを確認したうえで分析をおこなっている。内省に個人差のあった場合には、そのむね注記などをしている。

表 1　モダリティ表現調査協力者一覧

話者	生年	性別	外住歴	調査時期
里 01	1929 年	男性	なし	2012 年 7 月、2013 年 9 月、2014 年 9 月
里 02	1933 年	女性	16–19 歳：串木野市（現いちき串木野市）	2012 年 2 月、2012 年 7 月、2014 年 9 月
里 03	1944 年	男性	15–35 歳：兵庫県神戸市	2011 年 9 月、2012 年 2 月、2012 年 7 月
里 07	1929 年	女性	10 代の頃に 1 年間熊本県に疎開	2011 年 9 月
里 13	1931 年	女性	47–52 歳：鹿児島市	2011 年 9 月、2012 年 7 月、2014 年 9 月
里 19	1940 年	男性	15–19 歳：牧園町（現霧島市）	2011 年 9 月、2012 年 2 月

※外住歴にある市町は、断りのないかぎり鹿児島県内。甑島では、中学卒業後の進学・就職で島外へ出るのが一般的であり、外住歴のない話者は少ない。

　各例文について、話者の内省から不適格とされた文を *、文自体は適格だが文脈にあわないとされた文を # で示す。また、例文の文脈は [ ]、例文の標準語訳は（ ）のカッコで示している。特に断りのないかぎり、本稿で示す例文は、この面接調査で得たものである。

　調査にあたっては、調査文が膨大な数になったため、話者の負担を考えて文の述語部分だけの回答を求めることもあった。そのような形で得た例文では、述語部分以外の情報を文脈として [ ] のカッコ内に示している。

　この面接調査のほか、本書の執筆メンバーは共同で甑島方言の談話資料整備を進めている。里方言については約 5 時間分の談話を文字化しているが、記述にあたって有用な例は、この談話資料の中から適宜引用した。談話資料から引用した用例については、そのむねを用例に付記した。本稿で引用した談話資料の例は、表 1 に示した調査協力者、ないし、その知人の方々が地元の人どうしで話した場面のものである。

　記述にあたって、各言語形式はカタカナ書きで示す。本文中では必要に応じてアルファベットによる音素表記も用いるが、この音素表記は森・平塚・黒木（編）（2015）によるものである。音素表記では、接辞の境界を -、接語の

境界を＝で示すなど、音韻形態論的な分析も反映しているが、詳細は森・平塚・黒木（編）（2015）を参照されたい。また、標準語の表現を引き合いに出すときは、方言形式と区別してひらがな表記のうえ「　」で括って示す。

3. 認識的モダリティ（Epistemic Modality）

本節では、推量表現（3.1節）、様態・伝聞表現（3.2節）、その他（3.3節）の順に、認識的モダリティに関わる表現について記述する。

3.1. 推量表現

推量を表す形式としては、主にヨー（＝joo）が使われる。ヨーが述語の品詞、時制に関わらず使われるほか、繋辞動詞（コピュラ）がつく形容動詞述語、名詞述語ではウ（-ᵃu）、過去時制の述語ではタロー（-taroo）も使われる。

以下、ヨーを中心に、推量表現についての記述をおこなう。なお、ウは意志・勧誘の表現としても使われるが、意志・勧誘表現としてのウについては4.1節で述べる。

3.1.1. 形態面の特徴

まず、述語が肯定で非過去の形をとる場合について、述語への接続を中心に形態面の特徴をまとめる。否定表現および過去表現との関わりについては、3.1.2節で別に整理する。

ヨーは述語の終止連体形に接続する（本稿では国文法にならって「終止形」「連体形」「連用形」の用語を用い、「終止形」と「連体形」が同形で区別のつかない場合は「終止連体形」と呼ぶ）。下に動詞に接続した例を挙げる[1]。

(1)　［あいつは飲み会に］イクヨーカ。（行くだろうか。）　　　《動詞》

---

[1] 特定の文脈を想定しない接続面の調査では、ヨーに疑問の助詞カの後接した例が得られやすかった。その理由はわからないが、ヨー単独で知識確認の意味を表さない点（後述）を考えても、標準語のダロウにくらべてヨーの表す確かさの度合いのようなものが低い可能性が考えられる。

(2) ［あいつは飲み会に］クイヨーカ。（来るだろうか。）　　《動詞》

　(2)に示すとおり、里方言では、終止連体形の語尾のうち基底形でル(ru)と想定されるものがイ(i)の音で実現する。例えば、標準語の「降る」「上げる」「来る」「する」にあたる動詞の終止連体形は、フイ、アグイ、クイ、スイとなる。繋辞動詞も、ヤルと想定される基底形がヤイという音で実現する。これは、ヨーが接続する場合にかぎらず、里方言一般の特徴である[2]。

　里方言の形容詞は、終止連体形の語尾がカになる（森・平塚・黒木（編）2015: 80）。例えば、標準語の「眠い」にあたる形容詞の終止連体形はネブカである。ただし、ヨーが接続する場合にかぎり、語尾がカイという形をとることがある。なぜヨーが接続する場合だけ特別な語形になりうるかは不明だが、後述する過去の接尾辞タにも同様の事象が見られる。語尾の形の違いによる意味面の違いは確認されない。

(3)　［眠たそうにしている子どもを見て］
　　a.　ネブカヨーカ。（眠いだろうか。）
　　b.　ネブカイヨーカ。（眠いだろうか。）　　《形容詞》

形容動詞、名詞には繋辞動詞ヤイを介して接続する。

(4)　［あそこは人が来ないから］シズカヤイヨー。（静かだろう。）
　　　　　　　　　　　　　　　　　　　　　　　　《形容動詞》
(5)　［これは太郎の］サイフヤイヨーカ。（財布だろうか。）　《名詞》

　以上、ヨーの述語への接続について示したが、形容動詞述語、名詞述語については、ウが使われる場合もある[3]。ウは、常に繋辞動詞ヤイの語幹(=jar)に後接したヤロー(=jaroo ← =jar-^{a}u)[4]という形で使われる。

---

[2] この音の交替規則については、森・平塚・黒木（編）(2015: 33)の(12)を参照。

[3] 動詞・形容詞述語で推量表現としてウを使うことがあるという話者も一部にいたが、他の話者の内省や談話資料を確認するかぎり、動詞・形容詞述語ではヨーを使うのが一般的である。動詞・形容詞述語にウの後接した形は「フロー　ゴトモ　アイ（降るようでもある）」「サムカロー　ゴタイ（寒いようだ）」のように、様態表現ゴト、ソーとの組み合わせで使われる(3.2節参照)。

[4] 基底形で想定される au が oo という音で実現することについては、森・平塚・黒木（編）(2015: 40)の(42)を参照。

(6)　［あそこは人が来ないから］シズカヤロー。（静かだろう。）

《形容動詞》

(7)　［これは太郎の］サイフヤローカ。（財布だろうか。）　　《名詞》

　なお、ヤローという表現は、形としては標準語の「だろう」に似ている。しかし、動詞・形容詞に接続しないという点で標準語の「だろう」と異なる（中年層以下の話者では動詞・形容詞に接続した例も見られるが標準語の影響と考えられる）。

(8)　＊イクヤローカ。（行くだろうか。）　　　　　　　　　《動詞》
(9) a.　＊ネブカヤローカ。（眠いだろうか。）
　　b.　＊ネブカイヤローカ。（眠いだろうか。）　　　　　《形容詞》

　標準語の「だろう」については、動詞述語、形容詞述語にも生起することを説明するため、繋辞動詞「だ」に「う」が後接したものではなく、「だろう」自体を一形式と見なす必要が生じる。一方、里方言のヤローは、もとから繋辞動詞が生起する形容動詞述語、名詞述語でしか使われないため、その繋辞動詞にウが後接したものと見なす。

　なお、形容動詞述語、名詞述語では「Xヤイヨー」「Xヤロー」（Xは名詞や形容動詞語幹を表す）という2通りの表現が使われるが、調査したかぎりでは、両者に意味的な違いは見られない。ただし、話者によっては「Xヤロー」を新しい表現と内省する場合もあった。

　また、標準語の「のだろう」に相当する表現は、準体形式ト、繋辞動詞ヤイ、推量形式ヨー／ウのつながった形によって表されるが、この形には縮約が起こる。縮約後の語形には個人差があり、「ト＋ヤイ＋ヨー」（=to=jar-ᵃu=joo）に相当する表現には、タイヨー（=taijoo）、チャイヨー（=cjaijoo）、サイヨー（=saijoo）のバリエーションがある。

(10) a.　イクタイヨー。（行くのだろう。）　　　　　《里03の話者》
　　 b.　キタチャイヨー。（来たのだろう。）　　　　《里01の話者》
　　 c.　キタサイヨー。（来たのだろう。）　　　　　《里13の話者》

　また、「ト＋ヤイ＋ウ」（=to=jar-ᵃu）に相当する表現には、タロー（=taroo）、チャロー（=cjaroo）、サロー（=saroo）がある。

(11) a.　イクタロー。（行くのだろう。）　　　　　　　《里03の話者》
　　 b.　イクチャロー。（行くのだろう。）　　　　　 《里19の話者》
　　 c.　キタサロー。（来たのだろう。）　　　　　　 《里13の話者》

「のだ」相当表現の縮約については、本書収録の野間（2019）も参照されたい。

3.1.2. 過去表現・否定表現との関わり

里方言では、標準語と同様、過去の意味は接尾辞タによって表される。過去の事態を推量する場合には、タにヨーが後接する。ただし、ヨーが後接する場合にかぎり、この接尾辞がタイという形をとる場合がある。タとタイの形の違いによる意味的な違いは確認されない。

(12)　［あの人は飲み会に］
　　 a.　イッタヨーカ。（行っただろうか。）
　　 b.　イッタイヨーカ。（行っただろうか。）

このほか、過去推量を表す専用の形式としてタローも使われる。

(13)　［あの人は飲み会に］イッタローカ。（行っただろうか。）

タローについては、タにウが後接したものと見る解釈もありうるが、その場合、タについて、ウを後接させるときだけの特殊な活用を想定しなければならない。それを避けるため、本稿ではタローをそれ自体で一形式と見なす（森・平塚・黒木（編）2015: 74–75 参照）。

否定事態の推量を表す場合、動詞述語では否定を表す接尾辞ンに、それ以外の述語では否定を表す形容詞ナカにヨーが後接する。

(14)　［あの人は飲み会に］イカンヨーカ。（行かないだろうか。）
(15) a.　ソイジャ　ナカヨカ。（それじゃないだろうか。）（談話資料より）
　　 b.　［旅行の期間は］サンシューカン、　チョット、　ナカイヨーバッテン、（3週間は、ちょっと、ないだろうけど、）　（談話資料より）

(15a)は名詞ソイを形容詞ナカで否定したソイジャナカ、(15b)は形容詞ナカにヨーが後接した例である。ナカは形容詞なので、ヨーが後接した場合、ナカヨーとナカイヨーの2つの形をとりうる。

なお、ウが否定表現に後接した形は見られない。また、4.1節で示す否定意志の形式ンミャーを否定推量の意味でも使うという話者が一部にいたが、他の話者の内省や談話資料を確認するかぎり、一般的ではないようである。

以上のように、過去および否定の表現はヨーの前には生起するが、ヨーの後に生起することはない。つまり、「推量する」という認識行為自体を否定したり過去のものとして表現したりすることはできない。推量形式ヨーは、話し手自身の発話時現在の認識だけを表す、いわゆる「真正モダリティ形式」（仁田1991）と見なせる。

3.1.3. 終助詞との共起

3.1.1節ではヨーの前接要素として述語への接続についてまとめたが、以下では、後接要素として終助詞との共起について整理する（各終助詞の特徴については白岩ほか2017を参照）。

里方言では、疑問の意味を表す終助詞にカ[5]とナの2つがある。このうち、カだけがヨーと共起可能で、ナはヨーと共起しない。

(16)　［あいつは飲み会に］イクヨー{カ／#ナ}。（行くだろうか。）

(17)　［家出した太郎を探して。うーん、あいつなら］
　　　ドケー　イクヨー{カ／*ナ}。（どこに行くだろうか。）

《疑問の終助詞》

白岩ほか（2017）で記述したとおり、里方言の終助詞ナには、標準語と同様に疑問を表さないナ（平叙のナ）と、里方言特有の疑問の意味を持つナ（疑問のナ）の2つがあるが、(16)でナが生起しても疑問の意味にはならず、標準語の「だろうな」相当の平叙文（後掲の(21)と同様のもの）としてしか解釈されない。

確認要求を表す終助詞ター、ガはヨーと共起可能である。

(18)　［あいつは］イクヨー{ター／ガ}。（行くだろうが。）

《確認要求の終助詞》

---

[5] カは(35)(36)のように疑問節を表示する場合もあるので終助詞といえない面があるが、ひとまずここでは終助詞と同様に扱うことにする。

一方、標準語の終助詞「よ」「ぞ」と同様に、聞き手にむけて情報を示す終助詞ヨ、ドはヨーと共起しない。

(19) ［あいつは］*クイヨーヨ。（来るだろうよ。）　　　　《終助詞ヨ》
(20) ［あいつは］*イクヨード。（行くだろうよ。）　　　　《終助詞ド》

標準語の終助詞「な」と同様に使われる終助詞ナはヨーと共起する。

(21) ［空を見ながら。雨が］フイヨーナ。（降るだろうな。）《終助詞ナ》

このほか、終助詞とはいいにくいが、文末に生起して終助詞のように使われる形式名詞モンもヨーと共起可能である。

(22) ［あいつは］イクヨーモン。（行くだろうもの。）《終助詞的なモン》

3.1.4. 意味的な特徴

ヨーは、標準語の「だろう」と同様、不確かな事柄について推量する場合に使用される。この場合、文末にかぎらず、デ(標準語「から」相当)やバッテ(標準語「けど」相当)による副詞節内にも生起する。

(23) ［太郎が飲み会に行くか聞かれて］イクヨー。（行くだろう。）
(24) ［空を見ながら。雨が］フイヨーナ。（降るだろうな。）
(25) 　ドーセ　アメガ　フイヨーデ、　カサ　モッテカンカ。
　　　（どうせ雨が降るだろうから、傘を持っていかないか。）
(26) ［雨が］フイヨーバッテ、　カサ　モッテ　イカンヤッタ。
　　　（降るだろうけど、傘を持っていかなかった。）

疑問表現（終助詞カや疑問詞）と共起して疑いの態度を表す場合もある。

(27) ［財布を拾って］タローノ　サイフヤイヨーカ。（太郎の財布だろうか。）
(28) ［家出した太郎を探して。うーん、あいつなら］
　　　ドケー　イクヨーカ。（どこに行くだろうか。）

以上の例は、「推量」や「疑い」のように、文の内容(いわゆる「命題」)に対する話し手の心的態度を示したものである。一方で、聞き手への態度を示す「確認要求」の例として、推量しながら聞き手にその真偽を確認する場合もある（三宅1996の「命題確認の要求」にあたる用法）。このように聞き手に確認をする文脈では、終助詞ガが後接することも多いので、ガが後接した

例もあわせて示す。

(29) ［飲み会の出欠を聞いて］
　　　アッコモ　{クイヨー／クイヨーガ}。（お前も来るだろう。）
(30) ［友人を食堂に連れて行って］
　　　ンマカイヨー。／ンマカイヨーガ。（うまいだろう。）

ガが後接しない場合には推量した事柄の真偽を聞き手に尋ねることになるが、ガが後接した場合には、推量した内容が正しいと話し手が一方的に決めつけ、相手の反応を見ずに会話を進めることが多いという内省を得ている。例えば、(31)のように重そうな荷物を持つ友人を手伝おうとして「重いだろう」と確認する文脈では、ヨー単独の場合には相手の反応を見ながら手伝うかどうか考えるのに対し、ヨーガの場合には相手の反応にかまわず手を差し伸べることになる。

(31) ［荷物を持つ友人を手伝おうとして］
　　a.　オブカイヨー。（重いだろう。）［と尋ねて、相手の反応を見る］
　　b.　オブカイヨーガ。（重いだろう。）［というと同時に、相手の荷物をとる］

また、ヨーガは話し手・聞き手の双方にとって既知であり、推量の余地のない事柄について確認する場合にも使用される（三宅1996の「知識確認の要求」にあたる用法）。この場合、終助詞ガの後接が必須であり、ヨー単独では確認をすることができない。この点、「だろう」単独で既知の事実の確認ができる標準語とは異なる。

(32) ［道案内をして。ほら、あそこに］
　　　シンゴーガ　{#アイヨー／アイヨーガ}。（信号があるだろう。）
(33) ［ほら、昔、近所に山田ってやつが］
　　　#オッタヨー。／オッタヨーガ。（いただろう。）
(34) ［危ないところで遊んでいる子どもに注意して］
　　　#アブナカヨー。／アブナカヨーガ。（危ないだろう。）

以上、ヨーの意味は、標準語の「だろう」とそう大きく違わないが、既知の事実を確認する場合にガの後接が必須という点は異なる。終助詞ガの後接

したヨーガという表現は、話し手が一方的に決めつけた事柄、あるいは、既知の事柄について確認をおこなう場合に使われると考えられる。

3.1.5. 疑問節の表示

以上に述べたヨーの特徴は、多少の異同はあれ、標準語や他方言の推量形式と似たもので、推量形式という範疇で理解できるものであった。一方、里方言のヨーには疑問節を表示するはたらきもある。カによって疑問節を表示する場合もあるので、まずは両方の例をあわせて示す（なお、ヨーとカの間に意味の違いは確認されなかった）。

(35)　［あいつは］{イクヨー　イカンヨー／イクカ　イカンカ}　ワカラン。
　　　（行くか行かないかわからない。）

(36)　ダイガ　{イクヨー／イクカ}　ワカラン。
　　　（誰が行くかわからない。）

標準語の「のか」に相当する疑問節ではト（準体）＋ヤイ（繋辞動詞）＋ヨーの縮約であるタイヨー、チャイヨー、サイヨーが使われる[6]。

(37)　［あいつは］{キタタイヨー　ケンタイヨー／キタチャイヨー　ケンチャイヨー／キタサイヨー　ケンサイヨー}　ワカランナー。
　　　（来たのか来ないのかわからないな。）

推量形式が疑問節を示す例は珍しいようにも思えるが、『方言文法全国地図1』（国立国語研究所（編）1989）56図「何が起こる<u>やら</u>（わからない）」の項目を見ると、「やら」に相当する語形として、甑島里でヨーが回答されているほか、鹿児島県出水市でトジャイロ、そのほか佐賀・熊本の両県にかけて、ジャロなどの推量形式が回答されている[7]。推量形式が疑問節を表示しうるというのは、甑島をふくめた近隣諸方言に共通した特徴かもしれない。

ここまで、『方言文法全国地図』の例をふくめ、ワカラン（わからない）が

6　カを用いたト＋ヤイ＋カに相当する表現で疑問節を表す例は、面接調査でも談話資料でも得られなかった。

7　『方言文法全国地図1』にこのような分布が見られることについては、舩木礼子氏（神戸女子大学）からの私信でご教示いただいた。

主節の例を挙げたが、それ以外の動詞が主節になる例、あるいは、格助詞を後接する例なども見られる。

(38)　ドケー　イクヨー　ユーテカセー。（どこに行くか教えろ。）
(39)　アンサンニ　デンワシテミローイ　オイヤイヨー　オイヤランヨー。
　　　（お兄さんに電話してみようよ、おられるかおられないか。）
　　　　　　　　　　　　　　　　　　　　　　　　　　　　（談話資料より）
(40)　［飲み会の準備で、どれだけ酒を用意するか考えて］
　　　ナンニン　キヤイヨーデ　チゴーテ　クイデーナー。
　　　（何人来なさるかで違ってくるからな。）

過去の事柄であれば、ヨーのほかにタローを使う場合もある。

(41)　［友人の行き先を聞かれて］
　　　ドケー　｛イッタヨー／イッタロー｝　シラン。
　　　（どこにいったか知らない。）

3.2.　様態・伝聞表現

標準語の「ようだ」に相当する様態表現にゴト（goto）、フー（=huu）、「そうだ（連用形接続）[8]」に相当する様態表現にソー（=soo）がある[9]。以下、様態表

---

[8]　本稿では、標準語の２つの「そうだ」を次のように呼び分ける。つまり、「行きそうだ」「うまそうだ」「静かそうだ」などの様態表現の「そうだ」を、動詞の連用形に接続することから連用形接続の「そうだ」と呼び、「行くそうだ」「うまいそうだ」「静かだそうだ」などの伝聞表現の「そうだ」を、述語の終止形に接続することから終止形接続の「そうだ」と呼ぶ。連用形接続の「そうだ」は、形容詞・形容動詞には語幹に接続するが、本稿では便宜的に動詞への接続にもとづいた名称を用いる。

[9]　話者の内省で確認するかぎり、標準語の「らしい」に相当する様態表現は里方言にはないようである。談話資料では、やや標準語的なスタイルのときにラシーという形式の使用が数例見られるが、これを里方言本来の形式とは見なしがたい。

　（例）　［敬老会に参加するよう呼びかけた若者の気遣いを話題にして］
　　　　ワカモンノ　キモチダッタラシーノヨナ。
　　　　（若者の気持ち（気遣い）だったらしいんだよな。）　　　　（談話資料より）

標準語の「らしい」と同様に形容詞型の活用を持つとすれば、里方言としての語形はラシカになるはずであり、ラシーという語形であらわれること自体、このラシーが里方言本来の形式ではないことを示している。

現としての特徴についてまとめたうえで、ゴト、フーが伝聞表現として使われる場合についてもまとめる。

3.2.1. ゴト

里方言では、標準語の「ようだ」に似た様態表現としてゴトが使用される。以下、推量形式と同じく、形態面の特徴、過去表現・否定表現との関わり、意味的な特徴の順に整理してゴトの特徴を示す。なお、ゴトは「動詞語幹＋ウ」の形を承けて希望の意味を表すこともあるが(4.2節参照)、本節では様態の意味と解釈される例についてだけ記述する。

(a) 形態面の特徴

ゴトは形態面では名詞としての特徴を持っており、形式名詞のひとつと見なすことができる。具体的には、動詞、形容詞の終止連体形、および、形容動詞の連体形を承ける。通常は、ゴトを動詞アイ(標準語「ある」相当)が承けて縮約した形ゴタイ(goto ai → gotai)として使われることが多い。

(42) ［雨が］フイ　<u>ゴタイドー</u>。(降るようだぞ。)　　　　　《動詞》
(43) ンーマカ　<u>ゴタイナー</u>。(うまいようだな。)　　　　　《形容詞》
(44) アイコモヤー　シズカナ　<u>ゴタイナー</u>[10]。
　　　(あそこなら、静かなようだな。)　　　　　　　　　　《形容動詞》

名詞を承ける場合、属格助詞ノを介した「Xノゴタイ」という形と、繋辞動詞ヤイを介した「Xヤイゴタイ」という形がある。面接調査では「Xノゴタイ」が回答されることが多く、談話資料にも「Xノゴタイ」の例しか見られないため、主に使用されるのは「Xノゴタイ」の形と考えられるが、両方の形をあわせて示す。

(45) イッショニ　ワイワイナー　ユーテ　ノムトガ　イチバン　<u>サイコーノ　ゴタイ</u>。
　　　(一緒にわいわい言って飲むのが、一番最高のようだ。)

10　シズカナゴタイはやや標準語的で伝統方言としてはシズカヤイゴタイを使うとする話者もいた。

　　　　　　　　　　　　　　　　（談話資料より）《名詞（X ノゴタイ）》
（46）　アメヤイ　ゴタイド。（雨のようだぞ。）　　《名詞（X ヤイゴタイ）》
このほか、「動詞語幹＋ウ(-ᵃu)」「形容詞語幹＋カロー(-kaʳ-ᵃu)」の形をゴトが承けることもある[11]。
（47）　カゼ　ヒートロー　ゴタイナー。
　　　（風邪をひいているようだな。）　　　　《動詞（「語幹＋ウ」の形）》
（48）　サムカロー　ゴタイナー。
　　　（寒いようだな。）　　　　　　《形容詞（「語幹＋カロー」の形）》
（47）は様態を表す例だが、1人称の意志的な動作を表す「動詞語幹＋ウ」の形をゴトが承けると、標準語「たい」相当の希望の意味になる。希望の意味を表すゴトについては、4.2節を参照されたい。

ゴトは、動詞アイとあわせて縮約したゴタイという形で使われることが多いが、縮約しないゴトアイの形で使われることもあるし、ゴトとアイの間にモなどのとりたて詞が生起することもある。

（49）　カゼ　ヒータ　ゴト　アイナー。（風邪をひいたようだな。）
（50）　テートイ　ゴトモ　アイシ、　フロー　ゴトモ　アイシ。
　　　（（日が）照ってるようでもあるし、（雨が）降るようでもあるし。）
（51）　［雨が］ヤンダ　ゴトデモ　アイシ。（やんだようでもあるし。）

このことから、ゴタイと縮約することは多いが、ゴトと動詞アイは別形式として分けて考えるのが妥当と考えられる。また、ここまでの例のように、ゴトは名詞相当のふるまいをしており、形式名詞のひとつと見なされる。ただし、(47)のように「動詞語幹＋ウ」の形を承ける点、後掲の(54)のようにゴト単独で副詞節を作る点は通常の名詞と異なる。

ここまで、ゴトが動詞アイとともに使われる例を挙げたが、「X_1のようなX_2」という形で名詞を修飾する場合には、動詞スイ（標準語「する」相当）の過去形シタとともに使われることもある。

（52）a.　ライオンノ　ゴタイ　イン（ライオンのような犬）

---

[11]　正確には、(47)でウが直接に後接しているのはアスペクト標識のトル(-tor)だが、トルは動詞型の活用を持つ接尾辞なので、動詞語幹相当と見なす。

　　　　b.　ライオンノ　ゴト　シタ　イン（ライオンのような犬）
（53）　オマエノ　ゴト　シタ　ヨカ　オトコワ　ナカナカ　オランド。
　　　　（お前のようないい男はなかなかいないぞ。）

また、標準語の「ように」に相当する副詞節を示す場合には、ゴト単独で使われる。標準語の「ように」と違って「に」相当の格助詞が後接することはない。

（54）　フェリーニ　マニアウ　ゴト　ハヨ　オキタ。
　　　　（フェリーに間に合うように、早く起きた。）

(b) 過去表現・否定表現との関わり

　過去を表すタは、(55)のようにゴトの前に生起することもあるし、(56)のように「ゴタッタ」の形でゴトの後に生起することもある。それぞれ、標準語の「～たようだ」「～ようだった」に、ほぼ相当すると考えられる。

（55）　カゼ　ヒータ　ゴタイナー。（風邪をひいたようだな。）
（56）　［雨が］フイダソー　ゴタッタド。（降りだすようだったぞ。）

　否定表現も、「～ンゴタイ」の形でゴトの前に生起することもあるし、「ゴトナカ」の形でゴトの後に生起することもある。それぞれ、標準語の「～ないようだ」「～ようではない」に、ほぼ相当すると考えられる。

（57）　［太郎は］イカン　ゴタイナー。（行かないようだな。）
（58）　［雨は］ヤム　ゴト　ナカド。（やむようではないぞ。）

　過去、否定の表現が後に生起しうる点から、ゴトで表される認識行為は過去のものとして述べたり否定したりすることができるといえる。つまり、ゴトはいわゆる「擬似モダリティ形式」（仁田1991）と見なせる。

(c) 意味的な特徴

　森山（1995）は、標準語の「ようだ」の意味を「推量的な意味」「比喩的な意味」「例示的な意味」の3つに整理している。里方言のゴトにも、この3つの意味が認められる。真偽の不明な事柄について述べる「推量的な意味」の例は次のとおりである。

(59) ［学校に見知らぬ人がいる］
　　　アン　ヒター　アタラシカ　センセーヤイ　<u>ゴタイ</u>。
　　　（あの人は新しい先生のようだ。）
(60) ［隣の家の子どもを見て］
　　　ンドガ　コドモユーキャー　セガ　タッカ　<u>ゴタイナー</u>。
　　　（うちの子どもより背が高いようだな。）
(61) ［何の動物かはわからないが］
　　　ライオンノ　<u>ゴト</u>　シタ　ドーブツガ　テレビニ　ウツッタヨ。
　　　（ライオンのような動物がテレビに映ったよ。）

類似した別のものを見立てて述べる「比喩的な意味」の例は次のとおりである。

(62) ［その人は歌手ではないが］
　　　アン　ヒタ　カシュガ　ウトートー　<u>ゴト</u>　アイ。
　　　（あの人は歌手が歌っているようだ。）
(63) ［信じられないことが現実に起こって］
　　　ユメノ　<u>ゴタイガ</u>。（夢のようじゃないか。）
(64) ライオンノ　<u>ゴト</u>　シタ　インノ　オイ。
　　　（ライオンのような犬がいる。）

ある範疇内の要素を例に挙げて述べる「例示的な意味」の例は次のとおりである。なお、森山（1995）が示す標準語の「ようだ」と同様、この意味のゴトは文末には生起しない。

(65) ワガ　オヤカラ　オシエテ　モロータ　<u>ゴト</u>　コドモニモ　チャント　オシエネバ。
　　　（自分の親から教えてもらったように、子どもにもちゃんと教えねば。）
(66) ［甑島には大きな肉食動物がいないということを話題にして］
　　　ライオンノ　<u>ゴト</u>　シタ　ニクショクドーブツワ　コシキジマニワ　オラナー。
　　　（ライオンのような肉食動物は甑島にはいないよ。）

このような意味的特徴は、舩木（2006）の記述する天草方言のゴトと同様

である。

　また、上記の3つの意味の例とは別に、森山（1995）は「みたいに」への置換ができず、補文標識としてはたらく「ように」の例を5つ挙げている（前田2006も参照）。里方言のゴトにも同様の補文標識として使われる例がある。

（67）　ムスコニ　アサ　オケーテ　モラウ　<u>ゴト</u>　タノーダ。
　　　　（息子に朝起こしてもらうように頼んだ。）　　　　　《命令の引用》
（68）　フェリーニ　マニアウ　<u>ゴト</u>　ハヨ　オキタ。
　　　　（フェリーに間に合うように早く起きた。）　　　　　　　《目的》
（69）　ジブンノ　カラダガ　オモー　<u>ゴト</u>　コー　ウゴカレモーサンデー、
　　　　（自分の体が思うように、こう、動けませんから、）
　　　　　　　　　　　　　　　　　　　　　　　　（談話資料より）《様態》
（70）　［年をとると、一人では海に］
　　　　イキャ　ナラン　<u>ゴト</u>　ナイ。（行けないようになる。）
　　　　　　　　　　　　　　　　　　　　　　　（談話資料より）《ヨウニナル》
（71）　ケンコーノ　タメ　マイアサ　サンポスイ　<u>ゴト</u>　シトイ。
　　　　（健康のため毎朝散歩するようにしている。）　　　《ヨウニスル》

（67）は息子に対する「起こしてもらいたい」という依頼の内容をゴトが承けたものである（森山の用語では「命令」だが、この例は「依頼」に近い）。（68）は「フェリーに間に合うように」という目的を、（69）は「自分の思うように」という様態を、ゴトが示す例である。（70）（71）では、それぞれ標準語の「～ようになる」「～ようにする」に相当する表現でゴトが使われている。

　以上のことから、里方言の様態を表すゴトは、標準語の「ようだ」とほぼ同じ意味を表すものということができる。

3.2.2. フー

　次に、ゴトとの異同をふまえながら、同じく標準語の「ようだ」に似た様

態表現フーについて記述する。

(a) 形態面の特徴

ゴトが動詞アイとともにゴタイという形で使われるのに対し、フーは繋辞動詞ヤイを後接した形で使われる。ゴトは (50) の「ゴトモ　アイ」のようにとりたて詞を後接しうるが、フーはとりたて詞を後接することがない。このように語としての自立性が低いため、形式名詞ではなく接尾語と見なすのが適当である（森・平塚・黒木（編）2015: 89–90）。

フーは、動詞、形容詞については、終止連体形に接続する。形容動詞、名詞にフーが接続する場合には、「X ヤイフー」のように繋辞動詞を介する。

(72) ［雨が］フイフーヤイモスド。（降るようですよ。）　　　　《動詞》
(73) ［相当酒を飲むという人を見て］
　　　 ツヨカフーヤイド。（(酒が) 強いようだぞ。）　　　《形容詞》
(74) ［あそこなら］シズカヤイフーヤイド。（静かなようだぞ。）《形容動詞》
(75) ［あの人は］センセーヤイフーヤイド。（先生のようだぞ。）　《名詞》

ゴトと異なり、「動詞語幹＋ウ」の形を承けることはない。

(76) ［雨が］*フローフーヤイ。（降るようだ。）

また、(52) で示したとおり、ゴトは「X_1 ノゴタイ X_2」「X_1 ノゴトシタ X_2」のような形で連体修飾をすることがあるが、フーには連体修飾の例は見られない。

(b) 過去表現・否定表現との関わり

過去を表すタは、下例のようにフーの前にも後にも生起する。

(77) ［財布を拾ったらお札がいっぱい入っていた。20〜30万円くらい］
　　　 イットッタフーヤッタ。（入っていたようだった。）

否定表現も、「〜ンフー」の形でフーの前に生起することもあるし、「フーデナカ」の形でフーの後に生起することもある。

(78) ［サツマイモは］○○サンモ　ウエトランフーヤイモン。
　　　（○○さんも植えていないようだもの。）　　　　（談話資料より）

(79)　［雨は］ヤムフーデ　ナカド。（やむようではないぞ。）
　過去、否定の表現が後に生起しうる点から、フーは、いわゆる「擬似モダリティ形式」（仁田 1991）と見なせる。

(c) 意味的な特徴
　フーは 3.2.1 節の (c) でゴトの意味として示したうち、「推量的な意味」で使用される。つまり、様態を見ながら、真偽の不明な事柄について認識を示すときに使われる。例えば、(80) では、風邪をひいたという確証はないが、熱や咳の様子から風邪をひいたと認識して述べている。(81) も、雨が降るところを見たわけではないが、道の様子から雨が降ったと認識している。
　(80)　［熱もあるし、咳も出るので］
　　　　カゼ　ヒータフーヤイナー。（風邪をひいたようだな。）
　(81)　アメガ　フッタフーデ　ミチノ　ヌレトイド。
　　　　（雨が降ったようで、道が濡れているぞ。）
　このほか、フーは伝聞表現としてもよく使われるが、伝聞の意味の例については 3.2.4 節で取り上げる。

3.2.3. ソー
　標準語の連用形接続の「そうだ」に似た様態表現として、里方言にもソーがある。標準語の「そうだ」に似ている面もあるが、異なる面もある。

(a) 形態面の特徴
　ソーは、フーと同様に、繋辞動詞ヤイを後接させた形で使われる。動詞については、いわゆる連用形に接続することが多いが、「語幹＋ウ」の形や終止連体形に接続する場合もある。終止連体形に接続したソーは、形のうえでは標準語の伝聞表現「そうだ（終止形接続）」と同じだが、(83)(84) のように、連用形接続の「そうだ」に相当する様態の意味で使われる。
　(82)　［あの人はたくさん酒を］
　　　a.　ノミソーヤイ。（飲みそうだ。）　　　　　　　《動詞（連用形）》

  b. <u>ノモーソーヤイ</u>。（飲みそうだ。）   《動詞（語幹＋ウ）》
(83) ［空を見て。雨は］
    <u>ヤムソーデナカド</u>。（やみそうにないぞ。） 《動詞（終止連体形）》
(84) ［外出しないと年をとるという話題］
    ニンゲンカンケーモナー、ナンカ　コー　イシュクシテシモーテ、ソイテ、モー　ソノママ　トシ　<u>トッテシマウソーナ</u>　カンジヤイトヨナ。（人間関係もな、なんかこう萎縮してしまって、そして、もうそのまま年とってしまいそうな感じなんだよな。）

           （談話資料より）《動詞（終止連体形）》

形容詞については、終止連体形、ないし「語幹＋カロー」の形に接続する。

(85) ［目の前のお菓子を見て］
  a. <u>ンマカソーヤイ</u>。（うまそうだ。）   《形容詞（終止連体形）》
  b. <u>ンマカローソーヤイ</u>。（うまそうだ。） 《形容詞（語幹＋カロー）》

動詞、形容詞に対しては複数の接続の形があるが、接続の違いによる意味の違いは確認されない。形容動詞については語幹に接続し、名詞については、その名詞に直接接続する。

(86) ［あの人は］<u>ゲンキソーヤイナー</u>。（元気そうだな。） 《形容動詞》
(87) ［あの人は］<u>センセーソーヤイナー</u>。（先生のようだな。） 《名詞》

(b) 過去表現・否定表現との関わり

 過去や否定の表現は、ソーの後に生起する。この点から、ソーは、いわゆる「擬似モダリティ形式」（仁田 1991）と見なせる。否定表現がソーの後に生起する場合には、「ソーニナカ」「ソーデナカ」の2つの形をとりうる。

(88) ［雨が］<u>フイソーヤッタテーナー</u>。（降りそうだったのにな。）
(89) ［空を見て。雨は］
    <u>ヤミソーニナカモスナー</u>。（やみそうにありませんね。）
(90) ［空を見て。雨は］<u>ヤムソーデナカド</u>。（やみそうにないぞ。）

一方、過去や否定の表現がソーの前に生起した例は見られなかった[12]。

(c) 意味的な特徴

ソーは、3.2.1節でゴトの意味として示したうち「推量的な意味」で使用される。つまり、様態を見ながら、真偽の不明な事柄についての認識を示すときに使われる。ゴトやフーと異なる点は、目の前の様子を何らかの兆候と捉え、今にもその事態が起こると予想する文脈で使われやすい点である。例えば、(91)ではどんよりした空を見て雨が降ることを予想しており、(92)では糸がほつれた様子を見てボタンが取れることを予想している。

(91) ［どんよりした空を見て］
　　　イマニモ　アメノ　フローソーヤイド。（今にも雨が降りそうだぞ。）

(92) ［このシャツはボタンが］チギレソーヤイド。（ちぎれそうだぞ。）

一方、ソーの前に過去のタが生起することはないので、既に起こったことについての認識を述べる場合、ソーは使えない。

(93) ［なんとなくだるい。自分は］
　　　カゼ　ヒータ｛ゴタイナー／フーヤイナー／＊ソーヤイナー｝。
　　　（風邪をひいたようだな。）

このような意味的特徴は、標準語の連用形接続の「そうだ」と同様といえそうである。

3.2.4. 伝聞表現

ゴト、フーは様態表現として使われる形式だが、伝聞情報を述べる場合にも使用される。これは、標準語の「ようだ」が「太郎が言うには、あの人はいい人のようだ。」のように伝聞情報を示すのと同様のことと考えられる。

(94) 　タローガ　ユーニワ、　アン　フタ　ヨカ　｛フトヤイ　ゴト　アイド／フトヤイフーヤイド｝。

12　調査の際、3.2.4節の(101)のように、タがソーの前に生起する例も回答されたが、どれも伝聞の意味で解釈できるものであったため、様態表現のソーではなく、標準語の伝聞表現「そうだ（終止形接続）」が回答に混じったものと見なした。詳しくは3.2.4節参照。

(太郎が言うには、あの人はいい人だそうだぞ。)

(95) ［人から聞いた話を他の人に教えて］
タローノ　アンサンガ　カエッテ　{クイ　ゴタイ／クイフーヤイ}。
(太郎のお兄さんが帰ってくるそうだ。)

伝聞表現に関する調査項目では、特にフーを使った回答が多く得られたため、その例をいくつか挙げる。

(96) オイヤ　フェリーニ　ノットイトバ　タローガ　ミタフーヤイド。
(俺がフェリーに乗っているのを太郎が見たそうだぞ。)

(97) ［甑島は］ムカシャー　ナマナ　フベンヤッタフーヤイド。
(昔はとても不便だったそうだぞ。)

(98) ［噂で聞いたが］ライゲツ　ゲーノージンガ　クイフーヤイド。
(来月（甑島に）芸能人が来るそうだぞ。)

ゴトとフーを両方生起させてゴタイフーと表現する例も見られた[13]。ゴタイフーは、不確かさの度合いが特に強い場合に使う表現のようである。

(99) ［人から聞いた話を他の人に教えて。太郎のお兄さんが］
カエッテ　クー　ゴタイフーヤラー。
(帰ってくるそうだよ。)

一方、ソーという形式が動詞の終止連体形に接続して伝聞の意味で使われる例が話者の内省に見られた。

(100) ［人から聞いた話を他の人に教えて］
タローノ　アンサンガ　カエッテ　クイソーヤイ[14]。
(太郎のお兄さんが帰ってくるそうだ。)

筆者らは、本稿に先立つ森・平塚・黒木（編）（2015: 147）では(100)の例を挙げて様態表現のソー（3.2.3 節）が伝聞の意味も持つと記述したが、本稿

---

[13] ゴトとフーが共起する例は調査中に偶然に得られたもので、ゴト、フー、ソーについて、形式が相互に共起可能か、ひとつひとつ確認はしていない。

[14] 3.1.1 節でも述べたが、クイ（kui ← ku-ru）は標準語の「来る」に相当する動詞の終止連体形である。この動詞の連用形はキなので、この例のソーは連用形接続ではなく終止連体形接続である。

では、伝聞を表すソーは様態表現のソーとは別物と考える。様態表現のソーは述語の終止連体形以外にも接続するが、伝聞を表すソーは終止連体形に接続した例しか見られない。また、様態を表すソーの前に過去のタは生起しないが、伝聞を表すソーにかぎっては、ソーの前にタが生起する。

（101）オイヤ　フェリーニ　ノットイトバ　タローガ　ミタソーヤイド。
　　　（俺がフェリーに乗っているのを太郎が見たそうだぞ。）

このような伝聞を表すソーの特徴は、標準語の伝聞表現「そうだ（終止形接続）」と同じものであり、話者の内省でも伝聞を表すソーは「標準語的な感じがする」とされることが多かった。談話資料では、伝聞の意味を表すフーが頻繁に見られる一方で、ソーが伝聞の意味を表す例は見られない。

これらのことをふまえると、(100)(101)のような伝聞を表すソーは、様態表現のソーとは別物で、標準語の伝聞表現「そうだ（終止形接続）」が話者の内省の中に混じったものと見なしたほうがよい。ただし、話者の回答に見られたことを考えると、伝聞を表すソーも、ある程度里方言に混じって使われることがあるのかもしれない。

以上のような形式のほか、標準語の「という」に相当するチューが伝聞の意味を表すこともある。直接話法による引用が伝聞の意味につながったものといえる。

（102）［冬に福岡に行く友人に］ヒヤカチュードー。（寒いというぞ。）
（103）ジュージマデー　ケーチュー　コトヤッタ。
　　　（10時までに来いということだった。）

3.3. その他の認識的モダリティ表現

推量表現や様態表現のように細かな調査はおこなえなかったが、カモシレン、ハズについて、簡単に示しておく。なお、標準語の「にちがいない」に相当する表現は確認されなかった。

3.3.1. カモシレン

標準語の「かもしれない」と同様のものとして、カモシレン（=ka=mo sir-e-N) ないしカモワカラン (=ka=mo wakar-aN) という表現が使われる。文末ではシレンないしワカランを省略し、単にカモということもある。

(104) アン　カー　ベンキョーセンデ、　シケン　チャールイカモ　シレンナー。
　　　(あの子は勉強しないから、試験に落ちるかもしれないな。)

(105) タローガトヤイカモ　ワカランナー。
　　　(太郎のものであるかもしれないな。)

(106) ［冬に福岡に行く友人に］ヒヤカカモナー。(寒いかもな。)

面接調査の回答、および、談話資料の例を見るかぎりでは、標準語の「かもしれない」と同様に、その可能性があるという話し手の認識を示すものと考えられる。ただし、(105) のように名詞 (例では準体助詞ト) とカモの間に繋辞動詞ヤイが生起しうる点は標準語と異なる。

3.3.2. ハズ

標準語の「はず」と同様のものとして、ハズ (hazu) という形式が使われる。

(107) ［近所の人が在宅か、家の様子を見て］
　　　クルマノ　オイデ　イエニ　オイ　ハズヤイ。
　　　(車がいるから、家にいるはずだ。)

(108) ［最近、祭が廃止になったことを思い出して］
　　　タシカ　タシカ　イチノ　マツイワ　ナカ　ハズヤイナ。
　　　(確か、確か、市の祭はないはずだな。)　　　　　(談話資料より)

調査の回答、および、談話資料の例を見るかぎりでは、標準語の「はず」と同様の形式名詞で、推論の帰結としての話し手の認識を示すものと考えられる。

4. 義務的モダリティ (Deontic Modality)

本節では、意志・勧誘表現 (4.1 節)、希望表現 (4.2 節)、その他 (4.3 節) の

順に、義務的モダリティに関わる表現を記述する。

4.1. 意志・勧誘表現

意志・勧誘の表現としては、標準語と同様、動詞語幹にウ (-ᵃu) の後接した形が使われる。

(109) ［独話で。晴れてきたから、そろそろ郵便局に］
　　　　イコー。（行こう。）　　　　　　　　　　　　　　　　　　《意志》
(110) ［友人を誘って。一緒に旅行に］イコー。（行こう。）　　　《勧誘》

「動詞語幹＋ウ」の形は、このように文末で意志・勧誘表現として使われるのが基本である。3.2 節で見たように、ゴト、ソーが「動詞語幹＋ウ」を承ける場合にかぎって非文末でも使用されるが、その場合、特に意志・勧誘の意味は持たない。また、それ以外の環境で非文末に生起することはない。

(111) ［友人を車に乗せようとする。これから港に］
　　　　*イコーバッテ、ノランカ。（行くつもりだけど、乗らないか。）

否定の意志・勧誘を表す場合には、ンミャー (-ᵃNmjaa) が使われる[15]。

(112) ［独話で。天気が悪いから、今日は郵便局に］
　　　　イカンミャーカ。（行かないでおこうか。）　　　　　　　《意志》
(113) ［友人と旅行に行ったが、楽しくなかった。次はあんなところに］
　　　　イカンミャーカ。（行かないでおこうか。）　　　　　　　《勧誘》

ンミャーについては、面接調査の際、(112)(113) のようにカを後接した形で回答されやすかった。カを後接したほうが自然なことが多いのかもしれないが、カの後接が必須というわけではない。談話資料にはカを後接しない例が見られる。

(114) ［船から落ちそうになって］

---

[15] ンミャーは、否定を表すンに、標準語の「まい」に相当する形式を重ねて成立したものと考えられるが、ンを省いてミャーだけを単独で使うことはないと多くの話者に内省されたため、ンミャーでひとつの形式と見なす。ただし、一部の話者はイクミャー（行くまい）のようにミャーだけを使うこともあると内省する。平塚(2017)によると、ミャーだけの形はやや古めかしいとのことである。

　　　　ホイテ、　モー、「チャーレンミャー」テ　ブラサガッテ　ミタイ、
　　　　(それで、もう、「落ちるまい」って、ぶら下がってみたり、)
　　　　　　　　　　　　　　　　　　　　　　　　　　　(談話資料より)

　否定の意志・勧誘表現としては、ンミャーのほかに、標準語の「(せ)ずにいよう」相当の「ジンオロー」(-ᵃziN oroo ← -ᵃziN or-ᵃu)という表現が使われることもある。

　(115)　[天気が悪いから]イカジン　オロー。(行かずにいよう。)

　ウとンミャーの動詞への接続については、次のとおりである。標準語の五段動詞「行く」、一段動詞「開ける」、カ変動詞「来る」、サ変動詞「する」に対応する里方言の動詞は、それぞれ、イク、アクイ、クイ、スイで、ウ、ンミャーは、これらの動詞に次のような形で接続する。

　(116)　イコー。(行こう。)　　　　　　　　　　　《動詞イク》
　(117)　アクー。(開けよう。)　　　　　　　　　　《動詞アクイ》
　(118)　クー。(来よう。)　　　　　　　　　　　　《動詞クイ》
　(119)　スー。(しよう。)　　　　　　　　　　　　《動詞スイ》
　(120)　イカンミャーカ。(行かないでおこうか。)　《動詞イク》
　(121)　アケンミャーカ。(開けないでおこうか。)　《動詞アクイ》
　(122)　ケンミャーカ。(来ないでおこうか。)　　　《動詞クイ》
　(123)　センミャーカ。(しないでおこうか。)　　　《動詞スイ》

　標準語の一段動詞に相当する動詞のうち、ミー(標準語「見る」相当)、ヌイ(標準語「寝る」相当)など、一部のものには五段型の接続をする。

　(124)　ミロー。(見よう。)　　　　　　　　　　　《動詞ミー》
　(125)　ネロー。(寝よう。)　　　　　　　　　　　《動詞ヌイ》
　(126)　ミランミャーカ。(見ないでおこうか。)　　《動詞ミー》
　(127)　ネランミャーカ。(寝ないでおこうか。)　　《動詞ヌイ》

　なお、ここでは簡潔にウとンミャーの接続を整理したが、里方言の動詞の活用全般については、五段、一段、カ変、サ変といった分類では整理できない面がある。動詞の活用全般に関する包括的な記述については森・平塚・黒木(編)(2015: 62–65)を参照されたい。

4.2. 希望表現

　3.2.1 節でも述べたが、1 人称（疑問文の場合は 2 人称）の意志的な動作を表す「動詞語幹＋ウ」の形をゴトが承けると希望の意味が表される。希望の意味を表すときは必ずゴトの後に動詞アイ（否定の場合は形容詞ナカ）が続く。ゴトとアイは縮約して「ゴタイ」という形になることが多いが、(132) のようにゴトとアイの間にモなどのとりたて詞が生起することもある。

（128）オラー　ショーチュー　スキヤイデナー　イツデモ　<u>ノモ　ゴタイ</u>。
　　　　（俺は焼酎が好きだからな、いつでも飲みたい。）
（129）［酒を］ハヨー　<u>ノモ　ゴタッタデーナー</u>。
　　　　（早く飲みたかったからな。）
（130）<u>ノモ　ゴト　ナカトバ</u>　ススメラレテ　ノーダヨ。
　　　　（飲みたくないのを勧められて飲んだよ。）
（131）アシタ　フクオカニ　<u>イコー　ゴタイナ</u>。
　　　　（明日福岡に行きたいか。）
（132）「ヤッタトン」テ　<u>キコー　ゴトモ　アイモスバッテ</u>、
　　　　（「やったのか」と聞きたくもありますけれど、）　　（談話資料より）

　様態表現が希望の意味を持つのは珍しいようにも思えるが、「動詞語幹＋ウ」をゴトが承けて希望の意味を表す例は、福岡市方言（坪内 2005、原田 2014）、長崎県宇久方言（門屋 2015）、熊本県天草方言（舩木 2006）など、近隣の他方言にも見られる。

　このような希望を表すゴトについて、福岡市方言の例を記述した坪内 (2005) は、自分自身の様態を「してしまいそうだ」と述べることが、「したいくらいだ」のように「自分の意志」を表すことにつながることを示している。同じく福岡市方言について記述した原田 (2014: 16) も、坪内 (2005) の立場を引き継ぎ、（禁煙しているのに）「タバコ吸おうゴトある」という文を例に、「「「吸おう」という状態に近い」ということを意味し、積極的に「吸いたい」ということを意味しているわけではない。(中略) それを欲することが好ましくないにも関わらず欲してしまう、という感情を述べるものである。」としている。つまり、福岡市方言のゴトは、「思わずその行為を欲して

しまう」という自身の様態を述べることが希望を表すことにつながるものと考えられる。

　熊本県天草方言について記述した舩木（2006）も、ゴトの「希望的意味」は様態表現としての「推量的意味」（本稿3.2.1節の（C）参照）からの派生と位置づけている。あくまで真偽不明なことを表す様態表現からの派生であるため、自身の希望を断定的に示すものではなく、「(飲むか飲まないか尋ねられて)＊飲モゴタ」のように、動作の肯否を明確にしなければいけないYes／No疑問文の答えとしては使えないとされる。

　このように、福岡市方言や天草方言の希望を表すゴトは、あくまで様態表現の派生として捉えられるもので、自分の希望を明確に伝えるべき場面では使用されない。一方、里方言のゴトは、自分の希望を明確に示す場面でも使用される。例えば、次のように、自分の希望を宣言したり、真剣に相手に伝えたりする場合にもゴトが使われる。

（133）［小学生が授業中に手を挙げて］
　　　　センセー、トイレニ　イコー　ゴタイ。
　　　　（先生、トイレに行きたい。）
（134）［結婚を決意して相手に本気でプロポーズする］
　　　　ケッコンスー　ゴタイ。（結婚したい。）

また、Yes／No疑問文の答えとして、自分の希望を明示する場合にも使うことができる。

（135）［AがBの目の前に酒を見せて尋ねる］
　　　　A：ノモー　ゴタイナ。（飲みたいか。）
　　　　B：ノモ　ゴタイ。（飲みたい。）
（136）　A：アシタ　フクオカニ　イコー　ゴタイナ。
　　　　　　（明日福岡に行きたいか。）
　　　　B：イコー　ゴタイ。（行きたい。）

このように、里方言のゴトによる希望表現は、福岡市方言や天草方言のような制約はなく、希望を表す場合に広く使うことができる。

　福岡市方言では、上記のようなゴトのほか、標準語の「たい」に相当する

希望表現タカも使われるが（国立国語研究所（編）2002 の 227 図参照）、筆者らの調査では「タカは里では使わない」と話者に内省されている。次の例のように、談話資料中に稀に見られることはあったが、タカはほとんど使用されないといってよい。

（137）　ソノ　クルマ…　ツレテ　<u>イキタカッタテ</u>　ヒトリ　ノセテ。

　　　　（その車…「連れて行きたかった」って、一人乗せて。）

（談話資料より）

タカがほとんど使われないこともあって、里方言ではゴトが広く希望表現一般の意味で使われるものと考えられる。

なお、ゴトによる希望表現が、文脈的に相手への何らかの要求を表す場合もある。例えば、次の例では「ノモゴタイ」という発話によって相手にビールを要求している。

（138）　A：ビール　<u>ノモ　ゴタイ</u>。（ビールが飲みたい。）

　　　　B：ビール　ヤローカ。（ビールをやろうか。）

ただし、このような相手への要求は文脈的に読み込まれたものであり、キャンセルが可能でもある。例えば、次の例のように「本当に飲みたいわけではない」とキャンセルすることもありうる。

（139）　A：ヌッコー　シテ、　ヒヤカ　ビールデモ　<u>ノモー　ゴト　アイモスナ</u>。

　　　　（暑くて、冷たいビールでも飲みたいですね。）

　　　　B：コキ　アイデ、　ハイ、　ノンミャレ。

　　　　（ここにあるから、はい、飲みなさい。）

　　　　A：<u>ノモー　ゴタッテ</u>　ユータトジャ　アイモサンサイド。

　　　　（飲みたくて言ったのではないのですよ。）

このような点も、標準語の「たい」と同様、希望表現としては一般的な特徴といえる。

4.3.　その他の義務的モダリティ表現

意志表現、希望表現にくらべて簡単な調査しかおこなえなかったが、禁

止、当為、許可、勧めといった、その他の義務的モダリティ表現について述べる。

4.3.1. 当為・禁止表現

当為および禁止にはナラン（標準語「ならない」相当）、イカン（形態的には標準語「いかない」相当だが意味的には「いけない」相当）を使った表現が使われる。ナラン、イカンが標準語の「なければ」に相当するニャ(-ᵃnja)ないしンギー(-ᵃN=gii)を承けると当為の意味を表す。

（140）　クワニャ　{ナラン／イカン}チャイバッテカ、　モー　クイキラン。
　　　（食わなければならないのだけど、もう食えない。）

（141）「ナンデ　ヨメニ　キタ　ニンゲンガ　ジッカニ　カエランギーナランカ」ユー　フトヤイヨイモーイタ。
　　　（「なんで嫁に来た人間が実家に帰らなければならないのか」という人でした。）　　　　　　　　　　　　　　（談話資料より）

ナラン、イカンが標準語の「ては」に相当するチャー(-cjaa)を承けると禁止の意味を表す。

（142）　サケバ　ノージャー　{ナラン／イカン}。
　　　（酒を飲んではならない。）

なお、調査の際には、イカンよりナランを使った表現のほうが先に回答されることが多かった。

4.3.2. 許可・勧め表現

許可および勧めには、形容詞ヨカ（標準語「いい」相当）を使った表現が使われる。ヨカが標準語「ても」相当のテモ(-te=mo)を承けると許可の意味、標準語「ば」相当のバ(-ʳeba)を承けると勧めの意味を表す。

（143）　サケバ　ノーデモ　ヨカ。（酒を飲んでもいい。）
（144）　[泳ぎたいなら]オーミー　イケバ　ヨカ。（海に行けばいい。）

このほか、ヨカがテ(-te)を承けて勧めに近い意味を表す例が談話資料に見られた。形のうえでは「テヨカ」だが、意味的には、標準語の「ていい」

よりも「たらいい」の勧めの意味に近いように見える。

(145) ［里集落の人どうしの会話。方言の強い知人を話題にして。］
　　　コンド　キヤイモイタ　トキャー、キイテ　ミテ　ヨカー。
　　　（（調査員たちが）今度いらしたときは、（その人に）聞いてみたらいいよ。）

5. まとめ

以上、本稿では甑島里方言のモダリティ表現について全般的な記述をおこなった。各節で述べた内容を簡単にまとめると次のようになる。

(a) 認識的（epistemic）モダリティ表現

(a-1) 推量表現

推量形式としては主にヨーが使われる。形容動詞述語、名詞述語にかぎりウ、過去推量にかぎりタローも使われる。ヨーはおおむね標準語の「だろう」と同様、不確かな事柄について推量したり、疑いの態度を表したりする場合に使われるほか、確認要求の場合にも使われる。

ただし、標準語の「だろう」と異なり、推量の余地のない既知の事実について確認する場合（三宅1996の「知識確認の要求」の場合）、終助詞ガの後接が必須となる。また、標準語の推量形式には類例がないが、ヨーが疑問節を表示する場合もある。

(a-2) 様態表現

様態を表す形式にはゴト、フー、ソーの3つがある。ゴトは標準語の「ようだ」と同様に「推量的な意味」「比喩的な意味」「例示的な意味」を表すほか、「ように」と同様の副詞節を示すこともある。フーは、それらの意味のうち「推量的な意味」でだけ使われる。ソーは、述語への接続の面ではやや異なるものの、意味的には標準語の連用形接続の「そうだ」に似ている。ゴトとフーは伝聞表現としても使われる。

(a-3) その他の認識的モダリティ表現

標準語の「かもしれない」「はず」に相当する表現としてカモシレン・カモワカラン・カモ、ハズがある。

(b) 義務的（deontic）モダリティ表現

(b-1) 意志・勧誘表現

意志・勧誘表現としてウ、否定の意志・勧誘表現としてンミャーが使われる。動詞への接続の形は異なるが、意味的には標準語の「う」「まい」と異なる点は見られない。

(b-2) 希望表現

希望表現としては、「動詞語幹＋ウ」をゴトが承けた形が使われる。福岡市方言や天草方言でも同様の例が報告されているが、それらの方言にくらべ、自身の希望を明確に伝える場面でも使用でき、標準語の「たい」と同様の広い意味で使われる。

(b-3) その他の義務的モダリティ表現

当為表現としては、標準語の「なければ」相当のニャないシンギーをナラン、イカンが承けた表現が使われる。禁止表現としては、チャーナラン、チャーイカンが使われる。許可表現としてはテモヨカ、勧めの表現としてはバヨカが使われる。

以上、里方言のモダリティ表現については、標準語と似た点も多いが、里方言に特徴的な点も多い。推量形式のヨーについては、単独で既知の事実の確認に使えない点や疑問節の表示に使える点が特徴的といえる。ゴトが様態表現として使われるほか、希望表現としても広く使える点は、近隣方言のゴトとくらべても興味深い。様態表現のフーが漢語名詞の「風（ふう）」に由来するとすれば、文法化の一例として注目できる。個々の事象を諸方言や時代語など他の日本語変種と対照して分析すれば、さらに新しい視点が開けるか

もしれない。それは意識しつつ、しかし本稿では、あくまで一言語体系としての里方言の記述をおこなった。一方言の記述は、それ自体が価値のある仕事でもあるが、そこにとどまらない可能性も示すということは付言しておきたい。

付記

　本稿は、白岩・門屋・野間・松丸の４名が分担して実施した調査をもとにしている。調査後、様態表現と希望表現については門屋、その他については白岩が結果を整理・分析した。本稿は、その整理・分析をもとに、白岩が全体をまとめて執筆したものである。

参考文献

門屋飛央（2015）「宇久町平方言の「ゴト（如）」の用法」『西日本国語国文学』2、西日本国語国文学会

国立国語研究所（編）（1989）『方言文法全国地図 1』大蔵省印刷局

国立国語研究所（編）（2002）『方言文法全国地図 5』財務省印刷局

白岩広行・門屋飛央・野間純平・松丸真大（2017）「鹿児島県甑島里方言の終助詞」『阪大日本語研究』29、大阪大学大学院文学研究科日本語学講座

坪内佐智世（2005）「標準語の「ヨウダ」「ラシイ」「ソウダ」と福岡市博多方言の「ゴター」――九州方言からモダリティを考える――」『日本語学』24-8、明治書院

仁田義雄（1991）『日本語のモダリティと人称』ひつじ書房

野間純平（2019）「甑島里方言のノダ相当形式にみられる音変化――他方言と対照して――」窪薗晴夫・木部暢子・髙木千恵（編）『鹿児島県甑島方言からみる文法の諸相』くろしお出版

原田走一郎（2014）「福岡市若年層方言における２つのゴトの形態統語的違い」『阪大社会言語学研究ノート』12、大阪大学大学院文学研究科社会言語学研究室

平塚雄亮（2017）「鹿児島県甑島里方言」方言文法研究会（小西いずみ・日高水穂）（編）『全国方言文法辞典資料集（3）　活用体系（2）』2014–2018 年度科学研究費補助金基盤研究（A）「日本語の時空間変異対照研究のための『全国方言文法辞典』の作成と方法論の構築」研究成果報告書

舩木礼子（2006）「天草方言のゴタル形式」2002–2005 年度科学研究費補助金基盤研究（B）（研究代表者・大西拓一郎）「方言における文法形式の成立と変化の過程に関する研究」研究成果報告書

前田直子（2006）『「ように」の意味・用法』笠間書院

松丸真大 (2019)「甑島里方言の文法概説」窪薗晴夫・木部暢子・髙木千恵 (編)『鹿児島県甑島方言からみる文法の諸相』くろしお出版
三宅知宏 (1996)「日本語の確認要求的表現の諸相」『日本語教育』89
森勇太・平塚雄亮・黒木邦彦 (編) 窪薗晴夫 (監修) (2015)『甑島里方言記述文法書』大学共同利用機関法人　人間文化研究機構連携研究「アジアにおける自然と文化の重層的関係の歴史的解明」サブプロジェクト (研究代表者・窪薗晴夫)「鹿児島県甑島の限界集落における絶滅危機方言のアクセント調査研究」研究成果報告書、国立国語研究所
森山卓郎 (1995)「推量・比喩比況・例示――「よう／みたい」の多義性をめぐって――」宮地裕・敦子先生古稀記念論集刊行会 (編)『宮地裕・敦子先生古稀記念論集　日本語の研究』明治書院

甑島里方言の条件表現

有田節子・岩田美穂・江口正

キーワード：条件表現、モダリティ、既定性、話者の認識、甑島里方言

要旨

　本稿は、条件節事態の既定性や話者の認識などを考慮した条件文の意味分類に沿った調査に基づき、甑島里方言の順接仮定条件表現の精緻な体系的記述を行った。里方言では、認識的条件文には =nara(ba) が現れ、それ以外には e 語幹 -ba が広く分布する。予測的条件文では、標準語において -tara が担う部分には -ta=nara が、事実的条件文では -ta(i)ba が分布し、中央語とは異なる発達過程が見える。方言固有の形式として、=tookjaa と =gii がある。里方言においては、標準語に比して =nara(ba) が必ずしも優位な位置を占めていないというのが特徴的で、今回の調査では、e 語幹 -ba が現れにくい認識的条件文と予測的条件文の一部には分布するが、e 語幹 -ba が現れる反事実的条件文には現れにくく、e 語幹 -ba との機能分化が見られた。

1. はじめに

　本稿は、鹿児島県薩摩川内市甑島里方言（以下、里方言）の条件表現（順接仮定条件）体系について記述するものである。現代標準語（共通語）の条件表現については、体系的にも各形式個別の現象についても、多くの研究の蓄積がある。また、その歴史的な背景についても精緻な研究がなされており、各形式の変遷過程が明らかにされている（小林 1996、阪倉 1993、矢島 2013 など）。一方、方言の条件表現については、三井（2009）等いくつかの注目すべき研究があるが、個々の方言における条件表現の体系的記述が十分なされているとは言い難い。

　里方言を含む甑島の方言の条件表現について、先行研究として挙げられる

主なものは、国立国語研究所（編）（1989 ～ 2006）『方言文法全国地図』（以下 GAJ）、「全国方言分布調査」（以下 FPJD）、上村（1998）、森・平塚・黒木（編）（2015）である。まず、GAJ、FPJD を確認する。GAJ には里方言の条件表現が確認できる項目が計 19 図ある。このうち 128「書けば（よかった）」131「すれば（よかった）」132「起きるなら（～てくれ）」153「行かなければ（よかった）」154「行かないなら（～ない）」167「降れば（～だろう）」169「行くと（～そうだ）」の 7 図に =gii=ni が、129「死ねば」130「来れば（よかった）」に =gii=ni と共に e 語幹 -ba（又はその縮約形）が、133「書くなら（～てくれ）」134「来るなら（～てくれ）」135「するなら（～てくれ）」に =gii=ni と共に =nara(ba) が、126「起きれば（よかった）」127「まかせれば（よかった）」143「高ければ（よかった）」144「高いなら（～ない）」168「降ったら（～ない）」に e 語幹 -ba（又はその縮約形）が、150「静かなら（～たい）」に =nara、そして 170「行ったら（終わっていた）」に -tara が見られる。FPJD には、12 項目中「降れば（出ないだろう）」「高いなら（買わない）」の 2 つに =gii(=giinjaa //=gii=ni=wa//)[1]、「行ったら（電話しろ）」「行ったら（終わっていた）」の 2 つに =tookjaa (//toki=wa//) が見られ、「起きれば（よかった）」「出したなら（届くはずだ）」等 8 項目で e 語幹 -ba が回答されている。GAJ と FPJD から、里方言において条件形式として e 語幹 -ba、=nara、=gii、=tookjaa の 4 つの形式が用いられていることがわかるが、各形式間の用法の差異や重なりなどは明らかではない。また、調査文に偏りがあり、多様な条件表現の類型を全て押さえられてはいない。

　上村（1998）は、条件表現を「前提」か「既定」かで分け、主に次の 3 点を指摘している。①バは前提条件と既定条件の用法がある。②バが既定条件を表す場合には、タリの已然形にバが続いたタレバの方言形であるタイバとなる。③前提条件・既定条件を表す形式としてギーがあり重大な結果を予想するような含みを持つ場合がある[2]。

1　=gii には gii=ni(i), =giinjaa, =giinjaaba, =giinaa などの形態が存在する。これらの異形態の存在も問題となるが別稿に委ねることとし、本稿では全て便宜的に =gii で表記する。
2　その他、上村（1998）には、バが已然形（仮定形）だけでなく推量形にも続く、という重

森・平塚・黒木（編）(2015) は、順接条件について前件後件のいずれかに既実現の事態を含むか否かによって、事実的複文と仮説的複文の2つに大別している。上村 (1998) の①に加え、e 語幹 -ba、=nara、=gii の使用制約に関してさらに4点が指摘されている。④事実的複文のうち、恒常的事態・習慣で主に用いられるのは e 語幹 -ba である。⑤ e 語幹 -ba は命令・意志・勧誘などのモダリティを後件に取りにくいが、警告・禁止のニュアンスを持つ文では用いられる。⑥ =nara は仮説的複文では後件に命令・意志・勧めなどを取りやすく、前件・後件ともに事実である事実的複文には用いられない。⑦ =gii は仮説的複文で用いられ、事実的複文のうち条件節が恒常・習慣であれば用いられる。

　上記の指摘は、いずれも重要であるが、条件表現の体系的記述のためには不十分な点が多い。現代標準語の条件表現研究で明らかにされているように、条件形式の分布には条件節事態と主節事態の関連の仕方や事態が既定か否かに加え、前件の事実に対する話者の認識や後件に現れる話者の心的態度などが複雑に関係するとされる。例えば、事態が仮定的（上村 1998 では前提、森・平塚・黒木（編）(2015) では仮説）である場合には e 語幹 -ba、=nara、=gii、=tookjaa の4つの形式が該当し、各形式の性質が「仮定性」だけでは捉えられないことが明らかである。また、森・平塚・黒木（編）(2015) が指摘するように後件のモダリティによる分布の違いもある可能性が高いが、この事実が形式の性質としてどう記述できるのか、といった点も問われる必要があるだろう。

　よって、本稿は、事態の既定性や話者の認識などの点を考慮した条件文の意味分類に沿った調査をもとに、里方言のより精緻な体系的記述を目指す。本稿の構成は以下の通りである。まず、2節で調査の概要について述べ、3

要な指摘がある（イカンヨーバ、クウバ、ヨカロウバ等）。推量形＋バは、本稿で調査した範囲では、条件節の例としては一度も見られず、インフォーマントからも使わないとの回答を得た。ただし、「イクヨーバ。（行くんでしょう？のような意味）」のように終助詞的に使われることがある。古くは推量形＋バが存在したものが現在では慣用表現として残存していると見ることもできるが、地域的な問題である可能性もある。この点については、調査が十分には行えていないため、今後の課題としておく。

有田節子・岩田美穂・江口正

節では広義の条件表現の整理を行った後、本稿で問題となる具体的な観点について触れる。4 節では時間的性質に注目した分類による記述を行い、5 節では里方言の条件形式の特徴的な部分について論じる。6 節はまとめである。

2. 調査の概要

調査は、2011 年〜 2017 年にかけて、計 6 回行った。面接方式で、標準語の例文を提示し、里方言に置き換えてもらい、問題となる条件表現部分にどのような形式が回答されるかを調査した。インフォーマントは 10 名、便宜的に男性 M1 〜 M8、女性 F1 〜 F2 の通し番号を付す[3]。以下、それぞれ生年、調査時の年齢、調査年月の順に示す。

表 1　条件表現調査協力者一覧

	生年	年齢	調査年月		生年	年齢	調査年月
M1	1923	89	2012.5	M2	1929	82–87	2012.5、2013.2、2014.9、2016.9、2017.3
M3	1929	83–84	2012.5、2013.2	M4	1939	72	2011.11
M5	1944	67–68	2011.11、2012.5	M6	1947	66, 70	2013.2、2017.3
M7	1947	69	2016.9	M8	1953	61, 63	2014.9、2016.9
F1	1929	86	2016.9	F2	1933	80	2013.2

本稿で対象とする地域は、上甑島里地区のみである[4]。尚、本稿では男女差

3　それぞれの居住歴の概略は以下の通りである。
M1：0–12　里　12–18　鹿児島市　18–27　東京、福岡県他　27–　里、M2：外住歴なし、M3：0–15　里　15–18　鹿児島市　18–　里、M4：0–8　広島市、8–　里、M5：0–15　里　15–35　神戸市　35–　里、M6：外住歴なし、M7：0–15　里　15–18　外住　18–　里、M8：0–15　里　16–25　鹿児島市、名古屋市ほか　25–　里、F1：0–14　里　14–22　広島県、熊本県ほか　23–　里、F2：0–15　里　16–19　串木野市　20–　里

4　里はさらに村東、村西、薗上、薗中、薗下の 5 地区に分かれており、地区ごとに言語的特徴が異なる場合がある。条件表現も地区によって比較的ギーをよく使う、など形式の勢力や優先度の違いは見られるものの、使われる形式とその用法の分布自体にはそれほど大きな相違点はないと考える。そのため、本稿では里内の居住地区による差異については特

については言及しない。以下、里方言の記述は、理解の便を図るため全てカタカナ表記とし、（　）で標準語訳を付す。必要な場合にのみ、適宜形態素分析及びグロスをつけることとする[5]。

3. 条件表現の定義をめぐる問題

3.1. 広義の条件表現体系

日本語の「条件表現」は、最も広く定義する場合、伝統的には、前件の真偽が定かでない事態（仮定）か既定の事実か（確定）、前件が後件の成立に関与するかどうか（順接か逆接か）で4分割され、それぞれ「A順接仮定条件表現」、「B順接確定条件表現」、「C逆接仮定条件表現」、「D逆接確定条件表現」を含めて「条件表現」とされる。

(1) 　明日雨が降れば、試合は中止されるだろう。【A】
(2) 　雨が降っているので、試合は中止されるだろう。【B】
(3) 　雨が降っても、試合は中止されないだろう。【C】
(4) 　雨が降っているのに、試合は続行されている。【D】

里方言における広義の条件表現の体系を整理すると表2のようになる。それぞれ典型的な例を示す。

表2　里方言の主な条件表現形式[6]

		順接		逆接
仮定	A	e 語幹 -ba, =nara, =tookjaa, =gii,	C	=baQte(ka), -te=mo, =dee=te
確定	B	e 語幹 -ba, -ta(i)ba, =dee	D	=baQte(ka), =tee

(5) 　a.　アメン　{フレバ／フッタトーキャー／フイギー}　フネワ　デン

に言及しない。

[5] 以下の例文の形態素分析及びグロスは、基本的に森・平塚・黒木（編）（2015）に準拠する。詳しくはそちらを参照いただきたい。

[6] -taba は -taiba、=baQte は =baQteka となることがある。これらには何らかの使い分けがある可能性もあるが、本稿ではこれを自由変異とし、-ta(i)ba、=baQte(ka)と表記する。

　　　　　　ドー

　　　　　　（雨が　降れば　船は　出ないだろう）

　　　　b.　クイ<u>ナラ</u>ー　デンワシテクレー（来るなら　電話してくれ）

（6）a.　ソケー　イタイバ　スンドッタ（そこへ　行ったら　すんでいた）

　　　　b.　ウーアメノ　フッタ<u>デ</u>ー　フネン　デンヤッタ

　　　　　　（大雨が　降ったので　船は　出なかった）

（7）　　アンミセー　｛イタ<u>バッテ</u>／イッ<u>テモ</u>／イタ<u>デーテ</u>｝　アラー　カウナ

　　　　　（あの店に　行っても　あれは　買うな）

（8）a.　マットッタ<u>バッテ</u>　ケンヤッタナー

　　　　　（待っていたけど　来なかったな）

　　　　b.　ウーアメヤイ<u>テ</u>ー　デカケタナー（大雨なのに　出かけたな）

　里方言の典型的な順接仮定条件には、主に e 語幹 -ba、=nara、が用いられ、トキ＋ワに由来する =tookjaa もしばしば見られる。また頻度としては劣るが、1節でも触れたように =gii も用いられる。順接確定条件は主に =dee が担っており、他にタレ＋バに由来すると考えられる -ta(i)ba が見られる。逆接では、=baQte(ka) が最も汎用性が高く、逆接仮定、逆接確定の両方に分布している。また、標準語のテモとカラッテにあたる -te=mo、=dee=te が逆接仮定条件、ノニにあたる =tee[7] が逆接確定条件を表す。

　この分布が示すように、里方言においても、順接・逆接、仮定・確定という大枠での記述はある程度可能である。調査した範囲においては、順接と逆接の両方に用いられる形式は見られず、里方言においても標準語と同様に前件の条件が主節事態の成立に関与するかどうか（すなわち順接か逆接か）という点は明確に表し分けられていると見られる。本来、広義の条件表現を考えるためには、順接・逆接を含めた形式の分布を押さえる必要があるが、逆接については調査が十分ではなく、以下順接形式に絞って議論する。

7　=tee は標準語ノニと同じく、//=to=ⁿi// NLZ=DAT (=toi > =tee) と考えられる。oi > ee については森・平塚・黒木（編）（2015: 33–34）参照のこと。

3.2. 順接仮定条件形式が担う領域

現代標準語では仮定条件を表す形式が、「仮定」ではない用法も有しており、この点が日本語の条件表現の記述を複雑にしている。

(9) 雨が降れば試合は中止される(ものだ/ことになっている)。

(10) ひどい雨が降ったら、試合が中止になってしまった。

(9) は、前件と後件の間に恒常的な因果関係を認めるもので、「仮定」とすることには異論がある(木下 1972、阪倉 1958 など)。これらは、前件の真が定まっている点で、確定条件に近い。(10) は、順接仮定条件形式を取っているが、過去の一回性の事実を表しており、確定条件に属する。確定条件は、一般に偶然確定条件、必然確定条件に分けられる[8]が、標準語では偶然確定条件が仮定条件形式のバやタラなどによって担われているため、条件表現の事実的用法などと呼ばれる(前田 2009 など)。必然確定条件(いわゆる原因・理由文)はカラなどの別形式によって表される。つまり、順接のうち、仮定条件、恒常条件、偶然確定条件までが仮定条件形式で表現されうる領域で、必然確定条件のみが独立している。このように、標準語は仮定・確定という観点に関しては、ある意味非常に不均衡な分布になっており[9]、仮定条件形式の表現全てが「仮定」という性質で捉えられるわけではない。

里方言においても、仮定・確定に関しては、両方にまたがって分布する形式と一方にしか現れない形式がある。例えば、順接確定のうち(11)のような -ta(i)ba は順接仮定に分布する -ba を伴っており、-ba を含む形式は仮定にも確定にも分布する。一方、同じ順接確定形式でも(12)のような =dee は、仮定条件で用いられることはない。

(11) ソケー イタイバ スンドッタ(そこへ 行ったら すんでいた)

---

[8] 偶然確定、必然確定といった用語は松下(1928)以来伝統的な条件表現の分析に用いられているものである。諸氏により偶然・必然の定義には幅があり、また、一般的/一回的のような区別で捉えられることもある。今、偶然・必然の内実について論じることは本筋ではないため、ここでは便宜的にこの用語を用いることとする。

[9] このような不均衡な分布になった背景には、条件表現体系の歴史的な推移が関係している。詳しい推移については、矢島(2013)を参照されたい。

（12）　ヨミチワ　クラカデー　イッショキ　カエローカ
　　　　（夜道は　暗いから　一緒に　帰ろうか）

また、一回性ではない恒常的な因果関係の表現についても e 語幹 -ba そして =gii が現れる。

（13）　コーリガ　{トクリャー //tokure-ba// ／トクイギー}　ミズニナルトヨ
　　　　（氷が　溶ければ　水になるのだ）

このように里方言の仮定条件形式が担う領域は仮定条件、恒常的因果関係、偶然確定条件であり、必然確定条件（原因・理由文）のみが別形式になっている。里方言は標準語と異なる方言特有の仮定条件形式を発達させている一方で、仮定条件形式が担う領域自体は標準語と共通しているのである。それは、里方言と標準語の仮定条件形式が本質的な部分で共通の性質を有していることを示唆する。

　日本語の歴史における条件表現は、仮定形（已然形）＋バが広く仮定条件、恒常的因果関係、偶然確定条件を担うようになる中で、タラやナラといった複数の条件形式が発達してくる。矢島（2013）では、その動機として、後件に対する前件の提示の仕方、特にその時間的性質の表し分け方によって形式が細分化されてきたと捉えている。また、有田（2007）等の条件表現研究が示すように、前件の時間的性質は、標準語において形式の分布に大きく関わっている。

　そこで、里方言の順接仮定条件形式においても前件の時間的性質が分布に関与すると考えられることから、次節以降、条件節の事態の時間的性質に着目した意味分類（有田 2007, 2016）を用いることにする。

4.　里方言の順接仮定条件形式

4.1.　条件文の意味分類

　順接仮定条件表現は狭義の「条件表現」あるいは「条件文」とも呼ばれる。条件文にはさまざまな分類方法があるが、ここでは、前節の最後にも述

べたように、条件節の時間的性質に着目する。1つめの分類基準は、条件節事態の時が発話時よりも後か、発話時以前(同時を含む)かである。条件節事態が発話時以前の場合、条件節事態が成立したかどうか(真か偽か)は発話時において定まっていると言える。真か偽に定まっていることを「既定的」、定まっていないことを「非既定的」と呼んで区別する。もう1つの基準は、既定的な条件節の真偽を話し手が知っているかどうかである。この2つの基準による分類を表3に示す。

表3　条件文の意味分類

	条件節の既定性	条件節に関する話し手の認識状態
総称的条件文[10]		
予測的条件文	非既定	
認識的条件文	既定	真偽を知らない
反事実的条件文	既定	偽であることを知っている
事実的条件文	既定	真であることを知っている

　次節では、まず条件文の典型とも言える予測的条件文を取りあげ、条件節が非既定的な場合について記述したのちに、条件節が既定的な認識的条件文(4.3節)、反事実的条件文(4.4節)の特徴を述べる。これらの背景にある法則的・一般的因果関係を表す総称的条件文(4.5節)を見たのちに、条件節が事実を表す事実的条件文(4.6節)を取りあげる。

4.2. 予測的条件文

　予測的条件文は、条件節が非既定的、つまり、条件節事態が<u>発話時以降のある時点</u>に成立した場合にどのようなことが起こるかの予測に基づく判断を述べたり、意志・願望を述べたり、対話者に行為の遂行を促したりする文のことである。標準語の次のような例がそれに該当する。

　(14)　明日、台風がくれ<u>ば</u>、船は出ないだろう。

10　総称的条件文は条件節事態と主節事態の間に恒常的に因果関係が成立することを述べるものなので、条件節事態の既定性については不問だとみなす。

（15）　ご飯を食べたら、歯を磨きなさい。

　標準語では、主節のモダリティの種類により、条件節に出現する形式に制約があることがしばしば指摘される。ここでは、モダリティの意味分類の議論に深く立ち入らないが、その表現が世界についての事実に基づくもの（認識的様相基盤）か、世界に成立する状況に基づくもの（状況的様相基盤）かによって分類する立場[11]をとる。例えば(14)の「船は出ないだろう」は、話し手が世界について知っている事実の蓄積つまり認識的様相基盤に基づき「明日台風がくる」が真の場合の帰結を推量する「認識タイプ」で、「〜かもしれない」のような可能性の判断もこれに含まれる。一方、(15)の「歯を磨きなさい」のような命令表現は、「歯を磨く」が成立するような状況に変えるよう促す「状況タイプ」とみなされる。義務・意志・願望の表現もこれに含まれる。標準語では、主節が状況タイプのモダリティの場合には基本的に条件節にタラが現れ、トは非文法的になり、バは動作性述語の場合には現れにくいとされている。

（16）　ご飯を｛食べたら／*食べると／?食べれば｝歯を磨きなさい。

　里方言の予測的条件文の条件節には、表2の順接仮定条件形式のいずれもが現れる。特に、(17)(18)のような、主節が認識タイプのモダリティの場合には、e語幹 -ba、=tookjaa が現れる。10名のインフォーマントのうち、1名（M2）のみ -tara も可能としたが、一般的ではないと思われる（以下、そのような例には％の印をつけて示す）。

（17）　アシタ　ウーカゼノ　｛クレバ／クリャー//kure-ba//／クイギー｝
　　　　フネワ　デンカモナー
　　　　（明日　台風が　来たら　船は　出ないかもな）

（18）　アシタ　アメン　｛フレバ／％フッタラ／フイナラバ／フットーキャー／フイギー｝　エンソクワ　ナカッチャローナー
　　　　（明日　雨が　降ったら　遠足は　ないだろうな）

　上記のような例で =gii を使うかどうかには個人差が見られる。自分は積

11　これについては、Portner (2009) が詳しい。Arita (2011) の書評も参照されたい。

極的に使わないが使う人もいる (M3)、自分は使わない (F2) という意見もあり、いずれのインフォーマントも =gii を第一回答とすることはなかった。

さて、主節が相手に行動を促したり、義務・願望・意志を表したりする状況タイプのモダリティ表現の場合だが、里方言では -ta=nara(ba)[12] そして -ta=tookjaa が優先される傾向がある。

(19)　メーシ　{ク(ー)タナラ(バ)／クッタナラ／タベタナロー／％クータギー}　ハバ　ミガケ
　　　(ご飯　食べたら　歯を　磨け)

(20)　【パック牛乳は】{アケタナラ／アケタトーキャー／％アケタギーニャー}　イッキー　ノマニャー　ナランドー
　　　(開けたら　すぐに　飲まねば　ならないよ)

条件節が状態性述語の場合は、=tookjaa は非過去形に接続する。また、e 語幹 -ba も出現しうる。

(21)　ジカンガ　{アイナラーバ／アイトーキャー／アレバ／％アイギー}　シゴトバ　カセーシテ　クレンカ
　　　(時間が　あれば　仕事を　手伝って　くれないか)

4.2 節の冒頭でも述べたように、標準語のバヤトには後件にモダリティ制約があると言われているが、これらの形式が、いずれもタ形を取らないことに注目したい。里方言でも、制約のある e 語幹 -ba、=gii は予測的条件文においてタ形を取らず、制約のない =nara、=tookjaa はタ形を取る。条件節のタ形と後件の状況タイプのモダリティはどのように関係するのだろうか。

従属節に現れるタ形の時間解釈には 2 つの可能性がある。発話時よりも前の解釈と主節時よりも前の解釈である。予測的条件文の条件節は発話時以降に事態が成立すると仮定するものなので、条件節のタ形は常に主節時よりも前で発話時よりも後の解釈になる。

-ta=nara や -ta=tookjaa のタ形は、その主節述語の表す事態の時間よりも相対的以前に条件節事態が完了していることを明示する。それにより、(19)

12　=nara と =nara(a)ba は区別しない。また =nara が期待される環境に =naroo が出ることがある。これも =nara の異形態と考えておく。

は「ご飯を食べた後で歯を磨く」ことを促すという解釈になり、(20) は「パック牛乳を開けた後ですぐに飲む」ことを促すという解釈になる。

　e 語幹 -ba 節のように主節との相対的時間関係を明示するような形式（タ形）を含まない場合、その節は、主節のモダリティが成立する条件として働くことになる。その結果、(19) や (20) に e 語幹 -ba を使おうとすると、「ご飯を食べた場合には歯を磨きなさい」「パック牛乳を開けた場合にはすぐに飲まないといけない」という解釈になり、行為の遂行を促すのが条件付きとなる。行為の遂行を強く聞き手に促すような解釈としては不自然なのである。標準語でも里方言でも事情は同じである。

　さて、=gii 自体は、タ形に接続することもあるのだが、それは 4.6 節で見るように過去の事実を表す場合に限られる。予測的条件文に現れる場合には、(19)～(21) のように、条件節事態の完了が主節のモダリティの成立の条件になっているような文には =gii は出現しにくく、あえて =gii を選択した場合には、行為を促すのではなく警告を暗示することになる。

　尚、10 名のインフォーマントのうち、(19)(20) に -ta=gii を可能とする者が 1 名（M8）いたことは注目に値する。主節に状況タイプのモダリティが現れる場合の条件節には、里方言でも動作性述語に完了を明示するタ形が必要であることを示唆している。

4.3. 認識的条件文

　条件節が既定的、すなわち、発話時点で成立しているかどうか（真偽）がすでに定まっている（または見込まれる）が、その真偽を話し手が厳密には知らないことを表す条件文が認識的条件文である。典型的には (22) のように、条件節が過去のある時点に結びつけられる事態について述べ、それが真である場合の判断や態度を表す。これをタイプ A とする。

　(22)　昨日の試合に勝ったんなら、まだ優勝する可能性がある。

　条件節が既定的であることを広く取り、発話時以降に成立することがスケジュール等で決まっている、そういう予定や意志があるというようなものまでも含め、これをタイプ B とする。(23) の前件は、対話相手が「読む」と

いう意志を持っているかどうか厳密には知らないけれどそのような意志があると見込んで、「貸してあげる」という申し出をしている。

(23)　読むなら貸してあげるよ。

さらに、発話時以前に成立していることや、発話時以降に事態が成立する予定・意志があることを対話相手から聞き、それを条件とする(24B)(25B)のような文をタイプCとする。それぞれ、発話時点で「(本当に)雨が降っている」かどうか、「(本当に)Aが行く(という意志を持っている)」かどうかは定まっているが、話し手は厳密には知らない。

(24)　A：おや、雨が降り出した。
　　　　B：そうか。雨が降っているなら、試合は中止だね。
(25)　A：今度の幹事会に行くことにしたよ。
　　　　B：そうか。君が行くなら、わたしも行くことにしよう。

認識的条件文の3つの下位タイプを見てきたが、標準語ではそのいずれのタイプにおいても、過去形と非過去形の対立のある節(以後、有田2007にならって「完全時制節」と呼ぶことにする)を導くナラが現れる。

また、過去形と非過去形の対立のない節(以後、「不完全時制節」)を導くバ・タラは、状態性述語または動作性述語の状態形(-te-i- 形)を伴ってAタイプにのみ現れうる。

(26)　昨日の試合に{勝っていれば／勝っていたら／*勝てば／*勝ったら}、まだ優勝する可能性がある。

さらに、認識的条件文のナラは準体形式「の」(あるいは縮約形「ん」)がしばしば挿入される(が、義務的ではない)。バ・タラについても、「のであれば・んであれば」「のだったら・んだったら」という形を取る、つまり完全時制節であれば、A〜Cのいずれのタイプの条件節にも現れうる。

里方言の認識的条件文についても、条件節は完全時制節であり、しばしば準体形式が挿入される。すなわち、A〜Cのいずれのタイプの条件節にも =nara が広く分布し、=nara の前にしばしば準体形式 =to が挿入される。

〈Aタイプ〉
(27)　【ゆうべ巨人は勝ったんだろうか】カッタトナラ　キョー　キュー

　　　　ジョーニ　ミニ　イコー
　　　　（勝ったのなら　今日　球場に　見に　行こう）
（28）【今朝の沖縄行きの便はどうなっただろうか】ユーベ　タイフーガ
　　　　ジョーリク　シタ<u>トナラーバ</u>　ケッコー　シタカモナ
　　　　（ゆうべ　台風が　上陸　したなら　欠航　したかもな）

Aタイプには、他に、完了を表すアスペクト形式 -tor- を伴って -tor-e-ba、-toQ-ta=tookjaa も現れることができ、-ta=nara とそれほど意味は変わらないという。

（29）｛カットレバ／カット<u>ッタトーキャー</u>｝キョー　キュージョーニ　ミ
　　　　ニ　イコー
（30）ユーベ　タイフーガ　ジョーリク　シ<u>トレバ</u>　ケッコー　シタカモ
　　　　ナ

ところで、このような例における =gii の使用については、-ta=gii は可能かもしれないが自分では言わないというインフォーマントが1名いた程度で、総じて難しそうである。

〈Bタイプ〉

発話時以降に成立することがスケジュール等で決まっている、そういう予定や意志があることを仮定するBタイプでも述語の非過去形 =nara が現れ、しばしば準体形式の =to が挿入される。

（31）ヨム｛<u>ナラ</u>／<u>ナラーバ</u>／<u>ナロー</u>／<u>トナラ</u>／％<u>ギー</u>｝　カスドー
　　　　（読むなら　貸すよ）
（32）マチニ　イク｛<u>ナラ</u>／<u>トナラバ</u>／<u>ナローバ</u>｝　イッショキ　イコー
　　　　（町に　行くなら　一緒に　行こう）
（33）イエー　｛ク<u>ルナラ（バ）</u>／ク<u>イナラ（ー）バ</u>／ク<u>イナローバ</u>／クイト
　　　　<u>ナラ</u>／％<u>クイトーキャー</u>｝　デンワシテクレー
　　　　（家に　来るなら　電話してくれ）
（34）ヨリアイニ　｛<u>ズイナラバ</u>／<u>デルナラバ</u>／％<u>ズイトーキャー</u>／％イ
　　　　<u>クギーニャー</u>｝　ハヨ　イッタホーガ　ヨカドー
　　　　（寄り合いに　出るなら　早く　行った方が　いいよ）

(31) のみ、複数のインフォーマント (M2, M8) により「ヨムギー」も可能とされたが、優先して選択されたわけではない。また、(34) にも「イクギーニャー」と答えるインフォーマント (M6) もいたが、「勧め」というよりは、「寄り合いに出ないとあれこれ言われる」のような警告の含みが強いという。このような点を考慮すると、非過去形 =gii が発話時における意志・予定を表すとは考えにくい。尚、=gii に見られる否定的な暗示的意味については、節を改めて考察する。

(33)(34) に「クイトーキャー」「ズイトーキャー」を可能とするインフォーマントが見られたが、=tookjaa に前接する非過去形が発話時の意志や予定を表すとするには躊躇がある。「〜する場合は」のような意味で用いていると考えるのが妥当で、その場合は認識的条件文というよりは予測的条件文とすべきであろう。

〈C タイプ〉

対話相手から聞いたばかりのことを条件節で述べる C タイプには、=nara が優先的に選択され、準体形式 =to が挿入される。

(35) 【隣の家に泥棒が入ったと聞いて】トナリニ ｛ハイッタ<u>トナラーバ</u>／％ハイッタ<u>ギー</u>｝ オイドガエモ ヨージン セナ イカンナ
（隣に 入ったなら うちの家も 用心 しないと いけないな）

(36) 【今日の定例会に山本さんが来ると聞いて】ヤマモトサンガ ｛クル<u>トナラーバ</u>／クイトーキャー／クイ<u>ギー</u>｝ オイモ イコーカ
（山本さんが 来るなら わたしも 行こうか）

=tookjaa や =gii も可能とするインフォーマント (M2) もいるが、=tookjaa や =gii での表現が C タイプ、つまり、対話相手の言ったことを前提として述べた文であるか判別は難しい。

このように、里方言の認識的条件文は、標準語の場合と同様、A〜C のいずれのタイプについても、完全時制節形式の =nara が優先的に選択され、準体形式 =to がしばしば挿入される。不完全時制節形式の e 語幹 -ba も、-tor 形を伴うことにより A タイプのみに限定的に使用されうる。認識的条件文の条件節の既定性と話し手の認識状態が標準語同様里方言でも時制と準体形

式によって標示されていると言えるのではないか。

4.4. 反事実的条件文

　条件節が既定的で、しかも、その事態が成立していないことを知った上で、それが成立した場合にどのようなことが起こり得たかを述べる条件文を反事実的条件文と呼ぶ。標準語ではタラ、バ、ナラいずれも現れるが、条件節の述語が動態述語の場合に状態形が現れる傾向があると言われている。

（37）　もっと安ければ買えるのに。

（38）　早起きしていたら間に合っただろうに。

　里方言の反事実的条件文には、e 語幹 -ba が優先的に選ばれ、=gii も可能で、動態述語の場合には -tor-e-ba、-toi=gii の形も観察されるというのが全体的傾向である。

（39）　モット　｛ヤスカレバ／ヤスケリャー//yasu-kare-ba//[13]／ヤスカギー／ヤスカギーナーバ／ヤスカギーニャー（バ）｝　カウチャッタテー

　　　（もっと　安ければ　買うんだったのに）

（40）　マチット　ハヨー　｛オキレバ／オキーキレバ[14]／オキリャー//okire-ba//／オキーギー｝　ヨカッタテー

　　　（もう少し　早く　起きれば　よかったのに）

（41）　カネガネ　ベンキョー　｛シトレバ／シトイギー｝　イマニ　ナッテ　アセー　ヒツヨーワ　ナカチャイバッテ

　　　（日頃から　勉強　していれば　今に　なって　焦る　必要は　な

13　「ヤスカレバ」と答えたインフォーマントの中に、「ヤイケレバ」とも言うと答えた者が 2 名いた。森・平塚・黒木（編）（2015: 40）の記述によると、「形容詞語根の末尾音節は、/k/ 始まりの接尾辞を取る際にモーラ数を保ちつつ弱化し、直前の音節に取り込まれる」とあり、形容詞語根末尾音節の交替規則の 1 つとして、si → i / V[–f]＿-k（同書: 41）が立てられている。ヤイケレバも /k/ 始まりの接尾辞を取る形容詞語根末尾音節の su が弱化したものと捉えることができるのではないか。

14　「オキーキレバ」には可能を表す接辞 -kir が含まれた形式なので、厳密に言うと、標準語の「起きれば」には対応していないが、インフォーマントの答えの中に含まれていたのでここに記しておく。

いのだけど）

注目すべきは、予測的条件文に現れていた =tookjaa が現れず、また =nara の使用が難しいという点である。

(42) マチット　ハヨ　{デレ<u>バ</u>／デトレ<u>バ</u>／?? デタ<u>ナラ</u>／?? デルト<u>ナラ</u>／?? デル<u>ナラ</u>／*デタトーキャー}　マニアウチャッタテーナー
（もう少し　早く　出れば　間に合うんだったのにな）

里方言では、タ形を取りうるいずれの形式も反事実的前件には現れず、逆にタ形を取らない e 語幹 -ba、=gii が使用される傾向にある。この方言では、過去形態素(-ta)は反事実性を表さず、特に必要があれば、完了形態素(-tor-)によって標示されると言えるのではないか。

4.5. 総称的条件文

条件節の事態と主節の事態が法則的・習慣的因果関係で結ばれているような条件文を総称的条件文と呼ぶ。古くは確定条件を表した已然形＋バが仮定条件用法を広げる契機となった用法で、典型的には、(43)(44)のような文である。

(43) 誰だって年をとれ<u>ば</u>、悪いところも出てくる。
(44) あの人の家にいく<u>と</u>いつもご馳走してくれる。

(43)のように普遍的になりたつ事柄の関係や、(44)のように習慣的に行われていることを表し、仮定性の含みはない。標準語ではバやトが現れる傾向にある。

里方言では、e 語幹 -ba が優先的に選ばれ、=gii、そして =cjuuto[15] も現れる。

(45) ダイデモ　トシ　{トレ<u>バ</u>／トリャー／トイ<u>ギー</u>}　グアイノ　ワイコー　ナイトヨ
（誰でも　年　取ると　具合が　悪く　なるのよ）
(46) アイケー　{イケ<u>バ</u>／イ<u>キャー</u>／イク<u>ギー</u>／イク<u>ギーナー</u>／イク

15　=cjuuto //=to=juu=to// =QUOT 言う =COND

チュート} イツモ ヨカモンノ デトイモス

(あそこへ 行くと いつも よいものが 出ています)

(47) ムカシャー イネカイガ {スメバ／オワリャー／オワイギー} ヨカモンバ クーヨッタドー

(昔は 稲刈りが すむと よいものを 食べていたよ)

(48) アサ {オキリャ／オキタナラ} トナリー イク

(朝 起きると 隣に 行く)

(49) バンニ ツメ {キリャー／キーギー} オヤノ シニメー アワンドー

(晩に 爪切ると 親の 死に目に 合わないよ)

=nara は、(48)を除き観察されなかったが、=nara が総称的条件文に現れにくいのは、標準語の場合と一致する。

里方言で注目すべきは、=tookjaa の使用が難しいという点である。=tookjaa を「=toki=wa」のように分析するなら、「朝早く起きた時は散歩する」「昔は稲刈りが終わった時は、皆で宴会したものだ」のような習慣的事態を表すトキワに対応する =tookjaa があってもよさそうであるが、里方言の =tookjaa は習慣的事態を含め、総称的条件文に現れることが難しい。この点については、節を改めて考察する。

4.6. 事実的条件文

過去に事実として成立した事態を関連づけて述べる条件文を事実的条件文と呼ぶ。3.2 節でも述べたように先行研究では偶然確定条件と呼ばれていて、典型的には (50)(51) のような文である[16]。

(50) 男は店に入るとレジに進んだ。

(51) 手紙を出したらすぐに返事がきた。

(50) は連続する動作を観察したそのままに述べる文で、このような文は標準語ではトが自然である。(51) は条件節事態の行為者（主語）がその行為

---

16 「庭には桜もあれば梅もあった。」のようなバによる並列構文は、里方言では条件形式で表現するのは難しいようである。

を行う時点では主節の事態が成立することを予見していなかったことを暗示する文で、標準語ではタラまたはトが現れる[17]。

里方言では、過去の一回的な事実を表すのに -ta(i)ba が現れる。事実的条件文の環境にしか現れないことは注目に値する。

(52) アノオトカー　ミセー　{イッタバ／イッタイバ}　イッキー　レジンホーサミェー　イッタドー
　　　（あの男は　店に　入ると　すぐに　レジの方へ　行ったよ）

連続動作でない場合は、インフォーマントによっては =gii を容認することもあり、その場合は、-ta=gii となる。=tookjaa を選択する話者も 1 名いたが、一般的ではないと思われる。

(53) ソケー　{イタイバ／イッタバ／％イタトーキャー／％イッタギー}
　　　モー　スンドッタ
　　　（そこへ　行ったら　もう　すんでいた）

(53)に比べ(54)の例では、-ta=gii の容認度がさがる。これは前件後件間の時間的関係の違いによるものと思われる。(53)は、話者がそこに行った時点で、会が終了した状態であることに気づいたことを述べた文である。後件の状態は前件が成立する前、つまり、話者がそこに行く前から続いていたとみなされる。(54)は、手紙を出した後返事がきたのであり、前件と後件の成立の間には時間が経過している。このような場合には、=gii が容認されにくいようである。

(54) テガミバ　{ダシタイバ／ダータバ／ダシタバ／ダータイバ／
　　　％?ダシタギー／％?ダータギー}　イッキー　ヘンジン　キター
　　　（手紙を　出したら　すぐに　返事が　きた）

前件と後件の時間的関係について、別の例でも確認したい。

(55) イセーデ　{キタイバ／キタバ／クイギー}　ワスレモン　シタ
　　　（急いで　来たら　忘れ物　した）

17　条件表現において日本語と共通点の多い韓国語においても、このような用法については、仮定条件形式の -myon ではなく原因・理由を表す -ni, -nikka が現れるという（鄭聖汝氏（大阪大学）のご教示による）。

(56)　イセーデ　{デタイバ／デタギー／デタナラ}　ワスレモン　シタ

　この例は、あわてて家を出るのと忘れ物をするのが同時、あるいは忘れ物をした状態で家を出ることになったことが述べられているので、前件と後件の間の時間的関係は、(54) よりも (53) に近く、比較的ギーが容認されやすい。このように見てくると、=gii は、少なくとも事実的条件文においては、<u>前件と後件が時間的先後関係にない方が容認されやすい</u>、ということが言えそうである。尚、今回のインフォーマントではないが、(54)(55) で男性 (1950 年生) による「ダセバ、クリャー」など e 語幹 -ba の使用が確認されている。

5.　形式の分布と変化の方向性

5.1.　里方言の条件形式の分布

　里方言においては、認識的条件文を除き、e 語幹 -ba が広く分布している (表 4 参照)。認識的条件文を主に表す =nara についても、しばしば -ba が後続することから、里方言ではいわゆる順接仮定条件と呼ばれる接続を広く -ba が担っていた可能性が高い。そこから =nara や =gii、=tookjaa などの各形式がそれぞれの表現性を持って使用領域を発達させ、条件形式としての機能を分化させてきたものと考えられる。とすれば、それは、中央語における条件表現の発達・分化と並行的に比較することも可能であろう。

表 4　里方言の条件形式の分布（まとめ）

		e-ba	=nara	=tookjaa	=gii	=ta(i)ba	=cjuuto
総称的条件文		✓	(-ta)		✓		✓
予測的条件文	認識タイプ	✓	✓	✓	✓		
	状況タイプ	△	✓	✓	△		
認識的条件文	A	-tor	✓	-toQta			
	B		✓				
	C		✓				
反事実的条件文		✓			✓		
事実的条件文		△		△	✓		

5.2. -tara に代わる形式としての =nara/-ta(i)ba

　標準語と比較して特徴的な点は、-tara が発達していないことである。現代標準語において用いられる -tara は、主に予測的条件文と事実的条件文に用いられるが、冒頭で述べたように、予測的条件文に用いられる -tara は -tara-ba を、事実的条件文に用いられる -tara は -tare-ba を由来とし、それぞれ成立の背景（と時期）が異なることが指摘されている（小林 1996 等）。標準語においては、結果的に -tara という同形で表現されているが、この 2 つが同形である必然性はないということである。

　里方言においては、予測的条件文（仮定）で標準語において -tara が担う部分（小林 1996 で言われる完了性仮定）には -ta=nara が、事実的条件文（確定）でのそれは -ta(i)ba が発達しており、仮定と確定が形式によっても区別されている。ここから中央語とは異なる発達過程が見えてくる。

　中央語におけるナラの発達の歴史を辿ると、仮定表現を広く担っていた a 語幹 -ba が衰退しはじめ =nara-ba（や -tara-ba）が条件形式として発達を始めた室町後期には、=nara-ba による完了性仮定での使用が多く見られることが指摘されている（矢島 2013）。その後、中央語では完了を明示するのに -ta=nara ではなく -tara を選択していく。この変化はすでに近世中ごろには起こっていたと見られ（矢島 2013）、条件節が主節に対し先行するという相対的時間関係が -ta という形式で明示されるようになったと言える。

　一方、里方言の予測的条件文には e 語幹 -ba が広く分布し、-ta=nara が現れるのは、4.2 節で言及したように、主節が状況タイプのモダリティの場合、すなわち、主節述語によって表される事態との時間関係を明示する必要がある場合に限られる。里方言では未来における完了性（「完了性仮定」）は、必ずしも -ta によって明示される必要はないのである。

　もう一つの形式 -ta(i)ba であるが、里方言では、kore>koi、sore>soi のような re>i の対応がある場合が見られること、また事実的条件文であること、などをふまえれば、-ta(i)ba は -tare-ba を由来とすると考えてよい（森・平塚・黒木（編）2015）。-ta(i)ba に関して興味深いのは、いわゆる必然確定（原因・理由文）において、中心的形式である =dee ではなく稀にこの -ta(i)ba が

現れることである。ただし e 語幹 -ba では原因・理由を表すことはできないようである。

(57)　ウーアメノ　{フッタイバ／??フレバ}　フネン　デンヤッタ
　　　（大雨が　降ったので　船は　出なかった）

中央語では、元々広く順接確定条件を表していた e 語幹 -ba が、いわゆる偶然確定のみにタラの形で残存し、必然確定はカラやノデなど他の形式に置き換わっていく。必然確定に現れる -ta(i)ba は、里方言においても中央語と同様に元々 e 語幹 -ba が順接確定条件に広く用いられていたことを示唆する。そして、偶然確定には e 語幹 -ba に由来する形式として -ta(i)ba が残り、必然確定では =dee への交替が進んでいるが、僅かに e 語幹 -ba の名残として -ta(i)ba が必然確定にも残存している、という過渡的状況であると考えられる。

5.3.　=gii, =tookjaa の発達―条件性と限定性の接点―

条件を表す =gii は、九州方言に特有の形式で、形式名詞ギリに由来すると考えられている（藤田 2003）。条件形式として用いられるようになった背景には「限定性」が関わっていると考えられる[18]。=tookjaa も、「toki（時）+ wa」に由来することから、「こういう場合には」というニュアンスを強く持つ。里方言において条件表現として発達している形式が共にある特定の事態を限定する意味を有するのは注目に値する[19]。

=tookjaa は予測的条件文にのみ分布する（表 4）。e 語幹 -ba の使用が制限される主節が状況タイプのモダリティの場合にも問題なく使用できることに注目されたい。4.5 節でも述べたように、その由来からすれば、習慣的事態を表してもよさそうであるが、不自然であること、また、5.2 節でも述べたように、事実的条件文には確定の e 語幹 -ba に由来する -ta(i)ba が残ってい

18　=gii の条件形式としての発達については、別稿にゆずる。

19　条件文の代表的な意味論的研究の 1 つである Kratzer（1986）では条件節（if）を「オペレーターのドメインを制限する」ものと捉えていることを考慮すると、ギーが本来持つ限定という意味により条件節としての機能を果たすに至ったと考えられる。

るということを考慮すると、里方言の =tookjaa は、e 語幹 -ba が現れにくい「隙間」を埋める形で発達してきたと言えるのではないか。

　一方の =gii であるが、九州の地域によってその使用域が大きく異なることが知られている。佐賀県では唐津地方以外で条件表現として優先的に幅広く使用されているが、同じ佐賀県の中でも、県西部の武雄市では認識的条件文の C タイプにも現れる（三井 2011）一方で、県東部の佐賀市及びその隣接地域では認識的条件文での使用が限定されている（有田・江口 2010）。

　佐賀県東部地域で注目されるのは、予測的条件文の一部で =gii が現れにくい場合があるという観察である（有田 2016）。主節のモダリティ制約だけでは解決できないことは以下の対立からも明らかである。

(58) *エキニ　ツクギー　デンワシテ（駅に　着いたら　電話して）

(59) 　モシ　サノセンセーニ　アウギー　ヨロシュー　ツタエトッテ
　　　（もし　佐野先生に　会ったら　よろしく　伝えておいて）

=gii が可能な(59)に「会う場合」と「会わない場合」が想定されるのに対し、不自然な(58)の通常の解釈には「駅に着かない場合」は想定されない。=gii が比較的優先的に使用される地域においても、複数の選択肢のうちから選ぶ（限定）というのでないと =gii は使いにくい（有田 2016）。

　佐賀よりも =gii の使用域が狭い里方言では、この傾向がさらに強く、「重大な結果を予想するような含み」という上村（1998）の指摘のように、文全体が警告を暗示する場合と、反事実的条件文の場合には =gii が選ばれやすい。里方言の「P ギー Q」は常に「P でない場合は Q でない」という含みを伴うと言える。

　さて、自然言語の条件文「P ならば Q」にしばしば付随するとされる「P でない場合は Q でない」という解釈は、「誘導推論」（Geis and Zwicky 1971）と呼ばれ、条件文の意味（真理関数的意味）ではなく会話の含意（坂原 1985/2007: 110–111）とされている。里方言における =gii の使用は、この誘導推論が強く喚起されるような場合に使用が限定されると捉えられる。=gii が本来持つ「限定」の意味と無縁ではなく、前件が成立した場合に後件が成立するというよりも、<u>後件の成立がその状況に限られること</u>を表すのを本務

とするからだと考えられる[20]。

6. おわりに

　里方言の順接仮定条件表現は、標準語との比較で言えば、-tara が発達していないということになるが、それ自体は、里方言に限らず、九州方言で広く見られる現象である。里方言に顕著なのは、=nara も決して優位な位置を占めているとは言えないという点である。里方言の =nara は、e 語幹 -ba が現れにくい認識的条件文と予測的条件文の一部には分布するが、少なくとも今回の調査では、e 語幹 -ba が現れる反事実的条件文には現れにくく、両形式の機能分化が見られた。この機能分化が何に動機づけられるのかについては、文献資料も含め、さらなる調査が必要であり、今後の課題としたい。

参考文献

有田節子（2007）『日本語条件文と時制節性』くろしお出版
有田節子（2016）「条件文の時制とモダリティの意味論――方言条件形式「ギー」をめぐって――」日本言語学会第 153 回大会シンポジウム「方言研究から言語研究へ」
有田節子・江口正（2010）「佐賀方言の条件節における時制の機能について」2010 年日本語学会秋季大会
上村孝二（1998）『九州方言・南島方言の研究』秋田書店
木下正俊（1972）『万葉集語法の研究』塙書房
国立国語研究所（編）（1989 〜 2006）『方言文法全国地図』国立印刷局
国立国語研究所共同プロジェクト「方言の形成過程解明のための全国方言分布調査」
　　（www2.ninjal.ac.jp/hougen/dp/fpjd/FPJD-Db-2018-02-28）
小林賢次（1996）『日本語条件表現史の研究』ひつじ書房
阪倉篤義（1958）「条件表現の変遷」『国語学』33
阪倉篤義（1993）『日本語表現の流れ』岩波書店
坂原茂（1985/2007）『日常言語の推論』東京大学出版会

20　九州諸地域による =gii の分布の差は、その限定を表すという意味機能の希薄化（「文法化」）の過程として捉えることができると考えられるが（有田 2016）、それについては別稿に委ねたい。

藤田勝良（2003）『日本のことばシリーズ41　佐賀県のことば』明治書院
前田直子（2009）『日本語の複文——条件文と原因・理由文の記述的研究——』くろしお出版
松下大三郎（1928）『改撰標準日本文法』紀元社
三井はるみ（2009）「条件表現の地理的変異——方言文法の体系と多様性をめぐって——」『日本語科学』25
三井はるみ（2011）「九州西北部方言の順接仮定条件形式「ギー」の用法と地理的分布」『國學院雑誌』112-12
森勇太・平塚雄亮・黒木邦彦（編）窪薗晴夫（監修）（2015）『甑島里方言記述文法書』大学共同利用機関法人　人間文化研究機構連携研究「アジアにおける自然と文化の重層的関係の歴史的解明」サブプロジェクト（研究代表者・窪薗晴夫）「鹿児島県甑島の限界集落における絶滅危機方言のアクセント調査研究」研究成果報告書、国立国語研究所
矢島正浩（2013）『上方・大阪語における条件表現の史的展開』笠間書院
Arita, Setsuko（2011）'Review: Paul Portner, *Modality*' *Studies in English Literature* 52.
Geis, M. L. and A. M. Zwicky（1971）'On invited inferences' *Linguistic Inquiry* 2.
Kratzer, Angelika（1986）'Conditionals' *Chicago Linguistics Society* 22-2.
Portner, Paul（2009）*Modality*. Oxford University Press, Oxford.

IV.
甑島の外に広げる

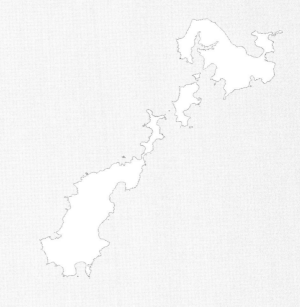

授与動詞「くれる」と敬語体系
―― 甑島・北薩方言における運用から ――

森勇太

キーワード：遠心的用法、求心的用法、尊敬語、丁寧語

要旨

　標準語において、「くれる」は求心的用法（話し手以外の人物から話し手への授与・授益）でしか用いられないが、諸方言では遠心的用法（話し手から話し手以外の人物への授与・授益）でも用いられることがある。本稿では、鹿児島県甑島方言、北薩方言における、「くれる」の上位者に対する遠心的用法の地域差を、敬語体系との相関という観点から調査した。上位者への遠心的用法は、敬語がほとんど使用されない甑島長浜方言で安定的に見られ、また甑島手打方言の一部の話者・構文でも用いられていた。敬語を尊敬語・丁寧語ともに使用し、その義務性も高い甑島里方言でも一部の構文・話者に「くれる」の上位者への遠心的用法が見られたが、これは、九州方言における聞き手敬語への傾斜の中で、丁寧語で発話場での配慮を果たしていれば、話題の人物の上下関係は重要でなくなる変化と捉えられる。

1.　はじめに

　標準語の授与動詞「くれる」は、表す授与の方向性に制限がある。話し手以外の人物から話し手への授与を「求心的用法」、話し手から話し手以外の人物への授与を「遠心的用法」と呼ぶことにすると（日高 2007）、「くれる」は (1a) のように求心的用法で用いることはできるが、(1b) のように遠心的用法で用いることはできない。

(1)　a.　　太郎が私にプレゼントをくれた。［求心的用法］
　　　b.　＊私が太郎にプレゼントをくれた。［遠心的用法］

しかし、この制約は、現代日本語諸方言に一律のものではなく、遠心的用法が容認される方言もある（日高 2007）。

本稿では、その遠心的用法の運用のあり方も全国一律ではなく、地域差が存在することを示す。本稿で注目するのは待遇的な側面、つまり、授与の与え手と受け手の上下関係である。甑島を含む鹿児島県薩摩地方内において、このような「くれる」の遠心的用法の運用には地域差が存在する。筆者が調査したところでは、目上の人物から目下の人物への授与でのみ遠心的用法が認められる地域と、目上から目下へ、目下から目上へという上下関係に関わらず遠心的用法を用いることができる地域がある。なお、「くれる」の実現形は方言ごとに異なっているが、本稿では理解の便を図るため、「くれる」の表記で統一する[1]。

(2) a. 〔夫→妻〕「私が山田さん（目上の人物）におみやげをクレタドー。」
　　　　　　　　　　　　　　　　　　　　　　［鹿児島県薩摩川内市甑島・長浜方言］
　　b. *〔夫→妻〕「私が山田さん（目上の人物）におみやげをクレタドー。」
　　　　　　　　　　　　　　　　　　　　　　［鹿児島県薩摩川内市（本土）方言］

本稿では、「くれる」の上位者[2]への授与を表す遠心的用法に地域差が生じる理由について、敬語体系との関連に着目して考察したい。結論を先に述べると、「くれる」の上位者への遠心的用法を持つ地域には、敬語が義務的でなく不活発である地点、あるいは、尊敬語（本書収録の松丸(2019)の主格尊敬接辞）・丁寧語（丁寧接辞）を義務的に用いる地点、のいずれかで、敬語のあり方と授受動詞の意味変化が関連していることを示す。

本稿の構成は以下の通りである。2節では先行研究、および『方言文法全国地図』から、「くれる」の運用の地域差について考え、併せて授与動詞の運用と関連の深い敬語体系についても概観する。3節では甑島・北薩（薩摩川内市・いちき串木野市）方言の「くれる」の運用と敬語体系について述べ

1　各地方言の例文は問題となる部分のみを方言形で記述し、カタカナで示す。

2　本稿では、授与の与え手と受け手のうち目上（上位）の人物を「上位者」、目下（下位）の人物のことを「下位者」と言う。単に目上・目下というときには、話し手から見た「目上」「目下」の関係のことを言う。

る。4 節では、「くれる」の意味変化と敬語体系の相関について考える。最後の 5 節はまとめである。

2. 全国分布から見る「くれる」の運用

2.1. 「くれる」の方向性と分布

日高（2007）では、『日本言語地図』のデータから作成された「授与動詞総合地図」が提示されている。これを参照すると、九州東岸から関東地方にかけての地域では、遠心的用法で用いる動詞と求心的用法で用いる動詞が区別されており、多くの方言で、遠心的方向は「やる」、求心的方向は「くれる」を用いる。一方で、九州南部や東北地方では、遠心的方向性と求心的方向性が区別されず、どちらも「くれる」を用いる地域が見られる。ただし、『日本言語地図』で調査されている遠心的方向性の場面は、「友達に」たばこを授与するものであり、目上の人物に対する授与ではない。この点で、目上の人物に対する遠心的方向の授与については、さらに追究する余地がある。

2.2. 「くれる」が上位者に使える地点
2.2.1. 地理的分布

まず、『方言文法全国地図』（以下 GAJ とする）のデータから、「くれる」が上位者への遠心的用法を持つ地点を確認する。GAJ では上位者への授与・授益[3]を申し出るときが調査されており、319・320 図で地図化されている。まず、当該の質問文を（3）に示す。

(3) a. 319 図：「土地の目上の人にむかって、ひじょうにていねいに」「これをあなたにあげましょう」というとき。

---

3 同様に、補助動詞「〜てくれる」は話し手が事態から利益を受けたときは用いられるが、話し手が他の人物や事態に利益や影響を及ぼしたときは用いることができない。これも、授与のときと同様、求心的方向の利益には「くれる」を用いることができるが、遠心的方向の利益には用いることができないと考えておく。
　[i] a. 太郎が私に忘れ物を届けてくれた。［求心的用法］
　　 b.＊私が太郎に忘れ物を届けてくれた。［遠心的用法］

b. 320図:「土地の目上の人にむかって、ひじょうにていねいに」「その荷物は、私が持ちましょう」というとき。

319・320図の略図を図1に示す。数は多くないが、「くれる」を用いた回答が見られる地点が存在する。特に東北地方北部、新潟・山梨・長野・群馬といった関東の周辺地域、および九州南部にまとまった分布がある。

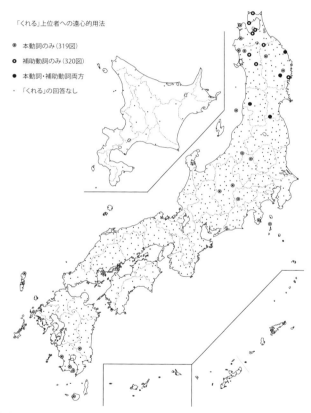

図1 上位者への遠心的用法で「くれる」を用いる地域（GAJ319・320図）

2.2.2. 敬語体系との相関

「くれる」の運用の変化が敬語の運用と関連しているのではないかということは、先行研究において指摘がある（日高 2007、森 2011）。これらの地点における敬語体系との関わりについて、同様に GAJ のデータを用いて考察する。GAJ の敬語に関する項目の質問文は以下の通りである。

(4) 場面：土地の目上の人に向かって、ひじょうにていねいに言うとき。
　　a.　271 図「ひと月に何通手紙を書きますか」
　　b.　275・276 図「どこへ行きますか」
　　c.　278・279 図「あしたここに来ますか」
　　d.　281・282 図「今日は家にいますか」
　　e.　287・288 図「あの事件を知っていますか」
　　f.　291・292 図「あなたは、ふだん、パンを食べますか」
　　g.　293・294 図「あなたは、今、何と言いましたか」

GAJ319・320 図において「くれる」が回答された地域で、(4) の敬語に関する項目の回答を調査し、表1（次頁）にまとめた（敬語の認定は GAJ による）。表1から、「くれる」の上位者への遠心的用法を持つ地点の敬語体系を確認すると、大まかに2つの傾向が見える。一つは、○・☆の記号が多く敬語が不活発な地域、もう一つは★の記号が多く、敬語が活発に用いられる地域である。

まず、東北地方北部、および新潟・山梨・長野・群馬といった関東地方の周辺部を見ると、敬語があまり用いられていないように見える。例えば、宮城県刈田郡七ヶ宿町方言では、319 図（本動詞）・320 図（補助動詞）でともに「くれる」の遠心的用法が回答されている。(4) に挙げた敬語の調査に対しては、敬語が用いられていない形式が回答されている。回答を (5) に示す。

(5) a.　［319 図］ケッカラッサ [kekkarassa]
　　　　［320 図］モッテケペッサ [mottekepessa]
　　b.　［271 図］カッカッサ [kakkassa]（○）　　（宮城県刈田郡七ヶ宿町）

189

表1 「くれる」上位者への遠心的用法回答地点における敬語の回答

構文	回答	県名	地点	271 書く	275 276 行く	278 279 来る	281 282 いる	287–290 知っている	291 292 食べる	293 294 言う
補	モッテケルステ	青森県	下北郡大畑町	○☆	☆	☆	☆	○☆	☆	☆
本	ケマス	青森県	東津軽郡三厩村	☆	☆	○	☆	☆	☆	☆
補	モッテケルシテニシ	青森県	下北郡脇野沢村	○	○	○	○	☆	●	○○
補	モテケラネ	青森県	東津軽郡平内町	○	○	○	○	—	○○	○○
本	クレルヨ	青森県	西津軽郡鰺ヶ沢町	☆	☆	☆	○	☆	○	☆
補	モテケラハデ	青森県	青森市	—	☆	☆	○	○	○○	○
補	モッテケルスケ	青森県	三戸郡田子町	★○	★●	★○	○★	○★	☆★★	○★
本 補	ケルガラ モッテスケッカラ	岩手県	江刺市	○☆	○☆	○☆	○☆	○☆	○☆	○☆
本	ケアンスペ	岩手県	遠野市	☆	○	○	☆	☆	☆	☆
本	クレマショー：ケマショー	岩手県	岩手郡松尾村	☆	★	★	★	○	○	○
本 補	ケベーンシカ：モッテケベーシカ	岩手県	下閉伊郡田野畑村	☆	☆	○	○	—	☆	☆
補	モッテケルガラ	岩手県	大船渡市	☆	☆☆	★	☆	○	○★	☆
補	モッテッテケルンス	秋田県	北秋田郡鷹巣町	○○	☆●	○○★	○☆	○○	☆☆	☆
本	ケラーイ	秋田県	山本郡八森町	☆	★	○○	☆★	○	★	○
本	ケッテ：ケライ	秋田県	山本郡藤里町	○	○	○○	○	○	○	○
補	モッテテヅダッテケロガ	秋田県	仙北郡西木村	☆☆	☆☆	☆	☆	☆	○○	○
本 補	ケッカラッサ：モッテケペッサ	宮城県	刈田郡七ヶ宿町	○	○○	○	○	○	○	☆
本 補	クレル：モッテクレッガ	山形県	東田川郡朝日村	○	○	○	○☆☆	○	○☆	○
本	クレル	新潟県	岩船郡粟島浦村	☆	○	☆	○	☆	○	○
本	クレルカラナー	新潟県	南魚沼郡六日町	○○○	○	○	○	○	○	○
本	クレベー	群馬県	利根郡片品村	○	○	—	○	○	○	○
本	クレルヨ	長野県	茅野市	○	○	○	○	○	○	○
本	クレズワ	長野県	木曽郡開田村	○	○	○	○	○○	○	○
本	クレルニ	山梨県	南巨摩郡早川町	○	○	●	●	○	○	○
本	クレマスヨ	静岡県	賀茂郡松崎町	☆	☆	☆	☆	☆	☆	☆
本	クレロニ	東京都	大島支庁利島村	○	○	○	○	○	○	○
本	クレマショー	長崎県	上県郡上対馬町	☆	☆	★	★	★	★★	★
本	クレンヒガ	宮崎県	西諸県郡高原町	★	★★★	★	○	★★	★★	★
本	クレモンデ	鹿児島県	串木野市	★	★	★	★	★	★	★
本	クエモンゲ	鹿児島県	揖宿郡喜入町	☆	○	★☆	★	●☆	●	★
本	クレモッゼ	鹿児島県	揖宿郡頴娃町	●	○	★	★	★	★	★
本	クンガ	鹿児島県	熊毛郡屋久町	○☆	●	●	○	○	○	○

〈凡例〉○：尊敬語なし・丁寧語なし、●：尊敬語あり・丁寧語なし
☆：尊敬語なし・丁寧語あり、★：尊敬語あり・丁寧語あり

また、青森県三戸郡田子町では、標準語形の尊敬語・丁寧語が用いられているものの、敬語を用いない形式も回答されている。
（6）a. ［320 図］モッテケルスケ [moQtekerüsükjɛ]
　　　b. ［271 図］オカキニナリマスカ [okakïnïnarïmasüka]（★）
　　　　／カグエ [kagüe]（○）　　　　　　　　　（青森県三戸郡田子町）

　このような地域では、尊敬語が運用上義務的でなく、敬語を用いない言い方も許容されていると考えられる。丁寧語を用いた回答は、青森県下北郡大畑町、秋田県仙北郡西木村等では標準語的と内省されており、やはり義務性は低いと考えられる。この傾向は、同様の回答パターンを示す鹿児島県熊毛郡屋久町にもあてはまると思われる。

　一方、九州南部には尊敬語（ヤル類等）・丁寧語（モス類、ス・ヒ類等）を持つ地域が多い。例えば鹿児島県串木野市の回答では、すべての回答で(7b)のように尊敬語（ヤル類）・丁寧語（モス類、ス・ヒ類等）が用いられている。
（7）a. ［319 図］クレモンデ [kuremonde]
　　　b. ［271 図］カキャンスカ [kakjaz̃suka]（★）　　（鹿児島県串木野市）

　このように GAJ から、「くれる」の上位者への遠心的用法を持つ方言では、敬語が義務的でなく不活発な地域と、敬語が尊敬語・丁寧語ともに義務的で活発に用いられる地域に分かれる。これは、「くれる」の運用とどのような相関があると言えるのだろうか。GAJ の調査は「くれる」を用いた回答の容認度について調査したものではないため、その他の地点でも、「くれる」を用いた回答が許容される可能性がある。本稿では、この相関についてより詳細に明らかにするために甑島諸方言および北薩方言における「くれる」の上位者への遠心的用法と敬語体系を調査した。甑島諸方言間では敬語の地域差があることが知られており、「くれる」の運用と敬語の類型との関係を考えるうえで絶好のフィールドと言える。

3. 甑島・北薩方言の「くれる」と敬語体系

3.1. 調査の概要
3.1.1. 調査地点

本稿では、甑島内4地点、および九州本土・北薩方言の薩摩川内市・いちき串木野市方言を調査した。甑島内の調査地点は里（上甑島）、平良（中甑島）、長浜・手打（下甑島）である。

図2　調査地域（囲み）　　図3　甑島の調査地域（囲み）

2004年に薩摩川内市に合併されるより前に、甑島列島には里村、上甑村、鹿島村、下甑村の4村があった。近世期には里・中甑・手打に地頭仮屋（地域の政庁）が置かれ、士族が多く居を構えていた。その名残で里は上甑島の中心的な地区として発展し、人口も旧4村の中で最も多い。中甑島の唯一の集落である平良(旧上甑村)、および下甑島の長浜は漁業を主要産業としている集落である。手打は旧下甑村の役場が置かれており、里・中甑と同じように敬語が用いられるとされているが、全域で活発に用いられるものではないようである。

3.1.2. 話者

表2に話者の情報を示す。特記のない方は当地の生まれで、1年以上の外

住歴がない方である。調査は2012年から2016年にかけて行った。話者の生年はすべて10年おきの年代（1930は1930年代生）で示している。

表2　インフォーマント一覧

地域	ID	性	生年	1年以上の外住歴
里	F11	女	1930	15歳から4年間いちき串木野市に在住
	M12	男	1920	―
	M13	男	1920	―
	M14	男	1920	16歳から1年間中国南京に在住
	M15	男	1930	―
平良	M21	男	1930	25歳から4年間愛知県に在住
	M22	男	1940	―
長浜	M31	男	1930	―
	F32	女	1930	28歳から25年間長崎県に在住
	F33	女	1940	16歳から10年間愛知県，福岡県，大阪府に在住
手打	F41	女	1920	17歳から10年間兵庫県，大阪府，熊本県に在住
	F42	女	1930	―
	M43	男	1930	5歳から3年間鹿児島市，22歳から25歳まで兵庫県に在住
薩摩川内	M51	男	1920	―
	M52	男	1940	32歳から66歳まで出水郡長島町，鹿児島市，指宿市，熊毛郡屋久島町，霧島市，鹿屋市に在住
	F53	女	1940	22歳から7年間大阪府に在住
	F54	女	1940	8歳まで大阪府に在住
	F55	女	1920	36歳から5年間薩摩川内市甑島，出水郡に在住
いちき串木野	M61	男	1920	23歳から10年間阿久根市・薩摩川内市，46歳から現在まで薩摩川内市，薩摩川内市甑島，鹿屋市，志布志市，国分市に在住
	M62	男	1940	―

3.1.3. 調査文

調査文は、(8)の3つの条件を組み合わせて8つの文を設定した。

(8) a. 物の授与を示す本動詞の文と、事柄によって利益を与えること（授益）を示す補助動詞の文。

b. 直接、授与の相手（補助動詞の場合は利益の受益者）に対して話す場面（以下、聞き手待遇場面）と、授与の相手（利益の受益者）が発話場におらず、配偶者に授与（授益）の事柄を伝える場面（以下、第三者待遇場面）。
　　c. 授与の相手（利益の受益者）が目下か、目上か。

これらの観点から設定したのが、表3の調査文である。インフォーマントには以下の遠心的用法についての調査文で「くれる」を使うことができるか尋ねた[4]（「太郎」は子どもの仮名、「山田さん」は目上の人物の仮名）。以下、甑島方言、北薩方言の順に結果を示す。

表3　調査文とその設定

	構文	場面	聞き手	例文
[a]	本動詞	聞き手待遇	太郎（子）	「おまえにこの{お菓子／本}をあげるよ」
[b]	本動詞	第三者待遇	配偶者	「さっき太郎にこの{お菓子／本}をあげたよ」
[c]	補助動詞	聞き手待遇	太郎（子）	「おまえの家事（仕事等）をやってあげるよ」
[d]	補助動詞	第三者待遇	配偶者	「太郎の家事（仕事等）をやってあげたよ」
[e]	本動詞	聞き手待遇	山田さん（上位者）	「あなたに（旅行の）おみやげ（あるいは本など）をあげます」
[f]	本動詞	第三者待遇	配偶者	「さっき山田さんに（旅行の）おみやげ（あるいは本など）をあげたよ」
[g]	補助動詞	聞き手待遇	山田さん（上位者）	「代わりに（仕事・作業等を）やってあげます」
[h]	補助動詞	第三者待遇	配偶者	「代わりに（仕事・作業等を）やってあげたよ」

3.2. 甑島方言

甑島方言話者への調査結果を表4に示す。

---

[4] 例文によっては、インフォーマントが場面を想起しやすくするため、人物の上下や場面等の調査意図を変更しない程度で、授与の対象物や授与の相手、文末の形式（「おいで、このお菓子あげるから」とする等）、動詞などを変更したところがある。

授与動詞「くれる」と敬語体系

表4　甑島方言話者の「くれる」遠心的用法

文脈	構文	待遇	授与・授益の相手	聞き手	里					平良		長浜			手打		
					F11	M12	M13	M14	M15	M21	M22	M31	F32	F33	F41	F42	M43
[a]	本	聞き手	下位者	下位者	○	○	○	○	○	○	○	○	○	○	○	○	○
[b]		第三者		配偶者	○	○	○	○	○	○	○	○	○	○	○	○	○
[c]	補助	聞き手		下位者	○	○	○	○	○	○	○	○	○	○	○	○	○
[d]		第三者		配偶者	○	○	○	○	○	○	○	○	○	○	○	○	○
[e]	本	聞き手	上位者	上位者	×	×	×	○	×	×	×	○	○	○	○	×	×
[f]		第三者		配偶者	×	×	○	○	×	×	×	○	○	○	×	×	×
[g]	補助	聞き手		上位者	×	×	×	×	×	×	×	○	○	○	○	○	○
[h]		第三者		配偶者	×	×	○	○	○	×	×	○	○	○	○	○	○

（○：使用できる、×：使用できない）

　甑島方言では、上位者から下位者に対する「くれる」の遠心的用法はすべての地域・構文で安定して容認される。しかし、下位者から上位者への用法については地域差が見られる。

　里方言では、F11・M12のように全く上位者への遠心的用法を許容しない話者もいれば、M13・M14・M15のように上位者に対して一部遠心的用法を用いる話者も存在する。遠心的用法を用いる話者も構文ごとの文法性判断はさまざまであり、明確にどのような文で容認されやすいか、という傾向は今のところ見受けられない。回答を（9）に示す。

(9) a.　私が山田さんに本をクイタドー　　　　　　　　　　　（M13）
　　b.　私が山田さんの仕事をシテクイタドー　　　　　　　　（M15）

　また、上位者への授与・授益場面での回答は必ずしも「くれる」を用いた回答がまず出るわけではなく、アゲル、ヤル等の回答が見られることが多い。話者の意識の中でも「くれる」は上位者から下位者への授与で用いるものと述べる話者が多い[5]。このことから基本的な運用は話者F11、M12の運用であると考えられる。

　平良方言では、上位者への遠心的用法は全く許容されなかった。

　一方、長浜方言では、上位者への遠心的用法は構文・場面に関わらず容認される。

5　なお、里の中での地域差を見ても、F11、M12はともに旧士族の住んでいた地域の人物であるが、M13も同様であるので、明確な地域差と言えるかどうかはまだわからない。

(10) a. ［聞き手待遇場面、上位者に］おみやげをクィユレー【くれよう（＝あげよう）】　　　　　　　　　　　　　　　　　　　　　　（F32）
b. ［聞き手待遇場面、上位者に］私がカワリシテクウェドー【代わりをしてくれるよ（＝代わりをしてあげるよ）】　　　　　　（F32）

手打方言では、F41のようにすべての用法を許容する話者もいたが、F42、M43は一部の用法のみ許容した。

3.3. 北薩方言

北薩方言話者の調査結果を表5に示す。

表5　北薩方言話者の「くれる」遠心的用法

文脈	構文	待遇	授与の相手	聞き手	薩摩川内					いちき串木野	
					M51	M52	F53	F54	F55	M61	M62
[a]	本	聞き手	下位者	下位者	○	○	○	○	○	○	○
[b]		第三者		配偶者	○	○	○	○	○	○	○
[c]	補助	聞き手		下位者	○	○	○	○	○	○	○
[d]		第三者		配偶者	×	×	○	○	○	○	○
[e]	本	聞き手	上位者	上位者	×	×	×	×	×	×	×
[f]		第三者		配偶者	×	×	×	×	○	×	×
[g]	補助	聞き手		上位者	×	×	×	×	×	×	×
[h]		第三者		配偶者	×	×	×	○	×	×	×

（○：使用できる、×：使用できない）

北薩方言においても、下位者への遠心的用法は構文的条件に関わらず用いるとする話者が多い。ただし、M51・M52は、第三者待遇において下位者への遠心的用法は許容しなかった。M52の話者は補助動詞・第三者待遇の用法について、「わざわざそのようなことを言わない」と判断しており、同様の内省はこの用法を容認したF54からも聞かれた。

(11) #私が太郎の代わりに掃除をシテクレタドー　　　　　　　（M52）

この話者には、文法的に必須でない補助動詞構文ではわざわざ受益者を明示して示すことはおしつけがましい言い方と解釈されていると考えられる。北薩方言では、授益行為を言語化することそのものに、甑島方言よりも厳しい制限がかかっていると言える。

次に上位者への遠心的用法について見ると、全体としては、上位者への遠

授与動詞「くれる」と敬語体系

心的用法は容認されていないと言える。ただし、薩摩川内市 F55、いちき串木野市 M62 は、上位者を目の前にしていない第三者場面では「くれる」を用いることもあるという回答が見られた。

(12) a.　山田さんにおみやげをクレカタジャシタ　　　　　　　　(F55)
　　 b.　山田さんの仕事を代わりにシテクレタド　　　　　　　　(M62)

いずれも第三者場面で用いており、上位者を目の前にしてでなければ言える、という回答であった。構文的な条件も異なるので、個人的な変異の段階と考え、全体としては、上位者への遠心的用法は用いにくいものと判断しておく。

3.4. 甑島・北薩方言の敬語

さて、これらの地点の敬語体系はどのようになっているだろうか。GAJと同じ質問文 [(4) 参照] で敬語を調査したところ、表6のような回答が得られた（記号は表1と共通）。どの話者からもほぼ同じ形式が得られたため、方言ごとにまとめて示している。また薩摩川内市といちき串木野市ではあまり違いがなかったので、北薩方言は薩摩川内市の回答を代表で示す。

表6　調査地点の敬語体系

地域	271 書く	275/276 行く	278/279 来る	281/282 いる	287-290 知っている	291/292 食べる	293/294 言う
薩摩川内	★カッキャヒトナ ★カカレマスカ	★オサイジャヒカ ★イカレマスカ	★オサイジャヒカ ☆キガナイヤヒカ	★オサイジャヒカ ★イラッシャイマスカ	★シッチョイヤヒカ	★タモイヤヒカ	★イヤシタケナ
里	★カッキャイモストン	★イッキャイモストン	★キヤイモストン	★オイヤイモストン	★シッチョイヤイモストン	★タモイヤイモストン	★イヤイモストン
平良	○カコットコー	○イクトコー	○クットコー	○オットコー ○オットカナ	○シットトコー	○クットコー	○ユータトコー
長浜	○カクトカナ	○イクトカナ	○クットカナ	○オットカナ ○オウカナ	○ヒットットカナ	○タブットカナ	○(ナン)ツータカナ
手打	○カクトカオ ○カクトカナ	○イコートカオ ○イコートカナ	○クットカオ ○クットナ	○オットカオ ○オットナ	○シットトカオ ○シットトナ	○クートカオ ○クートナ	○(ナン)チュータカオ ○(ナン)チュータカナ

薩摩川内市方言、および里ではすべての質問に対し、★の回答、つまり尊敬語・丁寧語が用いられていた。

(13) a.　カッキャヒトナ（書く‐尊敬ヤル‐丁寧ス＝準体ト＝疑問ナ）
　　　　　　　　　　　　　　　　　　　　　　　　　　　　　（薩摩川内市）
　　 b.　カッキャイモストン（書く‐尊敬ヤル‐丁寧モス＝準体・疑問トン）　　　　　　　　　　　　　　　　　　　　　　　　　　　　　　　　　（里）

一方、平良・長浜・手打ではすべての回答において、敬語が用いられなかった（〇の回答）[6]。

(14) a.　カコットコー（書く‐継続オル＝準体ト＝疑問コー）　　（平良）
　　 b.　カクトカオ（書く＝準体ト＝疑問カ＝文末詞オ）　　　（手打）

以上のことをふまえ、4節では、この点について、敬語体系と通時的変化の観点から解釈を試みる。

4. 「くれる」の変化とその対照

4.1. 甑島内の地域差と敬語体系

2.2.2節、および3節で述べた「くれる」の上位者への遠心的用法と敬語使用の関係を表7に示す。

表7　「くれる」上位者への遠心的用法と敬語使用の相関

地域	南九州	薩摩川内串木野	里	手打	平良	長浜	東北関東（周辺域）
データ	GAJ	今回調査	今回調査	今回調査	今回調査	今回調査	GAJ
「くれる」上位者への遠心的用法	〇	×（個人的変異）	△（個人的変異）	△（個人的変異）	×	〇	〇
敬語使用	尊敬語丁寧語	尊敬語丁寧語	尊敬語丁寧語	×	×	×	×

長浜方言では、「くれる」の上位者への遠心的用法が安定して認められた。

6　ただし、平良方言では尊敬語（主格尊敬接辞）を全く使用しないわけでなく、第三者待遇表現や行為指示文では用いている（森2016）。

長浜方言では敬語が全く用いられておらず、これは 2.2.2 節で見た東北方言・関東周辺域方言との共通性が想定できるものである。手打方言でも「くれる」の上位者への遠心的用法はすべての話者・構文ではないものの一定程度認められた。手打方言でも同様に敬語は用いられておらず、長浜方言と類似している状況にあると言える。

一方、今回の調査範囲では、尊敬語・丁寧語を使用する方言で、「くれる」の上位者への遠心的用法が用いられる方言はなかった。ただし、GAJ の串木野市・宮崎県西諸県郡高原町の回答で上位者への遠心的用法があり、甑島内で敬語を最もよく用いる里方言でも一部の話者・構文で「くれる」の上位者への遠心的用法が見られたことには一定の意味があると考える。この解釈については、4.3 節で述べる。

4.2. 「くれる」の用法の対応

さて、このような「くれる」の運用の変異は、どのような過程を経て成立したと考えられるだろうか。結論から述べると、もともとどの方言でも上位者から下位者への授与・授益という上下関係の意味は持っており、一部の方言では上下関係の意味を失って、上位者への遠心的用法を許容するようになったと考える。その理由としては、(15) の 3 点が挙げられる。

(15) a. 全国的な傾向として、上位者への遠心的用法を用いることのできない方言が圧倒的に多い (2.2.2 節参照)。
b. 中央語の歴史において、古代語 (平安時代) の「くれる」は「上位者から下位者への授与」を表すという意味を持っていた (古川 1995、森 2011)。
c. 今回の調査範囲の鹿児島県南部には、上位者への授与で用いられる謙譲語動詞が用いられていた。

(15c) について、春日 (1931) によれば、里・長浜両方言で、遠心的方向の授与を表す謙譲語 (マラスイ、メースル等) が存在していた。「参らす」を語彙的資源としたもので、以下、「参らす」類と呼ぶ。筆者の調査においても、里方言話者 (1923 年生、女性、表 2 で示した方とは別の話者)、平良方言話

者M22、手打方言話者F41も「参らす」類の謙譲語を用いると回答している。

(16) a.　こいばあぎゃーマラスイ【之を貴方に上げる。】

(里、春日 1931:37)

　　b.　［エサを針につけるのを］かわりにシテマラスッデー　　（M22）

藤原(1978)も九州南部に「参らす」類の謙譲語があったと記録している。これらを考慮に入れると、今回の調査地域には、いずれも過去に上位者への授与を表す敬語があったことが想定される。「参らす」類の敬語があった時代には、下位者から上位者への授与に対しては、敬語を用いて表現していたことが想定され、「くれる」の使用は避けられていたと考えるのが自然である。

ここまで見てきたように、「くれる」の歴史は、存在しなかった上下関係の意味がある時点で成立したと考えるよりも、もともと「くれる」が上位者から下位者へという上下関係の意味を持っていて、方言によって上下関係の意味を失ったと考えるべきであろう。そのほうが、全国的な傾向にも合致し、中央語史とも整合性を持って捉えられる。その観点から、以下、これらの変化の意味を考えたい。

4.3. 敬語体系と変化の関連
4.3.1. 敬語を持たない方言

長浜方言では、「くれる」が「上位者から下位者へ」という上下関係の意味を失っているが、これは長浜方言が待遇性を言語に反映しないようになったために、敬語も用いず、「くれる」の意味にあった上下関係の要件も消失したと考えられる。手打方言でも、一定程度話者が上位者への遠心的用法を許容しているのは、敬語の義務性がなくなっているために、「くれる」の上下関係の要件がなくなりつつある過程と考えられる。

この点は、2.2.2節で述べた東北方言・関東周辺域方言とも共通すると考えられる。東北方言で「くれる」の上位者への遠心的用法を許容する方言のほとんどで敬語は活発ではなく、特に話題の人物に対する敬語（尊敬語）は用

いられない。これらの地点においても、話題の人物に関する待遇的意味を言語表現に反映しない傾向にあるために、もともとあった「くれる」の上下関係の意味も失われ、上位者に対しても遠心的用法が用いられるようになったという過程が想定できる。

4.3.2. 尊敬語・丁寧語を持つ方言

　しかし、前節の説明だけでは、GAJ の調査時点で南九州方言において上位者への遠心的用法が許容される理由を説明できない。また、里方言は甑島の中で最も敬語が意識されている地点であり、義務性も高いが、上位者への遠心的用法を許容する話者が存在する。敬語の義務性が高い方言で「くれる」の上下関係の意味が失われる理由は何だろうか。

　本稿では、これらの方言で、丁寧語の使用が多く見られることを要因の一つと考えたい。九州南部の方言、特に薩摩方言においては「モス」や「ス」等の、標準語とは語形の異なる丁寧語が用いられている。GAJ の回答パターンからもその使用は義務的に見える。このような九州南部方言では、聞き手に対する敬語が用いられていれば、話題の人物の上下関係をあまり言語形式上に表さなくてもよい、という運用の単純化が起こり、「くれる」の「上位者から下位者へ」という上下関係の意味も消失してしまったのではないかという経緯が考えられる。

　九州方言の敬語に関して、並行する現象を挙げておく。甑島・鹿児島県を含む九州西南部域の方言では、疑問文において、目上と目下で用いる終助詞を変えて聞き手敬語的に運用している（森 2016）。平良方言は疑問文において、上位者の動作に主格尊敬接辞を使用しなくてもよいが、聞き手に応じた終助詞の使い分けは義務的である。これらの現象は、敬語の運用が聞き手敬語により傾斜しているためと考えることができる。

　ただし、本稿は、敬語が存在しない方言や尊敬語・丁寧語を活発に用いる方言において、必ず「くれる」の上位者への遠心的用法が成立するということを示しているのではなく、あくまで傾向性の把握にとどまる。敬語をどの程度維持するかという点も方言ごとに少しずつ異なっている。今後記述を進

めることにより、待遇表現の変化に関する言語変化の関連性をさらに明確にする必要がある。

5. まとめ

本稿では、以下のことを述べた。
1) GAJを見ると、「くれる」の上位者に対する遠心的用法は主に東北地方北部、新潟・山梨・長野・群馬等関東の周辺域、および九州地方南部で用いられている。それらの地域の敬語体系を確認すると、敬語が義務的でなく不活発な方言と、尊敬語・丁寧語を持ち義務的に用いている方言がある。[2節]
2) 甑島諸方言と北薩方言で調査したところ、「くれる」の上位者への遠心的用法は、長浜方言で安定して、里・手打方言では一部の話者・用法で見られたが、平良方言では上位者への遠心的用法が見られなかった。北薩方言でも上位者への遠心的用法は用いにくいものと判断される。[3節]
3) 長浜・手打方言では、敬語が用いられないために、「くれる」の上下関係の意味が失われ、上位者への遠心的用法が容認されるようになったと考えられる。一方、GAJ調査当時の鹿児島県本土方言、および里方言で一部見られた「くれる」の上位者への遠心的用法は、当地の敬語の運用が聞き手敬語に傾斜しているために、話題の人物に関する上下関係の意味は重要でなくなり、「くれる」の上下関係の意味も失われたことが想定される。[4節]

標準語の「くれる」が求心的用法に限定されるのは、「上位者から下位者へ」というもともとの上下関係の意味が、話し手を上位に位置づけるのを避け話し手を下位に固定することを通して人称的制約に読み替えられたためとされる（日高2007、森2011）。標準語の「くれる」は待遇的意味の違反を避けるように変化してきたのに対し、東北地方や九州南部といった中央から離れた地域では、敬語がそもそもなくなったり、話題の敬語を用いなくなり、

丁寧語が重要になったりと、尊敬語と丁寧語をともに維持してきた標準語とは異なる変化が起こっている。もちろん、東北・関東周辺域方言や鹿児島県方言等が中央から離れたところに位置し、中央語の規範に沿わない言語変化が進みやすいという事情もあるが、敬語のあり方と授与動詞の待遇的意味は相関して変化するということは認められるだろう。

付記

　本稿は、第 37 回関西言語学会（2012 年 6 月 2 日、於：甲南女子大学）におけるワークショップ「甑島方言から古典語を考える――方言研究との接点を求めて――」での口頭発表をもとに、北薩方言の研究成果を増補したものである。また本稿は人間文化研究機構連携研究「アジアにおける自然と文化の重層的関係の歴史的解明」、平成 28 年度関西大学若手研究者育成支援経費、および JSPS 科研費（25884082、17K13467）による研究成果の一部である。発表や論文化に際してご教示くださったみなさま、ご協力くださった話者のみなさまに感謝申し上げます。

資料

国立国語研究所（編）（2006）『方言文法全国地図』国立印刷局

参考文献

春日政治（1931）「甑島に遺れるマラスルとメーラスル」『九大国文学』2、九大国文学研究会
古川俊雄（1995）「授受動詞「くれる」「やる」の史的変遷」『広島大学教育学部紀要第二部』44、広島大学
日高水穂（2007）『授与動詞の対照方言学的研究』ひつじ書房
藤原与一（1978）『方言敬語法の研究』春陽堂書店
松丸真大（2019）「甑島里方言の文法概説」窪薗晴夫・木部暢子・高木千恵（編）『鹿児島県甑島方言からみる文法の諸相』くろしお出版
森勇太（2011）「授与動詞「くれる」の視点制約の成立――敬語との対照から――」『日本語文法』11-2、日本語文法学会
森勇太（2016）「甑島平良方言の敬語」『国文学』100、関西大学国文学会

甑島方言における対称詞について

山本空

キーワード：対称詞、談話、地域差

要旨

　本稿では甑島における対称詞の実態について論じる。対称詞は現代日本語では省略することが一般的だが、方言談話を分析すると省略しても文意が読み取れるにもかかわらず使用されている用例が西日本において多数見られた。それらの多くは係り先がなく、独立語的に用いられていた。本稿ではこのような独立語的な対称詞を「独立用法の対称詞」と呼ぶ。独立用法の対称詞は西日本において待遇度が高いとされる形式で使用されることが多かった。鹿児島県も例外ではなく、談話資料において一定数の独立用法の対称詞が見られる。

　本稿では鹿児島県本土と甑島の談話データを比較分析し、甑島における対称詞の特徴を明らかにすることを試みた。その結果、形式においては、甑島には、鹿児島県本土の談話データにはほとんど見られない「アッコ類」が存在することがわかった。また、独立用法の対称詞は敬称なしのオマエ類で使用された用例が最も多く、敬称ありのオマエ類を多く用いる鹿児島県本土とは異なった特徴が見られた。しかし、その地点において待遇度の高い形式の対称詞を用いているという点では共通しており、用いられる形式は異なるが運用方法は同じであるといえる。

1. はじめに

　対称詞とは聞き手を示す言葉である。日本語の対称詞について鈴木（1973）は「親族名称・地位名称などと一括して、（中略）話し手が相手を示すことば」と述べている。対称詞の例としては「あなた」「おまえ」等、一般的に二人称代名詞と呼ばれるものが挙げられるが、日本語にはそれ以外にも様々な対称詞が存在する。

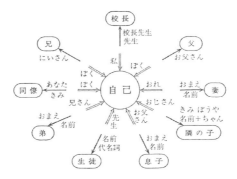

図1　自己を中心とした自称詞と対称詞（鈴木1973）

　それらは相手の属性や年齢によって使い分けられている。目上の人物には二人称代名詞を使用せず、「お父さん」「にいさん」等の親族名称、相手の名前、「先生」等職名といった、二人称代名詞以外の対称詞（非代名詞）が使用されていることを鈴木（1973）は指摘している。ここから、日本語では一般的に目上の人物には二人称代名詞は使いづらいということがわかる。また、永田（2015）は、呼びかけは呼称詞、いったん呼びかけた後で使われるものは対称詞と呼んで区別している。本稿は呼びかけの如何にかかわらず聞き手をどう呼ぶかに着目するので、聞き手を指すものはすべて対称詞とする。
　筆者はこれまで方言談話に見られる対称詞、特に二人称代名詞について研究を進めてきた。国立国語研究所（編）（2001〜2008）『全国方言談話データベース　日本のふるさとことば集成』（以下『ことば集成』）の談話データを用いて全国比較を行った結果、西日本は東日本と比較して二人称代名詞を使用する傾向があり、その形式としてはアナタ・アンタ等のアナタ類の二人称代名詞が多く見られた（山本2014, 2016）。特に九州地方は二人称代名詞の用例が多く見られる地域であったが、鹿児島県の談話データでは用例が少なかった。
　一方で、日本放送協会（編）（1999）『全国方言資料』（以下『全国』）における鹿児島県本土の談話データを見ると、多くの二人称代名詞の用例が見られた。その形式に着目すると、『ことば集成』において他の九州地方で多く見

られたアナタ類ではなく、オマエ・オマイ等のオマエ類の二人称代名詞が多く見られた。国立国語研究所（編）『方言文法全国地図』（以下 GAJ）333・335・336 図「あなたの傘」（333 図：目上の人／335 図：近所の知り合いの人／336 図：親しい友達）を見ると、鹿児島県ではアナタ類はあまり見られずオマエ類を多用する地域であった。ここから、鹿児島県はほかの九州の地点とは異なる特徴を持っていることがわかる。

　甑島は東シナ海にあり、鹿児島県薩摩川内市に属する。甑島の談話は『全国』では辺地・離島編に収録されており、鹿児島県本土とは区別されている。また筆者のこれまでの研究は北海道・本州・四国・九州を対象としており、離島は対象外であった。そこで、本稿では鹿児島県本土と甑島に現れる対称詞を比較し、甑島における対称詞の特徴について考察する。2 節では全国に見られる対称詞の形式を、特に二人称代名詞に着目して整理する。3 節では分析対象の資料を紹介し、4 節では鹿児島県本土方言における対称詞について概観する。5 節では甑島方言における対称詞について分析する。6 節はまとめである。

2. 全国に見られる対称詞の形式と用法

2.1. 形式の分類

　まず、対称詞の形式について整理しておきたい。1 節で述べたとおり、対称詞の例としては二人称代名詞が挙げられるが、二人称代名詞には様々な形式がある。特に全国的に広く見られる形式が「アナタ」「アンタ」等アナタ系統のものと、「オマエ」「オメー」等のオマエ系統のものである。鹿児島県本土に特徴的なオマエ系統の形式としては、「オマンサ」「オハン」等、オマエサマ由来で、敬称が付されたものがある。そのほかの形式としては、鹿児島県本土で見られるものとしては「ワレ」「ワ」等ワレ系統のものや、大隅半島や後に見る甑島の談話データで見られる「アッコ」「アッカ」等のアッコ系統のもの等が存在する。本稿では同系統と思われる形式は統合して「〜類」と称することとする。したがって、先述の形式は「アナタ類」「オマエ

類」「ワレ類」「アッコ類」というように示す。

　非代名詞に関しても同様に同系統のものを統合して示す。具体的には、「オバーサン」「オジサン」のような親族名称で聞き手を示すものを「親族名称類」、「ヤマモトサン」「タロウ」のように聞き手の名前を用いるものを「名前類」、「センセイ」のように聞き手の職種で呼ぶ場合を「職名類」とする。山本（2016）では『ことば集成』を用いて対称詞を分析したが、その際用いられていた対称詞はほとんどがアナタ類とオマエ類であった。そこで全国的に分布が見られるアナタ類とオマエ類のみに着目し、GAJ の 333・335・336 図「あなたの傘」を整理したものが表 1 である。各エリアの中で調査地点数の半数以上で見られた回答を記号で示している。なお、下線を付したものは「オマエサン」「オマンサ」等敬称がついたもの、（　）を付したものは非代名詞の対称詞が多数の地点で見られたことを示している。なお、GAJ は高年層男性を被調査者としている。そのため表 1 の結果は男性が用いる対称詞である。

表 1　GAJ におけるアナタ類とオマエ類の地域差

	九州		四国		中国		近畿	中部			関東	東北	
	長崎 鹿児島	長崎 鹿児島 以外	徳島 高知	香川 愛媛	広島	広島 以外		北陸	東海	甲信越		南奥羽	北奥羽
目上	▲	●	▲	●	●	●	●	●	●	(▲)	(●)	(●)	▲
近所の知り合い	▲	●	▲	●	●	●	●	●	▲	(▲)	(●)	(●)	▲
親しい友達	▲	▲	▲	▲	●	▲	▲	▲	▲	▲	▲	▲	▲

●アナタ類　▲オマエ類（山本 2016 より一部改変）

　ここから多くの地域がアナタ類とオマエ類を使い分けていることがわかる。特に西日本は目上と近所の知り合いにはアナタ類を使用し、親しい友達にはオマエ類を使用する地域が多いという特徴が見られるが、鹿児島県本土ではアナタ類はあまり使用されず、どの場面においてもオマエ類を使用出来ることがわかる。ただし、目上の人物に対しては「オマンサ」「オハン」等、敬称をつける。また、アナタ類・オマエ類以外の形式は「ワレ」「ワイ」等

のワレ類が存在し、主に親しい友人に対して用いられている。ここから、鹿児島県本土はオマエ類を敬称の有無で使い分け、親しい人物・目下の人物にはワレ類も用いるということが考えられる。鹿児島県本土における二人称代名詞の使い分け方を整理したものが表2である。

表2　鹿児島県本土における二人称代名詞の使い分け

目上	オマエ類＋敬称
近所の知り合い	オマエ類、オマエ類＋敬称
親しい友達	オマエ類、ワレ類

それでは甑島の二人称代名詞はどのような形式があるのだろうか。甑島で最も人口の多い里地区の村史である『里村郷土史』(1985)には以下のような表がある。それが表3である。

表3　『里村郷土史』に見られる甑島の二人称代名詞

標準語	里言葉			
	目下	同輩	敬語	目上に対する敬語
お前	ワイ アッコ	アッコ	オマイ アガ	オマイサマ アガ
お前たち	ワイドモ アクドモ	アッコドモ	オマイタチ アガタチ （ワガッチ）	オマイサマタチ アガタチ （アガッチ）

アナタ類が見られないのは鹿児島県本土と同様だが、着目すべきはアッコ類の存在である。『日本方言大辞典』(1989)には、「吾子（あこ）」の項に「対称。おまえ。主に目下の者に対して言う。」とあり、「あっか」「あっこ」も含まれている。嶋戸(1935)にも「アッコ」は「吾子（古語）」とあり、アッコ類は吾子が変化したものと考えられる。吾子を対称詞として用いる地点は徳島県海部郡と高知県安芸郡、鹿児島県甑島が挙げられている。「あっか」「あっこ」という形に変化した例は「あっこ」は鹿児島県（詳細地点不明）、

「あっか」は鹿児島県肝属郡が挙げられているのみである。藤原（1996）によると、「アッコ」という形式は「鹿児島県下で、これが注目される。」とあり、薩摩半島東南端と大隅半島西南部に用例が見られるという。しかし、GAJではアッコ類は大隅半島で1地点見られただけであった。「鹿児島県立図書館方言ライブラリー」では田代町にアッコ類があるという記述が見られた。田代町は現錦江町で、大隅半島に位置する。GAJや藤原（1996）、『日本方言大辞典』の記述でも大隅半島が挙げられている。嶋戸（1935）ではアッコ類は古語とされていることから、アッコ類は鹿児島県本土では大隅半島の一部地域を除いて日常的に使用されるものではなかったと考えられる。一方甑島の里地区では日常的に使用されており、鹿児島県本土とは異なっている。甑島におけるアッコ類について、森・平塚・黒木（編）（2015）では対目上以外の形式として挙げられている。平山（編）（1992）においても「アッコ」は目下に使う甑島の言葉との記述があり、アッコ類の二人称代名詞を用いることは甑島の特徴であると考えられる。

2.2. 用法の分類

次に、対称詞の用法について整理する。庵他（2001）によると、日本語には文中の要素が省略されやすいという特徴があり、対称詞についてもその特徴が当てはまる。日本語において二人称代名詞は以下の対比や総記などの特別な意味を付加する場合ではない限り省略されることが一般的であるといえる。（対比・総記の用例は庵他2001より抜粋。ただし、見やすさを考慮して筆者が一部改訂している。）

　①対比を表す場合
- 「今度のパーティー、僕は行くけど、君はどうする？」

　②総記を表す場合
- A「このプロジェクトの責任者は吉田君がいいと思います。」
  B「いや、吉田君じゃだめだ。君が責任者になってくれ。」

しかし、実際に談話データを分析すると、省略可能であるにもかかわらず使用されている対称詞の例が存在する。また、その多くは文中に係り先がな

く、独立語として挿入されている対称詞であった。ここから、談話に現れる対称詞は係り先の有無と省略の可否によって分類出来ると考えた。

　本稿では対称詞の用法を以下のように分類する。まず、係り先の有無によって3つに分類する。1つは (1) に示す、主語・目的語・連用修飾語として用いられる「連用用法」である。（以下に示す用例は『全国』から抜粋したものである。なお、標準語（共通語）訳は資料に付されているものであるが、見やすさを考慮して一部改訂した。）

(1)　シチェ　<u>オハンニャー</u>　アン　アエオ　オボエチョイヤッカー
　　　（そして　<u>あなたは</u>　あの　あれを　覚えていますか。）

　　　　　　　　　　　　　　　　（『全国』枕崎市・オマエ類・連用用法）

もう1つは (2) に例示する、連体助詞を伴って連体修飾語として用いられる「連体用法」である。

(2)　ソイデ　マー　<u>オジサンヤド</u>　ミコンセー　キタト　ゴアンデナー　カルカンノー　ハンハコー　フターッツー　トーキョセー　モッイッキャット　ゴアンデ　<u>オマンサヤドン</u>　カオモ　アッデ　ドーゾ　ヨカトー　アシタン　キューコデ　タッチャンデ　アシタン　アサズイ　ヤデ　オトドケヤッタモハンカ　（それで　まあ　<u>おじさん</u>の店を　見込んで　来たので　ございますからね、　かるかんの　半箱を　2つ　東京に　持って行かれるので　ございますから、　<u>あなた</u>のうちの　顔も　ありますから、　どうぞ　いいのを、　あしたの　急行で　立たれますから、　あしたの　朝までに　うちに　お届けくださいませんか。）

　　　　　　　　　　　　（『全国』鹿児島市・親族名称類・オマエ類・連体用法）

そして3つ目が (3) のように文中に係り先がなく、独立語として用いられている「独立用法」である。

(3)　F：ソシテカラ　<u>オマエサマー</u>　セーバニ　イケバ　ソノ　ズブンナ　メンメントイヤッタデー　モ　シオノ　ヒ　ヒット　ミカケトッテ　エーテ　（それから　<u>あなた</u>、　瀬場に　行くと　そのころは　めいめい取りだったから、　潮の　引くのを　見と

　　　　どけて　おいて）
　　M：ナー
　　F：ナンデモ　カンデモ　コー　カブセテ（何んでも　かでも　こ
　　　　う　かぶせて。）　　　　　　（『全国』中甑・オマエ類・独立用法）
　この中で、連用用法は省略可能か不可能かでさらに 2 分する。連用用法における省略の可否の判断は庵他（2001）における対比、総記の用例は省略不可能、それ以外の用例は省略可能であるとした。連体用法はすべて省略不可能であると考える。独立用法は独立語的な特徴を持つことから、すべて省略可能であると考える。用例の中で、(4) のような引用文の中に含まれているものは「引用」とし、分析対象外とした。またどの用法か判断がつかないものは保留とした。
　　(4)　M：イマ　オラ　ワゲン　コドミ　ユートヨ　ソヤネー　アー　コ
　　　　　ラ　ワイドァ　フノエモンヂャット（いま　おれは　うちの
　　　　　こどもに　言うんだが　ねえ、　ああ　「おい、　おまえたちは
　　　　　幸福なものだ」と）
　　　　F：シー
　　　　M：オラ　ゴジューネンマエワ　カライモ　クチェ　アン　ソマン
　　　　　コチュガ　アモンヂャッタラー（「おれは　50年前は　さつま
　　　　　いもを　食べて……」。　あの　そば粉というものが　あるもの
　　　　　だったが……。）　　　　　　（『全国』枕崎市・ワレ類・引用）
　これらの用法の中で、独立用法の二人称代名詞が用例数の地域差の要因であると山本（2014, 2016）で述べた。そのとき使用した鹿児島県の談話データ（『ことば集成』・揖宿郡頴娃町）からは対称詞自体がほとんど見られなかった。しかし、今回使用する談話データでは本土においても甑島においても多くの対称詞が見られ、その中には独立用法も多く存在した。鹿児島県本土は多くの西日本の地点と同じく、独立用法の対称詞が多用される地域であると考えられる。

3. 分析資料

分析に使用する談話データは以下の通りである。
① 『全国』より、鹿児島県本土の談話データ
鹿児島県鹿児島市、鹿児島県枕崎市、鹿児島県肝属郡高山町
② 『全国』より、甑島の談話データ
甑島中甑地区、甑島鹿島地区
③ 「鹿児島県立図書館方言ライブラリー」より、甑島の談話データ
甑島里地区、甑島鹿島地区、甑島中甑地区、甑島手打地区

それぞれの詳細な地点は図 2、図 3（215 頁）の通りである。図 2 は鹿児島本土、図 3 は甑島の地点を示している。

『全国』は、1950 〜 1960 年代に収録された談話資料である。資料は話者が自由に会話する「自由会話」とロールプレイ形式で会話する「あいさつ」が収録されており、どちらも男女各 1 名、計 2 名での会話となっている。ただし、地点によっては「自由会話」と「あいさつ」で話者が異なる場合や、「自由会話」が話者を変えて 2 つ収録されている場合があるため、話者数の合計は地点によって異なる。本稿ではここから①鹿児島県本土の 3 地点、②甑島の 2 地点を分析対象とする。『全国』の情報を整理したものが表 4 である。

表 4 『全国方言資料』の基本情報

資料	収録時間	談話参加者	関係	収録年月日
『全国』鹿児島市	11 分 41 秒	男 2・女 2	知人	1954 年 8 月 27 日
『全国』枕崎市	10 分 29 秒	男 1・女 1	知人	1954 年 9 月 16 日
『全国』肝属郡高山町	10 分 59 秒	男 2・女 2	知人	1954 年 7 月 31 日
『全国』中甑	9 分 21 秒	男 2・女 2	知人	1962 年 7 月 14 日
『全国』鹿島	10 分 26 秒	男 2・女 1	知人	1962 年 7 月 19 日

また③「鹿児島県立図書館方言ライブラリー」（以下「方言ライブラリー」）に収録されている甑島の談話データは、甑島の自然談話を収録してお

り、話者数は資料によって異なる。甑島方言は窪薗（2009）、木部（2011）において危機度の高い日本語方言であるとの指摘があり、本資料は甑島の方言を分析する上で非常に貴重な資料であるといえる。「方言ライブラリー」の情報を整理したものが表5である。

表5　「方言ライブラリー」の基本情報

資料	収録時間	談話参加者	関係	収録年月日
ライブラリー里	74分33秒	男2・女3	知人	1985年
ライブラリー中甑	49分50秒	男2・女2	知人	1974年2月6日
ライブラリー鹿島	45分00秒	男1・女2	知人	1985年1月9日
ライブラリー手打	74分38秒	男4	知人	1974年2月7日

　以上の談話データを用いて、甑島及び鹿児島県本土の対称詞について分析する。加えて、筆者が実施した言語意識調査の結果も分析対象とする。被調査者は表6の通りである。

表6　言語意識調査の被調査者

話者	性別	出身	生年
A	男性	里	1957
B	女性	里	1933
C	女性	里	1929
D	女性	長浜	1936
E	女性	長浜	1945

図2　鹿児島本土の談話データの地点　　図3　甑島の談話データの地点

調査した内容は以下の通りである。
　Ⅰ設定した相手ごとの連体用法の対称詞の使用形式
　Ⅱ設定した相手ごとの連用用法の対称詞の使用形式
　Ⅲ独立用法の対称詞の使用意識
　Ⅳ「アナタ」「アンタ」「オマイサマ」「オマイ」「オハン」「オマエ」「ワレ」「ワイ」「アッコ」「アガ」「キミ」の使用意識

Ⅲについては実際に独立用法の対称詞が現れる方言談話の音声を聞いてもらい、違和感がないか、自分も使うかどうかを確認した。Ⅳは全国的に見られる形式と甑島で使用されていると思われる形式を選択した。調査時期は2016年8月である。

4.　鹿児島県本土における対称詞

本節では鹿児島県本土における対称詞について述べる。本稿で扱う鹿児島県本土の地点は上述の鹿児島市・枕崎市・肝属郡高山町の3地点である。以下では地点ごとにその特徴を述べる。

4.1. 鹿児島市

表7のとおり、鹿児島市ではオマエ類・ワレ類・親族名称類が見られた。(5)と(6)にその例を示す。(5)は親族名称類と敬称ありのオマエ類、(6)はワレ類が現れている。

表7 『全国』における鹿児島市の対称詞

形式	独立用法	連用用法（省略可）	連用用法（省略不可）	連体用法
オマエ類（敬称あり）	13	0	3	3
ワレ類	1	0	0	0
親族名称類	1	0	0	1

(5) オジサン　アタヤナ　オマンサヤデー　カルカンヌ　モロケキタトー　ヨカトガ　デケッオンドカ（おじさん　わたしはね、　お宅に（筆者注：あなたの家に）　かるかん〔軽羹〕を　もらいにきましたよ。　いいのが　できていますか。）

（『全国』鹿児島市・親族名称類・オマエ類・独立用法・連体用法）

(6) モ　アツサワ　マイニッノ　センジャッデ　ワヤー（もう　暑さは毎日の　ものだからねえ、おまえ。）

（『全国』鹿児島市・ワレ類・独立用法）

独立用法の対称詞は15例見られたが、そのうち13例が敬称ありのオマエ類であった。ここから、鹿児島市においては省略可能な対称詞は敬称ありのオマエ類で多く用いられていることがわかる。

4.2. 枕崎市

表8は『全国』における枕崎市の談話データで見られた対称詞をまとめたものである。

表8 『全国』における枕崎市の対称詞

形式	独立用法	連用用法（省略可）	連用用法（省略不可）	連体用法
オマエ類（敬称あり）	0	1	0	2
ワレ類	0	0	0	0
親族名称類	2	4	1	0
名前＋親族名称	2	0	1	0

　ここから、枕崎市の談話データでは対称詞があまり使用されていないことがわかる。独立用法に着目すると、親族名称類や名前＋親族名称類で用いられている。省略可能な連用用法に着目すると、敬称ありのオマエ類で1例、親族名称類で4例見られる。

　枕崎市では（7）～（11）に例示するように、オマエ類・ワレ類・親族名称類・名前＋親族名称の用例が見られた。

(7)　ンダ　オマンサードワ　ハヨカイ　ナゴ　フシンニュ　シオイヤイ　モシタチ　ヨカ　イェガ　ゾジナイヤイ　モーシタチー（まあ　お宅では（筆者注：あなたの家では）　早くから　長い間　ふしん〔普請〕を　しておられ　ましたそうで　いい　家が　できあがりましたそうで、）　　　　　　　（『全国』枕崎市・オマエ類・連体用法）

(8)　イマ　オラ　ワゲン　コドミ　ユートヨ　ソヤネー　アー　コラ　ワイドァ　フノエモンヂャット　オラ　ゴジューネンマエワ　カライモ　クチェ　アン　ソマンコチュガ　アモンヂャッタラー（いま　おれは　うちの　こどもに　言うんだが　ねえ、ああ「おい、おまえたちは　幸福なものだ」と「おれは　50年前は　さつまいもを　食べて……」。あの　そば粉というものが　あるものだったが……。）　　　（『全国』枕崎市・ワレ類・連用用法）

(9)　シチェ　オハンニャー　アン　アエオ　オボエチョイヤッカー（そして　あなたは　あれを　覚えていますか。）
　　　　　　　　　　　　　　　（『全国』枕崎市・オマエ類・連用用法）

(10)　オバサン　ヨカ　ソダンニュ　キキャッ　タモッシェ　アイガト

ゴアシタ(おばさん いい 相談(事)を 聞いて いただいて あ
りがとう ございました。)

(『全国』枕崎市・親族名称類・独立用法)

(11) ネッカ ソン ユモサ アタイゲヘンノ コドモ ソ ユモサ ミ
ヤイ タツオヂサン(みんな そう 言いますよ。 わたしのうち
あたりの こどもも そう 言いますよ ね 辰おじさん。)

(『全国』枕崎市・名前＋親族名称類・独立用法)

4.3. 肝属郡高山町

　高山町では(12)～(14)に示すように、オマエ類・ワレ類の用例が見られた。その結果が表9である。ここから、高山町の談話データでは敬称ありのオマエ類で独立用法を多用していることがわかる。

表9 『全国』における高山町の対称詞

形式	独立用法	連用用法 (省略可)	連用用法 (省略不可)	連体用法
オマエ類(敬称あり)	18	0	0	3
ワレ類	0	0	1	0

(12) ソシテ オマンサ タンスナ セッシェ スパスパーッ ハッチタ
トヤガ(そして あなた たんすね、そして、何もかもみんな
(流されて)行ってしまったんですよ。)

(『全国』高山町・オマエ類・独立用法)

(13) モー オハンモ コン トッノ ワリンナー イッヅイモー(もう
あなたも この 時刻の 悪いときにねえ いつまでも……。)

(『全国』高山町・オマエ類・連用用法)

(14) クッパッカイ キシカージデ ドモコト ドンナーン ワータヤ
(口ばかり 達者で どうにもこうにも どうにもならない おま
えたちは。)　　　　　　　(『全国』高山町・ワレ類・連用用法)

4.4. 鹿児島県本土の対称詞まとめ

　以上、『全国』の談話資料を用いて鹿児島県本土の対称詞について分析した。二人称代名詞は3地点ともに GAJ で見られたとおりオマエ類・ワレ類が使用されていた。アッコ類は確認されなかった。「方言ライブラリー」では少なくとも田代町にアッコ類の記述が見られるが、使用されるのは一部地域に限定されると考えられる。一部非代名詞も使用されていたが、用例数は少なかった。オマエ類に関しては、敬称あり・敬称なしの場合があり、独立用法は敬称ありで多く見られた。枕崎市では敬称ありのオマエ類ではなく非代名詞で用いられていたが、日本語では一般的に二人称代名詞よりも名前類や職名類等の非代名詞で聞き手を呼ぶ方が丁寧であることから、待遇度の高い形式で使用されるという点では鹿児島市や高山町と同様である。自然談話において、独立用法の二人称代名詞はより待遇度の高い形式（他地域であればアナタ類）に多く見られる（山本 2014）。鹿児島県本土はアナタ類を用いない地域であり、オマエ類に敬称をつけることで待遇度をあげていると考えられる。ここから、鹿児島県本土は他の独立用法の対称詞を多用する西日本の地点と同じ傾向があると考えられる。

5. 甑島における対称詞

5.1. 里地区

　里地区では (15) 〜 (18) に示すように、オマエ類・ワレ類・アッコ類の用例が見られた。その結果が表10である。

表10 「方言ライブラリー」における里地区の対称詞

形式	独立用法	連用用法（省略可）	連用用法（省略不可）	連体用法
オマエ類（敬称なし）	0	1	0	0
オマエ類（敬称あり）	0	0	0	1
ワレ類	0	0	1	0
アッコ類	0	1	1	0

（15） おーい、オマヤぁどけぇ行きおいと？（おーい、あんたはどこに行くのかい？）（「方言ライブラリー」里地区・オマエ類・連用用法）
（16） オマイサマ方（かた）の兄（あん）さんは、今どけぇ居（お）いやい申すと？（お宅の兄さんは、今どちらにいらっしゃいますか？）
（「方言ライブラリー」里地区・オマエ類・連体用法）
（17） ワヤぁ、立て（お前は、立っていろ）
（「方言ライブラリー」里地区・ワレ類・連用用法）
（18） こんだぁ、あんがかるうまいやい。あっこ、かいえ（今度は、君がおんぶする番だよ。君、背負って）
（「方言ライブラリー」里地区・アッコ類・連用用法）

　里地区では3名の話者に言語意識調査を実施した。聞き手との関係による二人称代名詞の使い分けの意識をまとめたものが表11である。なお、用法別の違いは連用用法と連体用法に関しては見られなかった。形式の使い分けに関しては独立用法は未調査である。独立用法の使用に関する意識調査は実施している。

表11　里地区における二人称代名詞の使用意識

話者	目上	同等	目下
A	オマイサマ	アッコ	アッコ
B	オマイサマ	オマイ	オマイ
C	オマイサマ	オマイ	アンガ

　ここから、話者全員がオマイサマを最も敬意の高い形式であると意識していることがわかる。そして、敬意の高い形式であれば二人称代名詞を目上に使ってもよいと考えていることがわかる。談話データでは独立用法は見られなかったが、独立用法の対称詞に関する言語意識調査の結果では違和感は持っていないようであった。
　ここで談話の特徴と独立用法の対称詞の関係について述べておきたい。里地区の談話データは話者が調査者に説明するような場面も多かったが、それが表11の結果に関係したと考えられる。山本（2015）において、兵庫県相生

市方言では感情的、会話が盛りあがった時に独立用法の対称詞がよく使用され、反対に説明的な談話では独立用法の対称詞が出にくいということを示した。この特徴は相生市方言のみに見られるものではなく、甑島方言も同様の特徴を持つのではないかと思われる。つまり、独立用法の対称詞は話者が感情的になった時に多く使用されるものであり、説明的な談話ではあまり使用されないということである。

5.2. 中甑地区

中甑地区では2つの資料を合わせて (19) 〜 (22) に示すようにオマエ類・アッコ類・親族名称類・名前＋親族名称類の形式が見られた。ただし『全国』ではアッコ類、「方言ライブラリー」では敬称なしのオマエ類が引用にのみ見られた。その結果が表12、表13である。表12は『全国』、表13は「方言ライブラリー」の結果である。

表12　『全国』における中甑地区の対称詞

形式	独立用法	連用用法（省略可）	連用用法（省略不可）	連体用法
オマエ類（敬称なし）	2	1	2	0
オマエ類（敬称あり）	0	3	1	3
親族名称類	0	3	1	4

表13　「方言ライブラリー」における中甑地区の対称詞

形式	独立用法	連用用法（省略可）	連用用法（省略不可）	連体用法
オマエ類（敬称あり）	5	2	5	2
アッコ類	0	0	1	0
親族名称類	1	1	0	0
名前＋親族名称類	1	0	0	0

(19)　10人分おまいさまあ、ふたつ宛なあそら、飯とあいと入れてくるいぎいなあ、重箱もあいもすなよ。(10人分お前様、2個宛ねえ、

飯とあれ（おかず）と入れてやるとねえ、重箱も無くなりますよ。）
（「方言ライブラリー」中甑地区・オマエ類・独立用法）

(20) おばさん、そいじゃあ、あの瀬の上で、そらあの潮がひっ時まじゃあ（おばさん、それでは、あの瀬の上で、そらあの潮がひく迄は）
（「方言ライブラリー」中甑地区・親族名称類・独立用法）

(21) おなふきじょうやら、新じ衛おじさあん、あの、おんどんもおちやら、あげんとが有った方がゆうございもすなあ（おなふきじょう（ほら貝吹き）とか、新左衛門おじさん、あの、鬼殿餅や、あんなのが有った方がいいですよねえ）
（「方言ライブラリー」中甑地区・名前＋親族名称類・独立用法）

(22) あが言わんこう、んんだあ言わんどう（あなた言いなさい、私は言わんよう）（「方言ライブラリー」中甑地区・アッコ類・連用用法）

5.3. 鹿島地区

　鹿島地区では2つの資料を合わせて (23) 〜 (28) のようにワレ類・アッコ類・ウン・ヨガト・名前類・名前＋親族名称類が見られた。その結果が表14、表15である。ウン・ヨガトは『里村郷土史』には記述がなく、今回用いた資料では鹿島地区のみに見られた形式である。ただしウン・ヨガトは引用にのみ見られたため、表15には含めていない。表14は『全国』、表15は「方言ライブラリー」における結果である。

　鹿島地区は独立用法の対称詞はあまり見られなかったが、『全国』において、非代名詞を用いての用例が見られた。また、ほかの地区では使用されているオマエ類の二人称代名詞が見られなかった。日本語では一般的に二人称代名詞よりも名前類や職名類等の非代名詞で聞き手を呼ぶ方が丁寧である。このことから、鹿島地区はオマエ類が使用されていないことに関しては他地区と異なるが、敬意の高い形式で独立用法の対称詞を用いることは同様であるといえる。

表14 『全国』における鹿島地区の対称詞

形式	独立用法	連用用法（省略可）	連用用法（省略不可）	連体用法
アッコ類	0	0	2	0
ワレ類	0	1	3	5
名前類	4	0	0	0
名前＋親族名称類	1	3	0	0

表15 「方言ライブラリー」における鹿島地区の対称詞

形式	独立用法	連用用法（省略可）	連用用法（省略不可）	連体用法
アッコ類	0	1	1	0
ワレ類	0	1	0	7

(23) <u>わだ</u>ちゃあ、うどでもそい。（<u>あなたたち</u>は、歌ってみて下さい。）
　　　　　　　　　　（「方言ライブラリー」鹿島地区・ワレ類・連用用法）
(24) それほどし、<u>あっか</u>六日やったあれ、おら五日やったどばで言うしこやったどば。（それ程、<u>貴方</u>は六日でしたか、五日でしたと言うだけでした。）
　　　　　　　　　　（「方言ライブラリー」鹿島地区・アッコ類・連用用法）
(25) <u>うんにゃ</u>学校にきょうどながでえ、こんやただいや言だいして。（<u>お前</u>は学校に行きたくないから、来ないだろうと言ってました。）
　　　　　　　　　　（「方言ライブラリー」鹿島地区・ウン・引用）
(26) <u>よがと</u>わ、字ばならおうでながせえで言でね、わらおうたで。（<u>お前</u>は、字を習いたくないから泣かしてと言って、笑っていました。）
　　　　　　　　　　（「方言ライブラリー」鹿島地区・ヨガト・引用）
(27) 　M：<u>シオ</u>（<u>シオ</u>さん。）
　　　F：オー（はい。）
　　　M：ナンゴー　アスータデー　エガー　モー（長いこと遊んだから帰るよ、もう。）　　　（『全国』鹿島地区・名前類・独立用法）

(28)　M：ワガノカニュー（若之助兄。）
　　　F：オイ（はい。）
　　　M：ドゴ　イギ　ヤオットカ（どこへ行くのですか。）
　　　　　　　　　　　（『全国』鹿島地区・名前＋親族名称類・独立用法）

5.4. 長浜地区

長浜地区において言語意識調査を実施した。その結果を表16にまとめる。

表16　長浜地区における二人称代名詞の使用意識

話者	目上	同等	目下
D	オマイー	アンガ	アンガ
E	オマイ	アッカ	アッカ

　ここから、里地区とは異なり敬称なしのオマエ類を目上に使用し、同等以下にはアッコ類を使用していることがわかる。Dは調査の際に敬称ありのオマエ類は相手を敬う言葉であると回答しているが、普段使用するという意識はないようである。下甑では敬称なしのオマエ類が日常的に用いる二人称代名詞の中で最も敬意の高い形式であると思われる。また独立用法に関しても違和感なく、どのような聞き手に対しても用いるという回答を得た。

5.5. 手打地区

　手打地区では（29）～（32）に示すようにオマエ類・アナタ類・ワレ類・親族名称類の用例が見られた。その結果が表17である。ここから、独立用法は敬称なしのオマエ類において最も多く使用されていることがわかる。

(29)　ハイ、覚えとい申すど。あんな、おまいさあ一番どいのうたう頃から起きて。（ハイ、覚えておりますよ。あんな、あなた一番鶏が歌う頃から起きて。）
　　　　　　　　　　（「方言ライブラリー」手打地区・オマエ類・独立用法）
(30)　ほうして、あんた一ぺんは、下がって行こうったところが、大きな石のあって、その石でびったくらわして（そして、あなた一回は、

下がって行っていたところが、大きな石があって、その石で頭を打って　　（「方言ライブラリー」手打地区・アナタ類・独立用法）

(31) <u>われえ</u>にゃあ、こっぱん餅くるっでえち。(<u>お前</u>には、こっぱん餅をくれるからと。)

（「方言ライブラリー」手打地区・ワレ類・連用用法）

(32) <u>おじさんたち</u>、ほんならあ、ぽつぽつうったちもうそうい。(<u>おじさん方</u>、それなら、そろそろ始めましょうや。)

（「方言ライブラリー」手打地区・親族名称類・独立用法）

表17 「方言ライブラリー」における手打地区の対称詞

形式	独立用法	連用用法（省略可）	連用用法（省略不可）	連体用法
オマエ類（敬称なし）	12	1	0	1
オマエ類（敬称あり）	3	4	3	4
アナタ類	3	0	0	0
ワレ類	0	0	1	1
親族名称類	0	2	3	1

5.6. 甑島の対称詞まとめ

以上、甑島方言における対称詞について、地区別にまとめてきた。甑島方言の特徴としては、以下の2点が挙げられる。一つは、甑島には鹿児島県本土ではほとんど見られない二人称代名詞の形式である「アッコ類」が多くの地区で使用されているという点、もう一つは、独立用法の対称詞は主にその地区で敬意が高いと認識されている形式で使用されているという点である。

また、地区間の違いは以下の2点である。一つはオマエ類の有無に関することで、多くの地点ではオマエ類が使用されていたが、鹿島地区のみ使用が見られなかった。鹿島地区はオマエ類をあまり用いないか、使用しない地域と考えられる。また、手打地区は敬称ありのオマエ類ではなく敬称なしのオマエ類を多く用いているが、同じく下甑島に属する長浜地区で筆者が実施した言語意識調査の結果から考えると、手打地区では敬称ありのオマエ類は

あまり使用されず、敬称なしのオマエ類が目上に使用出来る形式となっていることが原因と考えられる。この点は鹿児島県本土とは異なる特徴である。2点目は、独立用法の使用頻度である。独立用法の対称詞の使用が多かったのは手打地区で、計18例見られた。一方でそのほかの地区は比較的少なく、鹿島地区は二人称代名詞での使用例は0例で、里地区では代名詞・非代名詞通して用例が見られなかった。これは、説明的な談話であったことが関係していると思われる。意識調査では独立用法の二人称代名詞に違和感は持っていなかったため、他の談話データで確認する必要がある。

6. おわりに

　本稿では甑島の対称詞を分析した。形式においては、「アッコ類」が存在することがわかった。「アッコ類」は先行研究からかつては鹿児島本土でも使用されていたと考えられるが、現在は鹿児島本土ではほとんど見られない。一方で甑島では日常的に使用されており、鹿児島本土とは異なった特徴を持っている。

　また用法についても分析したところ、甑島で用いられる省略可能な対称詞は目上に用いられる「オマエ類」である一方で、目下や同等の人物に用いられる「ワレ類」や「アッコ類」は省略可能な対称詞があまり見られなかった。山本（2018）では省略可能な対称詞が持つ発話意図が、聞き手を命令・叱責する「威圧」、聞き手に親しさを示す「親密」、聞き手に配慮する「遠慮」があるとした。その中で、親密の発話意図で使用される省略可能な対称詞は待遇度の高い形式で現れることが多いことがわかった。親密の発話意図で使用する対称詞は比較的待遇度の高い形式を使用することによって、敬意を保ちつつ聞き手との距離を近くしていると考えられる。今回扱った談話はほとんど自然談話であるが、録音を伴う自然談話で聞き手に対して威圧したり遠慮したりすることはほぼなく、おおむね親密な談話である。そのため今回の談話データに現れた省略可能な対称詞は親密の発話意図で使用されていた。そして鹿児島本土も甑島も、その地点で比較的待遇度の高い形式で省略

可能な対称詞を使用しているということは、形式は異なっていても運用方法は同じであることを示している。

付記

　本稿は、平成28年度関西大学若手研究者育成支援経費、及びJSPS科研費（26244024）による研究成果の一部である。

参考文献

庵功雄・高梨信乃・中西久実子・山田敏弘（著）白川博之（監修）（2001）『中上級を教える人のための日本語文法ハンドブック』スリーエーネットワーク
木部暢子（2011）「鹿児島県甑島方言」木部暢子・三井はるみ・下地賀代子・盛思超・北原次郎太・山田真寛『文化庁委託事業　危機的な状況にある言語・方言の実態に関する調査研究事業報告書』大学共同利用機関法人人間文化研究機構国立国語研究所
窪薗晴夫（2009）「次世代の音声研究」『言語』38-12、大修館書店
国立国語研究所（編）（2001～2008）『全国方言談話データベース　日本のふるさとことば集成』国書刊行会
国立国語研究所（編）（2006）『方言文法全国地図6』国立印刷局
里村郷土史編纂委員会（編）（1985）『里村郷土史』里村（概説書・語彙集）
嶋戸貞良（1935）『鹿児島方言辞典』鹿児島県教育会
尚学図書（編）（1989）『日本方言大辞典』小学館
鈴木孝夫（1973）『ことばと文化』岩波書店
永田高志（2015）『対称詞体系の歴史的研究』和泉書院
日本放送協会（編）（1999）『全国方言資料』NHK出版
平山輝男（編）（1992）『現代日本語方言大辞典　第2巻』明治書院
藤原与一（1996）『日本語方言辞書──昭和・平成の生活語──』東京堂出版
森勇太・平塚雄亮・黒木邦彦（編）窪薗晴夫（監修）（2015）『甑島里方言記述文法書』大学共同利用機関法人　人間文化研究機構連携研究「アジアにおける自然と文化の重層的関係の歴史的解明」サブプロジェクト（研究代表者・窪薗晴夫）「鹿児島県甑島の限界集落における絶滅危機方言のアクセント調査研究」研究成果報告書、国立国語研究所
山本空（2014）「方言談話における二人称代名詞の談話機能」『日本方言研究会第99回研究発表会発表原稿集』日本方言研究会
山本空（2015）「相生市方言における省略可能な対称詞とその出現条件」『千里山文学論集』94、関西大学大学院文学研究科

山本空

山本空(2016)「方言談話における対称詞の使用量の地域差」『国文学』100、関西大学国文学会

山本空(2018)「ロールプレイ会話における省略可能な対称詞の使用と対人距離の地域差」『日本方言研究会第106回研究発表会発表原稿集』日本方言研究会

指示副詞の形式と意味
―― 古典語・甑島方言を通して ――

藤本真理子

キーワード：指示詞、程度・量の用法

要旨

　甑島方言の指示副詞には、「コガン（こんな）」と「コガンタフウニ（こんなふうに）」に代表される2形式がある。これらは、〈動作・作用の様態を表す用法〉〈言語・思考・認識活動の内容を表す用法〉〈静的状態の様子を表す用法〉に関して、いずれも用いることができる。しかし、〈程度・量の大きさを表す用法〉に関しては、「コガン」は用いることができるのに対し、「コガンタフウニ」はこの用法をもたない。本稿は、甑島方言に加え、古典語、さらに標準語を対象として、日本語指示副詞の体系を考察する。古典語の指示副詞でも「カク」に対して、後の「コンナフウニ」「コノヨウニ」に通じる「カヤウニ」の形式がみられるが、「カク」以外はすべて〈程度・量の大きさを表す用法〉をもたない。本稿では、日本語指示副詞の形式と意味の核に〈程度・量の大きさを表す用法〉があることを指摘する。

1. はじめに

　現代日本語では、次のように指示副詞の用法の中で、程度・量を表す形式とそれ以外の意味を表す形式に違いがみられる。

(1) a. 【様子】［走ったときの映像をみせながら］{こう／このように}走りました。
　　b. 【程度・量】［走ったときの映像をみせながら］こんなに走りました。

(1a)は走り方や走った経路などを指し示しているのに対し、(1b)は走った量が多いことを表しており、(1a)と(1b)の指示副詞では表す意味が異なる。(1b)のような「〜ンナニ」は、程度・量の意味を表す専用の形式として、

現代日本語において確立していると言える。この指示副詞の形式と意味の対応関係については、先行研究でも次のように指摘されている。

(2) 「こう／そう／ああ」は「こんなに／そんなに／あんなに」と違って、「走る、食べる、急ぐ、…」などの動詞を修飾して、その動作に関わる量が大きいことを表す用法はない

(金水・木村・田窪 1989: 68)

(2)は、指示副詞コウ・ソウ・アアの形式が程度・量の意味を表す用法をもたないことを指摘している。これについて、岡﨑(2010)では次のような例を挙げて、「コウ」のようなタイプの指示副詞が、身体的指示動作をともないながら説明・分析を行なう場面とそうでない場面とで、表す意味が異なることが確認できるとしている。ここでいう身体的指示動作とは、(3b)であれば、たとえば岩場で横になるポーズをとるなどの動作を指している。

(3) a. いくら休みでも（こう／こんなに）寝ると、頭が痛くなる。
 b. （キャンプで、父親が子供に）
  ほら、岩場でも（こう／*こんなに）寝ると、うまく寝られるよ。

(岡﨑 2010: 37、(38)(40))

指示副詞「こう」は、(3a)では「寝る」という時間的に幅のある動詞を修飾し、寝た量がどれぐらいかという、程度・量の大きさを表す。(3b)では説明的な場面、ここでは「寝方を実演しながら説明する場面」(岡﨑 2010)に用いられ、どのような格好で寝たかという、動作の様子を表している。一方、「こんなに」は動作の様子を表すことができず、(3a)のような程度・量の大きさを表す場合にしか用いられない。(2)(3)から、次のことが言える。

(4) 現代日本語において、指示副詞の「コウ」は程度・量を表す形式としても、それ以外の意味で様態を表す形式としても用いることができる（後ろにつづく動詞に制限あり）のに対し、「コンナニ」は程度・量を表す形式としてのみ用いられる。

このように、現代日本語の指示副詞の体系には、程度・量を表す用法に特化した「コンナニ」の形式がある。しかしながら、日本語にとって、このような指示副詞の体系は、普遍的なものと言えるのだろうか。次に挙げるの

は、鹿児島県薩摩川内市の甑島里方言の例である。

(5) ［たくさんお酒を飲んで］
　　コガン（こんなに）飲んで大丈夫かな。　　　　　　（指示語調査[1]）
(6) ［ニガウリの調理法をたずねて］
　　A：エー、割ッテ　長ママー　長ママヤ？
　　　「えー、割って長いまま？長いままか？」
　　B：塩ヅケテ　ナイロン袋ニ　入レテ　押シトイトヨ。
　　　「塩を付けて、ナイロン袋に入れて、押しているよ。」
　　A：アー、オイモ　ソガン　シテカナー。
　　　「ああ、私も｛そんなふうに／そう／*そんなに｝しておかなけれ
　　　ば。」　　　　　（森・平塚・黒木（編）2015: 163、(159)、一部改め）

　(5)では程度・量の大きさを表す用法に「コガン」という形式が用いられている。(6)は動作の様子を表す用法に「ソガン」という形式が用いられている。甑島方言においては、「〜ガン」という形式の指示副詞が、程度・量の大きさを表す用法でも、動作の様子を表す用法でも、用いられる[2]。その点において、標準語の「こう」「そう」と同じである。また、古典語でも指示副詞「カク」という形式に、程度・量の大きさを表す用法、動作の様子を表す用法がともにあることが確認できる。後述するように、本稿では、この甑島方言と古典語とを対象として、日本語の指示副詞の体系を考察する。

　本稿の構成は以下のとおりである。2節では先行研究をもとに、甑島方言・古典語を考察する際に用いる現代語の指示副詞による副詞的用法の分類と、甑島方言の指示語、主として指示副詞の語形を示す。3節では甑島方言

1　「指示語調査」とは、筆者が2011年に甑島里集落で行なった調査のことである。指示語形を把握するために絵を用いて形式を尋ねる調査と、指示副詞の用法を把握するために場面説明をしたのちに指示語の該当箇所のみ語形を尋ねる調査とを行なった。なお指示副詞の用法については、場面説明のみでは指示語形が用いられない場合にかぎり、標準語での形式を調査者が提示し、方言ではどのように言うかという質問をしている。そのため、本稿の用例のうち「指示語調査」とあるものは、方言形をカタカナ表記、標準語形を非カタカナ表記としている。

2　このような指示語の言語形式は九州方言で広く観察される。

の指示副詞「コガン・コガンタフウニ」形式の副詞的用法による使用状況を記述する。つづく4節では古典語の指示副詞を整理し、歴史的変化の動機のひとつに程度・量の大きさを表す用法があることを提示する。そして5節は、その程度・量の大きさを表す用法から、改めて古典語・甑島方言・標準語の体系を検討する。最後の6節はまとめである。

2. 現代語の指示副詞による副詞的用法の分類

甑島方言および古典語の指示副詞を対照して検討するにあたり、ここでは現代語の指示副詞の用法分類を基準とする。

2.1. 指示副詞の副詞的用法

岡﨑(2010)では、現代標準語の指示副詞を形式ごとに分類し、それらの副詞的用法別の使用状況を示している。

表1 現代標準語の指示副詞の副詞的用法(岡﨑 2010:29、一部改め)

	現代語の指示副詞	動作	言語	程度	静的
A	コウ・ソウ・アア	△	●	●	×
B	B-1 コウヤッテ・ソウヤッテ・アアヤッテ	※	×	×	×
	B-2 コウシテ・ソウシテ・アアシテ	※	×	×	※
C	C-1 コンナ風ニ・ソンナ風ニ・アンナ風ニ、コウイウ風ニ・ソウイウ風ニ・アアイウ風ニ	●	●	×	●
	C-2 コノヨウニ・ソノヨウニ・アノヨウニ	●	●	×	●
D	D-1 コンナニ・ソンナニ・アンナニ	×	×	●	×
	D-2 コレホド・ソレホド・アレホド、コレ(コノ)クライ・ソレ(ソノ)クライ・アレ(アノ)クライ、コレダケ・ソレダケ・アレダケ	×	×	●	×

●=用法がある、×=用法がない、△=用法はあるが、偏りおよび場面制約がある、※=用法はあるが、偏りがある。またC-2類は現代語においては口頭[3]では用いにくい。

---

3 話しことばの意。

ここでの副詞的用法は、〈動作・作用の様態を表す用法〉〈言語・思考・認識活動の内容を表す用法〉〈程度・量の大きさを表す用法〉〈静的状態の様子を表す用法〉の4つに分類されている。(7)のような例がそれぞれの用法として挙げられている。

(7) 副詞的用法の分類[4]（岡﨑2010、一部改め）
　　●動作・作用の様態を表す用法
　　　例）ここのレバーを手前に{こう／こうやって／こうして／こんな風に／このように}引くと、ほら、舞台の幕が上がるでしょう。
　　●言語・思考・認識活動の内容を表す用法
　　　例）「おはようございます。きょうもよろしくお願いいたします」{こう／こんな風に／このように}言いながら、登美子が入ってきた。
　　　例）「おはようございます。きょうもよろしくお願いいたします」{そう／そんな風に／そのように}言いながら、登美子が入ってきた。
　　●程度・量の大きさを表す用法
　　　例）「暑いですね」
　　　　　「ええ、暑いですね。{こう／こんなに／これほど}暑いと、勉強がはかどりませんね」
　　●静的状態の様子を表す用法
　　　例）この道は{こんな風に／このように}人通りが少ないですから、女性の一人歩きは危険です。

表1の〈動作・作用の様態を表す用法〉の△に関わる場面制約（岡﨑2010、金水・木村・田窪1989）とは、指・視線・体の動きなどで対象を指し示す動作や実演の動作をともなう説明的な場面に対し、指し示すような動作をともなわず、説明的でない場面では、「コウ」が用いられないか用いられにくい、

---

[4] この分類は岡﨑(2010)による。なお、以下に挙げる例文は調査例文を除き、金水・木村・田窪(1989)および岡﨑(2010)と同じ、もしくはそれらを改変したものである。

というものである。

(8) 西風が{*こう／こんなふうに}吹いてくるときは、雨になることが多い。　　　　　　　　　　　　　　　　（金水・木村・田窪 1989: 60）

〈静的状態の様子を表す用法〉に関しても、「コウ」が用いられないのは、直接、対象を指し示す動きをともなわないという点が理由に挙げられる。

(9) a. あなたといつまでも、ここで{*こう／こんなふうに}いたい。
　　　　　　　　　　　　　　　　（岡﨑 2010: 40、(47)、一部改め）
　　b. 本当にそこらにいるおばさんなんだけど、（中略）今どき{#ああ／あんなふうに}普通っぽいのは有難いと思うね。
　　　　　　　　　　　　　　　　（岡﨑 2010: 40、(46)、一部改め）

(9b)では「ああ」を用いた文を作ることもできるが、その場合、「ああ」が程度・量の大きさを表す用法として解釈されることが、岡﨑(2010)では指摘されている。

2.2. 甑島方言の指示語形

ここでは、2011年に鹿児島県薩摩川内市甑島里集落にて行なった指示語調査の調査結果を示す。この調査の概要は、注1で示している。なお、甑島里方言（以下、「甑島方言」と呼ぶ）の指示詞に関する詳細は、森・平塚・黒木(編)『甑島里方言記述文法書』(2015)において述べている。甑島方言の指示詞には以下の表2の形式が確認される。

甑島方言は、コ・ソ・アの系列面では標準語のコ・ソ・アと目立った差異はなく、話し手からの距離によって以下のように整理できる[5]。

(10) コ：話し手から近い要素
　　　ア：話し手から遠い要素
　　　ソ：中距離にある要素／聞き手の領域にある要素

5　なお、複合名詞については甑島方言にも「コイシコ」（これだけ）などが確認されているが、詳細な分析は今後の課題としたい。

表2　甑島方言の指示詞形式[6]

	コ系	ソ系	ア系
もの	こい	そい	あい
場所	ここ	そこ	あいこ
方角	こっち	そっち	あっち
ようす	こがん	そがん	あがん
指定	こん	そん	あん
容子	こがん((めいた)ふうに) こがんたふうに	そがん((めいた))ふうに) そがんたふうに	あがん((めいた)ふうに) あがんたふうに
人 (卑)	こんわろー	そんわろー	あんわろー

　形式面では、後部要素によって対象の性質の異なるものを指示する。標準語と異なる点として挙げられるのは、(5)(6)に挙げた「コガン」「ソガン」のような形式は、動詞を修飾する副詞として用いられるだけでなく、名詞を修飾する連体詞としても用いられる点である。

(11)　[出版された本を自分に送ると言われた。しかし、自分たちに送るよりも調査員に送る方がよいという意見に賛成して]
　　　ナー、ソノ方ガ　ズット　ヨカデーヨ。コガントバ　アガン　スイヨーカ　オラー　ソガン　オンムー、オンムーヨイ。
　　　「ねえ、その方がいいよね。こういうのを、{ああ／あのように} するより僕はそう思う、思うよ。」
　　　　　　　　　　　　　　(森・平塚・黒木 (編) 2015: 163、(160)、一部改め)

(11)では、同じ「〜ガン」という要素をもちながら、先の「コガン」は連体詞として、あとの「アガン」や「ソガン」は「する」や「思う」に修飾する副詞として用いられている。

6　表2の「ようす」「容子」のうち、「容子」は佐久間鼎の現代語の指示詞の分類にならうものである。「容子」は、述語を修飾して副詞的に用いられる形式を含み、「ようす」は、主に名詞を修飾して連体詞的に用いられる形式を含む。

3. 甑島方言の指示副詞

本節では甑島方言の「コガン・ソガン・アガン」「コガンタフウニ・ソガンタフウニ・アガンタフウニ」という、大きく分けて2種類ある指示副詞の形式について取り上げる。この2形式は、標準語の「コウ・コンナニ・コンナフウニ」といった形式と重なるところが多い。そのため、これらの形式を2.1節で示した〈動作・作用の様態を表す用法〉〈言語・思考・認識活動の内容を表す用法〉〈程度・量の大きさを表す用法〉〈静的状態の様子を表す用法〉の4分類に従って調査した。以下、それぞれの用法を〈動作〉〈言語〉〈程度〉〈静的〉とも示す。

表3 甑島方言の指示副詞の様相

	動作	言語	程度	静的
コガン	●	●	●	※
コガンタフウニ	●	●	×	●

記号は表1にならい、●＝用法がある、×＝用法がない、※＝用法はあるが、偏りおよび場面制約があることを表している。

表3はコ系で代表して示している。内訳は以下のとおりである[7]。

表4 コガンの使用状況

	M1	M2	M3	F1
動作	○	○	○	○
言語	○	○	○	○
程度	○	○	○	○
静的	○	※	―	※

表5 コガンタフウニの使用状況

	M1	M2	M3	F1
動作	○	○	○	○
言語	○	○	○	○
程度	△	×	×	×
静的	○	○	―	○

表4、5の記号は、○＝用法がある、×＝用法がない、※＝用法はあるが、偏りおよび場面制約があることを示している。なお、―は調査時に回答が得られなかったものである。

---

7 インフォーマント情報 M1：1920年代生まれ、M2：1930年代生まれ（0歳から8年間、広島県に在住）、M3：1940年代生まれ（15歳から20年間、神戸市に在住）、F1：1930年代生まれ（15歳から約4年間、いちき串木野市、鹿児島市に在住）

以下、甑島方言の指示副詞の使用状況を用法ごとに確認する。

3.1. 動作・作用の様態を表す用法

　動作・作用の様態を表す用法の調査は、標準語の使用場面制約にそって【説明的な場面】と【説明的でない場面（動作・作用の様態の性質・特徴を指す場面）】の2つに分けて行なった。説明的な場面では「コガン・コガンタフウニ」ともに、以下のように用いることができる。

(12)　【説明的な場面】
　　　［マナー違反の「握りばし」で箸をもっている子供をみて］
　　a.　｛ソガン／ソガンタフウニ｝もつんじゃない、｛コガン／コガンタフウニ｝もつんだ。
　　b.　｛ソガン／ソガンタフウニ｝もつんじゃない、｛アガン／アガンタフウニ｝もつんだ。　　　　　　　　　　　　（指示語調査）

一方、説明的でない場面でも「コガン・コガンタフウニ」ともに用いられるという回答を得た。(13)のような場面である。

(13)　【説明的でない場面】
　　a.　｛コガン／コガンタフウニ｝盛り付けたら、おいしそうだね。
　　b.　その上着、｛ソガン／ソガンタフウニ｝着たら、おしゃれにみえるね。
　　c.　｛アガン／アガンタフウニ｝花を飾ると、部屋が違ってみえるね。
　　　　　　　　　　　　　　　　　　　　　　　　　　　（指示語調査）

ただし、「コガン」「ソガン」「アガン」の形式は誘導による回答が多く、また話者の内省では全くの同一場面とは言い難いようである。「コガンタフウニ」のような形式がどの例文でも問題なく用いられるのに対し、「コガン」に代表される形式は、系列ごとにも用いられやすさに違いがみられた。特に(13b)の「ソガン」については、非難の意味にとれそうであるため、やや変であるという内省もあった。

3.2. 言語・思考・認識活動の内容を表す用法

「言う」や「思う」など言語・思考・認識活動の内容を表す動詞には、「コガン・コガンタフウニ」の両形式がコ・ソ・アともに用いられ、それぞれの内容を指し示している。

(14) A：「山田さんが、花子の顔なんか二度とみたくないと言ってたよ」
　　　B：「なんだって。山田さんは、本当に{ソガン／ソガンタフウニ}言ったのか」　　　　　　　　　　　　　　　　　　　　（指示語調査）

(15) A：「先週、あなたと話していたとき、私は『車を買う』って言ってたでしょ」
　　　B：「うん、言ってたね。いつ買うの？」
　　　A：「あのときは、{アガン／アガンタフウニ}言ったけれど、今は考えが変わったんだ。やっぱり車は買わないことにしたよ。」
　　　　　　　　　　　　　　　　　　　　　　　　　　（指示語調査）

(16) 「花子の料理を食べたら、『なんてまずいんだ』って思うかもしれないけれど、{ソガン／ソガンタフウニ}思っても、言ってはいけないよ。」　　　　　　　　　　　　　　　　　　　　　　　　　（指示語調査）

(17) コンナ　コトトワ　知ラナカッテ　ユーテ　電話デ　<u>ソガン</u>
　　　<u>ユーヤイモス</u>。
　　　「「こんな事とは、知らなかった」と言って、電話で<u>そう言いなさいます</u>。」　　　　（森・平塚・黒木（編）2015: 163、(158)、一部改め）

(14)～(16)は面接調査で確認した例であり、(17)の「ソガン」は、談話資料からの用例である。(14)(15)(17)の指示詞は言語活動の内容を表し、(16)は思考活動の内容を表している。

3.3. 程度・量を表す用法

性質・状態の程度や様態の程度・量が大きいことを表すこの用法では、「コガン・ソガン・アガン」は用いることができる。それに対し、「コガンタフウニ・ソガンタフウニ・アガンタフウニ」は全く同じ意味で用いられるわけではない。

(18)　{コガン／*コガンタフウニ} 飲んで大丈夫かな。　　（指示語調査）
(19)　［レストランで］
　　　客「カレーと、ラーメンと、ギョーザと、ハンバーグと、お汁粉と、あんみつと、一人前ずつください」
　　　店員「ええっ、ひとりで {ソガン／*ソガンタフウニ} 食べるのか。」
　　　　　　　　　　　　　　　　　　　　　　　　　　　（指示語調査）
(20)　{アガン／*アガンタフウニ} 泣いたのは久しぶりだ。（指示語調査）

いずれの例文においても、「〜タフウニ」の形式を用いると、飲み方、食べ方、泣き方を述べることになるという内省が、調査したインフォーマント全員から得られた。

3.4.　静的な様子を表す用法

静的な様子を表す用法は、先にも述べたとおり、(13)に挙げた動作・作用の様態を表す用法のうちの説明的でない場面と同じである。ただし、(13)の場合よりも、この静的な様子を表す用法においての方が「コガン」や「アガン」が用いにくいようであった。これは、標準語の「コウ・ソウ・アア」の形式が説明的場面すなわち指・視線・体の動きなどで対象を指し示す動作や実演の動作をともなう場合でなければ用いられにくいということと同じ傾向を示している。

(21)　［テレビでかっこいい俳優をみて］
　　　　私も昔は {? コガン／コガンタフウニ} かっこよかったんだよ。
　　　　　　　　　　　　　　　　　　　　　　　　　　（指示語調査）
(22)　［豪邸に住み、優雅な暮らしをする人をテレビでみて］
　　　　私も {? アガン／アガンタフウニ} 暮らしてみたい。　（指示語調査）

(21)(22)で？を用いているのは、表4で示したとおり、話者によって回答にばらつきがあったためである。

3.5.　甑島方言のコガン形式とコガンタフウニ形式

「コガン」と「コガンタフウニ」はどちらも〈動作〉〈言語〉の用法をもって

いる。また動作・作用の様態を表す場合でも指差しなどをともなわない説明的でない場面や〈静的状態の様子を表す用法〉では一部、「コガン」の形式が用いにくいことも本調査において確認できた。その中で、「コガン」の形式と「コガンタフウニ」の形式のもっとも大きな違いとして挙げられるのは、〈程度・量の大きさを表す用法〉をもっているか否かという点である。甑島方言においては、〈程度〉の用法をもつ指示副詞「コガン」が他の用法にも広く用いられるのに対し、「コガンタフウニ」の形式をとる指示副詞は〈程度〉の用法はもたないことが指摘できる。この「コガンタフウニ」のふるまいは、標準語の「コンナフウニ」の形式とほぼ対応するものである。

4. 古典語の指示副詞

　本節では、古典語の指示副詞を概観する。古典語の指示副詞において、〈程度・量の大きさを表す用法〉をどのような形式が担っていたのかについてみる前に、古典語の指示副詞の様相を述べておく。古典語の指示副詞は上代から中古・中世ごろまで、カク系列とサ系列の2種類が担っていた。このカク系列・サ系列の指示副詞は指示代名詞のコ系列・ソ系列と並行して用いられており、カク系列はコ系列、サ系列はソ系列と似た対立関係のもと使用されていた。指示副詞がカク系列・サ系列の対立から「コウ・ソウ」そして「コウ・ソウ・アア」というコ・ソ・アの体系に組み込まれるのは中世後期から近世にかけてであることが分かっている。

　このようなカク系列・サ系列の指示副詞の体系のうち、中古には次に挙げるような、カク系列に「カク（カウ）・カヤウニ」、サ系列に「サ（サウ）・サヤウニ」といった形式が確認できる。

(23) a.　さるべき契りあるにやと思しながら、なほ<u>かう</u>身を沈めたるほどは、行ひよりほかのことは思はじ、（略）

　　　　　　　　　　　　　　　　　　　　（源氏物語、明石、2: 237)

　　　　（「しかるべき宿縁のあることだろうかとお思いになりながら、やはり｛*こう／このように｝身の上を沈ませている間は、勤行以外

のことは心にかけることはしないでおこう」)
  b. 御随身ついゐて、「かの白く咲けるをなむ、夕顔と申しはべる。花の名は人めきて、<u>かう</u>あやしき垣根になん咲きはべりける」と申す。　　　　　　　　　　　　　　　　（源氏物語、夕顔、1: 136）
  （御随身がひざまずいて「あの白く咲いておりますのを、夕顔と申します。花の名はひとかどに人間らしくございまして、{<u>*あ</u><u>あ</u>／あのように} みすぼらしい垣根に咲くものでございます」と申しあげる。）
  c. 「<u>かやうに</u>おとづれきこえん人をば、人選りして答へなどはせさせよ。」　　　　　　　　　　　　　　（源氏物語、胡蝶、3: 177）
  （「{*こう／このように} お手紙をお寄せ申す人たちに対しては、相手を選んでからご返事などさせるようになさい。」）
(24) a. 〔源氏〕「便なしと思ふべけれど、いま一たびかの亡骸を見ざらむがいといぶせかるべきを、馬にてものせん」とのたまふ、いとたいたいしきこととは思へど、〔惟光〕「<u>さ</u>思されんはいかがせむ。はやおはしまして、夜更けぬさきに帰らせおはしませ」と申せば（略）　　　　　　　　　　　　　　　　（源氏物語、夕顔、1: 177）
  （「不都合なと思うだろうけれど、もう一度あの人の亡骸を見ないことには、とても気持ちが晴れそうもないから、馬で出かけて行こう」とおっしゃるので、とんでもないこととは思うけれども、「{そう／そのように} おぼしめすのでしたら、是非もございません。早くお出かけになりまして、夜の更けぬうちにお帰りになりますよう」と申しあげるので）
  b. 〔命婦〕「いでや、<u>さやうに</u>をかしき方の御笠宿にはえしもやと、つきなげにこそ見えはべれ。」　（源氏物語、末摘花、1: 276）
  （「さあ、{*そう／そのように} 風情をお求めの方のお立ち寄り所としては、とてもとてもと、不向きのようにお見受けされます。」）
(23b)からは、カク系列が近距離の対象だけでなく、話し手にとって距離の

離れた対象を指し示す場合にも用いられることがわかる。また中世前期ごろまでは、「カウ（カク）・カヤウニ」「サウ（サ）・サヤウニ」はそれぞれカク系列の中、サ系列の中で、明確には使い分けられていない例があることも報告されている。次の『天草版平家物語』の例では、現代語であれば「このように」となるところに、指示副詞「かう」が用いられている。

(25)　「ついに隠れあるまじいことなれば、しばらくわ知らすまじいと思う：その故わ都に入って<u>かう</u>世にないものと申すならば、さだめて様をも変え、形をやつさうずるも不便な」

(天草版平家、巻第4 第14、315)

（「最終的には自分の入水も知れわたるであろうから、しばらくは知らせないでおこうと思う：そのわけは都に入って、<u>このように</u>世を去ったものと言うならば、きっと出家をしようとするであろう、それも不便なことであるから」）

ここでは、古典語のカク系列にしぼって、その用法の範囲をみていく。カク系列「カウ・カヤウニ」の形式は、(23a)(23c)に挙げるように、動作・作用の様態を表す用法がある。そして〈言語・思考・認識活動の内容を表す用法〉も次のように確認できる。

(26)　うつぶし臥して、え渡るまじと思ほしたるを、〔北の方〕「<u>かく</u>思したるなん、いと心憂き」などこしらへきこえたまふ。

(源氏物語、真木柱、3: 373)

（姫君がうつぶせにふして、とてもここを立ち去れるものではないと思っていらっしゃるのを、母君は、「<u>そのように</u>お思いであるとは、本当に情けない」などと、おなだめ申しあげなさる。）

カク系列の指示副詞は現代語のコ系列よりも広い意味用法をもち、(27)のように〈静的状態の様子を表す用法〉を修飾する例もみられる。

(27) a.　御随身ついゐて、「かの白く咲けるをなむ、夕顔と申しはべる。花の名は人めきて、<u>かう</u>あやしき垣根になん咲きはべりける」と申す。　　(源氏物語、夕顔、1: 136、(23b) 再掲)

（御随身がひざまずいて「あの白く咲いておりますのを、夕顔と

申します。花の名はひとかどに人間らしくございまして、{*ああ／あのように} みすぼらしい垣根に咲くものでございます」と申しあげる。)
  b. みづからかく田舎の民となりにてはべり。
(源氏物語、明石、2: 245)
({*こう／こんなふうに} 田舎の民となりました。)

(28) も (27) 同様、〈静的〉用法であるが、〈程度・量の大きさを表す用法〉ともとれる例である。

(28) 〔小君〕「なぞ、かう暑きにこの格子は下ろされたる」と問へば、〔女房達〕「昼より西の御方の渡らせたまひて、碁打たせたまふ」と言ふ。　　　　　　　　　　　　　　　（源氏物語、空蝉、1: 119）
（「どうして、{このように／こんなに} 暑いのに、この格子を下ろしておられるのかしら」と小君が尋ねると、「昼から西の対のお方がお越しになって、碁を打っておいでです」と言う。）

また上代・中古から〈程度〉用法には、カクバカリやカホドといったカク系列の指示副詞に形式名詞をともなった複合形式も用いられている。これらの形式は〈程度〉用法に特化している。

(29) a. 来立ち呼ばひぬ　かくばかり［可久婆可里］すべなきものか　世の中の道　　　　　　　　　　　　（万葉集、巻5、892）
（{こう／こんなに／？こんなふうに} 辛いものか、世の中の道理というものは）
  b. 御なやみにことつけて、さもやなしたてまつりてまし、など思しよれど、またいとあたらしう、あはれに、かばかり遠き御髪の生ひ先を、しかやつさんことも心苦しければ
(源氏物語、柏木、4: 302)
（それもまたほんとうにもったいなくおいたわしくて、こうまで若く、末長い御髪の生い先を、そうした尼そぎ姿にすることも心苦しいので）

この時期の指示副詞は、「カク（カウ）」の形式が広い用法で用いられている

ものの、(29) のように、複合形式によって程度・量の大きさを表す例が確認できる。「カク（カウ）」の形式を用いて、程度・量の大きさを表す場合も (30) に挙げる「カクノミ」のように、「カク」単独では表しにくく「のみ」や「ばかり」などの助詞を必要とする。

(30)　相見ずは　恋ひざらましを　妹を見て　もとなかくのみ［本名如此耳］恋ひばいかにせむ　　　　　　　　　　（万葉集、巻4、586）
（逢いさえしなければ恋い慕うこともなかったでしょうに。あなたを見て、いたずらにこんなにも恋しくてはどうすればよいのでしょう）

(29)(30) に示したように、古典語の指示副詞では、程度・量の大きさを表す形式に複数のものがみられることが指摘できる。〈動作・作用の様態を表す用法〉、〈言語・思考・認識活動の内容を表す用法〉、〈静的状態の様子を表す用法〉に関しては、カク（カウ）もカヤウニも表すことができていた。しかし、〈程度・量の大きさを表す用法〉をもつかもたないかという点で異なり、さらにカヤウニでは表せないところに、(29)(30) のような形式があるというのが、中古までの指示副詞の様相である。

中世以降は、(31) に挙げたような「カヤウニ」が次第にその勢力を増し、もともと「カウ（カク）」のもっていた〈静的〉用法を失わせる要因となる。しかし、この「カヤウニ」の形式も〈程度〉用法まではもつことはなかった。

(31)　若君の御事などこまやかに語りたまひつつおはす。ここはかかる所なれど、かやうにたちとまりたまふをりをりあれば、はかなきくだもの、強飯ばかりはきこしめす時もあり。
　　　　　　　　　　　　　　　　　　　　　　（源氏物語、薄雲、2:441）
（源氏の君がこのようにお泊りになる折々があるので）

近世末から近代になるにつれ、カク系列の「カヤウニ」に代わりコ系列の「コンナフウニ」、「コノヨウニ」などの形式が現れる。これらの形式は広く用いられるようになるが、やはり〈程度〉用法をもつことはなく、現代語においてもこの用法では用いられない。

(32)a.　やれ〱見事な材木じやな、此やうにそろうたはまれな事じや

(虎明本狂言、三本の柱、上100)

 b. 兄弟はまだ父の死なない前から、父の死んだ後に就いて、<u>こんな風に</u>語り合った。   (夏目漱石、こころ、254)

　本節では、古典語のカク系列の指示副詞を取りあげて、〈程度・量の大きさを表す用法〉を中心に移り変わる指示副詞の新旧の形式を考察した。この変化は「サ(サウ)」、「サヤウニ」などのサ系列の指示副詞でも同じように生じている。古典語の〈程度〉用法では、「カクノミ」や「カバカリ」など「カク」に副助詞がついた形式が用いられることが多く見られた。また、これらの形式は、「カヤウニ」が〈程度〉用法をもたないのに対し、〈程度・量の大きさを表す用法〉のみをもつものであった。

5.　古典語・甑島方言・標準語の〈程度・量の大きさを表す用法〉

　本節では、3節、4節の考察から、3つの体系を位置づける。甑島方言、古典語の指示副詞の結果を現代標準語と対照すると、以下のような図が描ける。

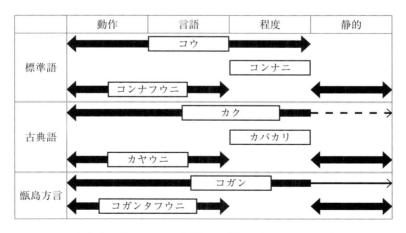

図1　古典語・甑島方言・標準語の指示副詞のもつ用法の範囲

245

表1でも示されていたとおり、標準語の指示副詞は、「コウシテ」や「コレ＋形式名詞」など多くの形式をもつ。中でも「コンナニ」の形式は、助詞を付加する形式以外では、〈程度・量の大きさを表す用法〉に専用の形式として、「コウ」「コンナフウニ」とは区別して用いられている。標準語では、分析的傾向の変化にともない、「～フウニ」や「～ヨウニ」といった形式を付加させた動作や作用の様態を表す形式が現れた。これらの形式は、〈程度〉用法では用いられず、標準語の指示副詞においては〈程度・量の大きさを表す用法〉がひとつの核になっているようにとらえられる。同じく古典語においても、「カバカリ」という〈程度〉用法専用の形式がみられ、「カヤウニ」という形式は程度・量を表す用法以外を担う形式である。古典語・標準語には、ともに〈動作〉〈言語〉〈静的〉をまとめて表すことのできる形式が生じている。これは、〈動作〉〈言語〉〈静的〉の3つを表すことと〈程度〉を表すこととを区別しようとする働きとみることもできる。そして〈程度〉に関しては、「カバカリ」や「コンナニ」という専用の形式をもつ体系となっている。

　それに対し、甑島方言には、程度・量の大きさを表す専用の形式はない。一部「コイシコ」など指示詞と接尾語を組み合わせた語形は確認できるが、この「シコ」は「だけ」という意味をもつ「しき」に由来するもので、あくまで複合形式であり、現代標準語の「コンナニ」とは異なるタイプのものである。甑島方言において、〈程度〉用法として中心的に用いられているのは、「コガン」の形式である。そしてこの「コガン」は〈程度〉用法以外の用法ももち合わせている。

　ここまでみてきた古典語・甑島方言・標準語の3つの指示副詞の体系は、各形式が〈程度・量の大きさを表す用法〉をもっているか否かという区別が中心にあることが指摘できる。それぞれの体系において、新しい形式として現れた「カヤウニ」「コンナフウニ」「コガンタフウニ」はみな〈程度〉用法をもたず、指示副詞によって程度・量の大きさを表す場合、それまでの形式もしくはさらに異なる形式を用いて示される。特に甑島方言では、とりたてて〈程度〉用法専用の形式は確認されず、「コガン」の形式が用いられている。この点は、「コガン」の形式に〈静的状態の様子を表す用法〉を認める話者が

いることとも合わせて、言語変化を考えていく必要がある。甑島方言では、「コガン」形式は〈程度〉用法も表せる形式として、「コガンタフウニ」形式は〈程度〉用法を表せない形式として、二手に分かれる仕組みをとっているのである。以上、もっている言語形式の種類やその方法に違いはあるものの、日本語指示副詞の体系変化を考える際、その軸のひとつに、〈程度・量の大きさを表す用法〉があることがわかった。

6. まとめ

　本稿では、古典語・甑島方言の指示副詞を取り上げ、程度・量の大きさを表す用法が日本語指示副詞の形式と意味の核となっていることを指摘した。3節では、甑島方言の指示副詞「コガン」と「コガンタフウニ」の2つの形式は、〈動作〉〈言語〉〈静的〉用法に関してはいずれも用いることができること、また両形式は〈程度・量の大きさを表す用法〉に大きな違いをみせることを明らかにした。4節では、古典語の指示副詞においても、さまざまな形式が増えていく中、〈程度・量の大きさを表す用法〉に関してはその用法専用の形式がみられることを指摘し、さらに新しく現れる形式の中に〈程度〉用法のみもたない形式があることを述べた。5節はこれらの結果を通して、古典語・甑島方言・標準語の3つの言語における指示副詞の体系を位置づけなおし、日本語指示副詞における〈程度・量の大きさを表す用法〉の重要性について述べた。

付記

　本稿は、第37回関西言語学会（2012年6月2日、於：甲南女子大学）におけるワークショップ「甑島方言から古典語を考える――方言研究との接点を求めて――」での口頭発表にもとづく。また本稿は、人間文化研究機構連携研究「アジアにおける自然と文化の重層的関係の歴史的解明」による研究成果の一部である。

参考文献

岡﨑友子（2010）『日本語指示詞の歴史的研究』ひつじ書房
金水敏・木村英樹・田窪行則（1989）『セルフマスターシリーズ4　指示詞』くろしお出版
森勇太・平塚雄亮・黒木邦彦（編）窪薗晴夫（監修）（2015）『甑島里方言記述文法書』大学共同利用機関法人　人間文化研究機構連携研究「アジアにおける自然と文化の重層的関係の歴史的解明」サブプロジェクト（研究代表者・窪薗晴夫）「鹿児島県甑島の限界集落における絶滅危機方言のアクセント調査研究」研究成果報告書、国立国語研究所

参考資料

万葉集：佐竹昭広・山田英雄・工藤力男・大谷雅夫・山崎福之校注『萬葉集』1-4、新日本古典文学大系1-4、岩波書店、1995–2003
源氏物語：阿部秋生・秋山虔・今井源衛・鈴木日出男校注・訳『源氏物語』①〜⑥、新編日本古典文学全集20-25、小学館、1994–1998
天草版平家：江口正広『天草版平家物語対照本文及び総索引　本文篇』、明治書院、1986
虎明本狂言：池田廣司・北原保雄『大蔵虎明本狂言集の研究　本文篇上』表現社、1972
こころ：夏目漱石『こころ』青空文庫

甑島里方言の
ノダ相当形式にみられる音変化
―― 他方言と対照して ――

野間純平

キーワード：甑島里方言、準体助詞、ノダ、一語化、大阪方言

要旨

　本稿では、鹿児島県薩摩川内市甑島里方言（以下「里方言」）におけるノダ相当形式について、特に「トヤイ」の音変化について記述した。当該方言では、形式名詞としての「トヤイ」は音変化を起こして「チャイ」となりうるが、ノダ相当形式の「トヤイ」は「チャイ」に加えて「サイ」「タイ」としても実現する。本稿では、準体助詞とコピュラがモダリティ形式として一語化していることの表れとしてこのことを解釈し、標準語および大阪方言と対照させた。その結果、ノダ相当形式が一語化の表れとして音変化を起こすという点はいずれの方言にも共通する一方で、里方言のそれは子音まで巻き込んだ変化であるという特徴が明らかになった。

1. はじめに

　現代日本語（標準語）には、「ノダ文」と呼ばれる次のような表現がある。
 (1) 　A：どこに行く<u>の</u>？
　　　B：学校に行く<u>んだ</u>。
(1)の下線部「の」「んだ」は、「準体助詞（＋コピュラ）」から構成されるモダリティ形式である。形のうえでは「準体助詞（＋コピュラ）」だが、様々な意味を表すため、その意味や用法をめぐっては、これまで多くの研究が積み重ねられてきた（井島2010、田野村1990、野田1997など）。
　このような「ノダ文」は各地方言にも存在し、多くが「準体助詞（＋コピュ

ラ)」から構成される。本稿で取り上げる鹿児島県薩摩川内市甑島里方言(以下「里方言」)でもそれは同じで、準体助詞「ト」とコピュラ「ヤイ」の組み合わせからなる。この「トヤイ」は音変化を起こして「チャイ」「サイ」「タイ」といった形で現れることがあるが、「ト」が形式名詞の場合と「トヤイ」がモダリティ形式として機能する場合とで音変化のあり方が異なる。

　そこで、本稿では、里方言におけるノダ相当形式について、特に「トヤイ」の音変化に注目して記述する。そして、その音変化のあり方を、モダリティ形式としての一語化という視点で他の方言と対照し、特徴づける。

　本稿の構成は以下のとおりである。まず2節では調査概要をまとめ、3節では本稿で用いる「準体助詞」「ノダ相当形式」といった用語の定義を行う。4節では里方言のノダ相当形式について、特に「準体助詞＋コピュラ」の音変化のあり方について記述する。続く5節では、当該方言のノダ相当形式を、モダリティ形式としての音変化という視点で他の方言と対照させつつ特徴づける。最後の6節はまとめである。

2. 調査概要

　甑島は、鹿児島県薩摩半島の西方約40キロメートルにある列島で、上甑島・中甑島・下甑島および多数の無人島からなる。調査地である里地区は、上甑島に位置し、島内で最も人口が多い地域である。次頁に甑島列島の図を示す。

　本稿で記述の対象とする里は、薗上(そのうえ)・薗中(そのなか)・薗下(そのした)・村東(むらひがし)・村西(むらにし)という地区に分かれている。本稿で取り上げるノダ相当形式については、里における地域差が一部認められるため、適宜言及することがある。

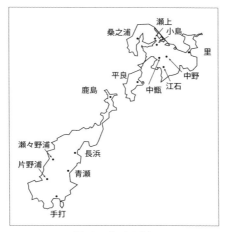

図 1　甑島列島

　調査は、調査票を用いた面接方式で行った。主なインフォーマントは、里地区で生育した 1920～40 年代生まれの男女である。調査は 2011 年から 2014 年にかけて行い、インフォーマントの年齢は 2014 年現在で 74 歳から 85 歳であった。以下、本稿で提示する例文は、面接調査で得られたものと、自然談話から得られた用例である。また、理解の便を考慮して、例文は基本的にカタカナ表記とし、標準語訳を付す。例文中の「*」は当該の文や表現が文法的に不適格であることを表し、「?」は不適格とまではいえないが不自然であることを表す。

3. 本稿で使用する用語と定義

　里方言のノダ相当形式の記述に入る前に、まずは本稿で扱う「ノダ相当形式」や「準体助詞」といった用語について定義しておく。
　日本語学における「準体助詞」という用語が指す範囲や定義については様々な立場があるが、佐治（1969）が指摘するように、以下の標準語の例文 (2)(3)(4) の下線部の「の」を指して準体助詞と呼ぶことが多い。本稿でい

野間純平

う準体助詞の範囲も、おおむねこれに従う[1]。

(2) 　私のは机の上にあります。
(3) 　私が買ったのは辞書です。
(4) 　私が辞書を買ったのを知っていますか。

(2)の「の」は「のもの」の意味であり、連体格助詞に続く名詞が省略されたものとされることも少なくない。このような場合、里方言では連体格助詞「ン」または「ガ」に準体助詞「ト」が接続する（4.1節例文(6)）ため、「省略」と分析する必要はない。(3)の「の」は特定の名詞の代わりとして使われている代名詞といえる。(4)の「の」は、直前までを名詞節としてまとめる機能を持っている。この「の」は、特定の名詞の代わりをしているわけではないという点で(3)の「の」と異なる。

　以上のような準体助詞「ノ」は、コピュラと組み合わさることでモダリティ形式として機能することがある。

(5) 　私が辞書を買ったのだ。

(5)の「の」にはコピュラの「だ」が後接しており、組み合わさって1つのモダリティ形式「ノダ」を形成している。これは単純に「名詞節＋コピュラ」と解釈することはできず、特別な意味を持っている（田野村1990、野田1997など）。例えば(5)の場合、下線部の「の」が直前までの「私が辞書を買った」を名詞化して全体で名詞節として機能しているのではなく、「私が辞書を買った」という文に対する話し手の伝達態度を表している[2]。このようなモダリティ形式としての「準体助詞＋コピュラ」は、「ノカ」「ノダロウ」なども含めて「ノダ」や「ノダ文」と呼ばれている。

　以上を踏まえて、本稿では、(5)のようにモダリティ形式として機能する

---

[1] 森・平塚・黒木（編）(2015: 87)では、「だけ」「ばかり」「か」のように名詞を派生させる機能を持った形式をまとめて「準体助詞」としているが、本稿では準体助詞とモダリティ形式との連続性を問題にするため、これらを「準体助詞」として取り上げることはしない。

[2] この場合であれば、話し相手による「前からこんな辞書あったっけ」のような発話に対する返答と考えることができる。その際に表される「話し手の態度」については、「背後の事情」や「関連性」などのように様々なものが提唱されてきたが、それらに関する議論は本稿の主たる目的ではない。

「ノ（ダ）」に当たる形式を「ノダ相当形式」と呼ぶ。一方、(2)(3)(4)における「ノ」のように広く名詞化の機能を持つものを「形式名詞」と呼ぶこととする[3]。そして、名詞化であろうとモダリティであろうと、構成要素としての「ノ」を「準体助詞」と呼ぶ。つまり、「準体助詞」という形式が「形式名詞」と「ノダ相当形式」の用法を持つと考える。なお、これらの用語の定義は本稿において便宜的に定めたものであり、本稿で引用する先行研究においてはその限りではない。

なお、形式名詞の「ノ」とノダ相当形式の「ノ」を区別するためのテストとして、いわゆる「ガノ交替」が用いられることがある。本稿はこの「ガノ交替」について議論するものではないが、準体助詞とコピュラの組み合わせのモダリティ化という点と関連して、5.1 節で少し言及するところがある。

以上、本稿で用いる「準体助詞」「形式名詞」「ノダ相当形式」という用語の定義を述べた。以下では、これを踏まえたうえで、里方言におけるノダ相当形式を中心に記述する[4]。

4. 里方言の準体助詞と音変化

本節では、里方言における準体助詞について記述したうえで、その音変化のあり方について議論する。以下、形式名詞（4.1 節）とノダ相当形式（4.2 節）について簡単に記述したうえで、4.3 節でその音変化について述べる。

4.1. 形式名詞

里方言において使用される準体助詞は「ト」である。これは、大野（1983）などで示されているように、九州の多くの方言と同じ形式である。

---

[3] もちろん、「形式名詞」には「こと」「もの」「はず」なども通常含まれるが、本稿で使用する「形式名詞」という用語は、準体助詞の形式名詞用法を指すものと限定しておく。

[4] 4 節の記述は森・平塚・黒木（編）（2015: 87–89）による（筆者の執筆担当箇所）。準体助詞やノダ相当形式以外の文法項目についてはそちらの文法書を参照されたい。また、用語など、本稿のために一部変更を加えた箇所がある。

以下に示すように、「ト」は連体格助詞や動詞、形容詞、連体詞などに後接し、形式名詞としてはたらく。

(6)　コン　クルマー　オイガ<u>ト</u>ヤ　ナカドー。
　　　（この車は私のではないよ。）
(7)　ソケー　アイ<u>ト</u>バ　トッテ。（そこにあるのを取って。）
(8)　クルマン　アイギー　カイモネー　イク<u>ト</u>ン　ベンリヤイド。
　　　（車があれば買い物に行くのに便利だよ。）
(9)　マチーット　ヤイカ<u>ト</u>ガ　ヨカ。（もうちょっと安いのがいい。）
(10)　アン　フター　ヌッカ<u>ト</u>ン　ニガテヤイド。
　　　（あの人は暑いのが苦手だよ。）
(11)　コガン<u>ト</u>バ　アガン　スイヨキャ（こんなのをああするよりか）

(6)では、1人称代名詞「オイ」に連体格助詞「ガ」が後接し、さらに準体助詞「ト」が後接しており、「オイガト」で「私のもの」の意味になっている。これは3節の例文(2)に相当する。(7)と(8)は「ト」が動詞に後接する例で、それぞれ(3)の代名詞用法と(4)の名詞節を作る用法に当たる。それぞれ格助詞「バ」「ン(ニ)」が「ト」に後接していることから、「ト」までが名詞節として機能していることがわかる。(9)と(10)は「ト」が形容詞に接続する例で、それぞれ代名詞と名詞節の用法に当たる。(11)は連体詞「コガン」に「ト」が後接した例である。

以上のように、里方言における準体助詞は、大部分の九州方言と同様に「ト」であり、形式名詞としては接続や用法による複数の形式の使い分けなどはみられない。

4.2. ノダ相当形式

次に、ノダ相当形式について記述する。標準語と同様に、里方言のノダ相当形式も、準体助詞「ト」とコピュラ「ヤイ」の組み合わせからなり、「トヤイ」という形をとるが、「チャイ」「サイ」「タイ」という形で実現することが多い。詳細は4.3節で述べるが、これは「トヤイ」からの音変化と考えられ、コピュラが伴わない場合は「ト」のまま実現する。以下、本節では、

里方言におけるノダ相当形式の形式的特徴（4.2.1 節）と意味的特徴（4.2.2 節）について、それぞれ記述する。

4.2.1. 形式的特徴

　ここでは、音変化を除くノダ相当形式の形式的特徴について、簡単に記述する。里方言のノダ相当形式は、既に述べたように準体助詞「ト」とコピュラ「ヤイ」からなり、形式的には「ト」と「ヤイ」がそれぞれ準体助詞およびコピュラと同様のふるまいをする。

　コピュラの「ヤイ」は、次のように活用する。

（12）　イコーゴタッテ　イク<u>トヤナカ</u>。（行きたくて行くのではない。）
（13）　ヨージノ　アイ<u>チャッタ</u>。（用事があるんだった。）
（14）　アンフター　マタ　アサネ　シタ<u>チャロー</u>ナー。
　　　　（あの人はまた寝坊したんだろうな。）

（12）の「トヤナカ」は否定形、（13）の「チャッタ（＜トヤッタ）」は過去形、（14）の「チャロー（＜トヤロー）」は推量形の例である。これらは標準語の「のではない」「のだった」「のだろう」とそれぞれ並行的である。

　また、里方言のノダ相当形式は基本的にどの述語にも接続可能である。標準語と異なる点として、里方言のノダ相当形式は、次のように丁寧表現「モス」にも後接することを挙げておく。

（15）　ドケー　イッキャイモス<u>ト</u>ン。（どこへ行かれるんですか。）

（15）の「モス」は丁寧語に当たる形式である。標準語では丁寧語にノダ相当形式が後接できないが、里方言ではそれが可能である。

4.2.2. 意味的特徴

　次に、里方言のノダ相当形式が表す意味について簡単に記述する。意味に関する調査は必ずしも十分とはいえないが、基本的に標準語と並行的に考えられる。すなわち、標準語の「ノ（ダ）」が里方言の「ト（ヤイ）」におおむね置き換えられる。特に、聞き手に事態を認識させようという話し手の態度を表す「提示の「のだ」」（日本語記述文法研究会（編）2003: 199）にはおおむね

対応する。例えば、次の例では、「実は」と聞き手に打ち明ける場面においてノダ相当形式が使用されている。

　（16）　ジチャー　コンフター　センセーヤイ<u>チャイ</u>ド。
　　　　（実はこの人は先生なんだよ。）

(16)では、ノダ相当形式「チャイ（＜トヤイ）」がコピュラ「ヤイ」に後接しており、聞き手が知らないことを提示するという機能を果たしていると考えられる。これは、標準語の「ノダ」と同様の機能である。また、次のように複文において使用された場合も、標準語と同様に解釈できる。

　（17）　ワッカ<u>チャイ</u>デー　キバランカ。（若いんだから、頑張れよ。）
　（18）　モー　ワッカナカ<u>サイ</u>デー　ムリシヤンナー。
　　　　（もう若くないんだから、無理しなさるな。）

(17)では、ノダ相当形式「チャイ」に接続助詞「デー」が後接している。(18)では、ノダ相当形式「サイ」にやはり「デー」が後接している。この接続助詞「デー」は原因・理由を表すもので、おおむね標準語の「から」に相当する。標準語において、カラ節の中で「ノダ」が使用されると、カラ節内の命題を聞き手に強く認識させようという話し手の態度が表される。(17)では「聞き手が若いこと」、(18)では逆に「若くないこと」を聞き手に強く認識させることで、主節の内容を受け入れさせようとしていると説明できる。このような場合、里方言においてもノダ相当形式が使用される。

また、「提示の「のだ」」は疑問文においても使用される。里方言では、コピュラが現れず「ト」単独で、あるいは疑問の終助詞「ナ」[5]を伴うことが多い。

　（19）　コガン　オソカ　ジカンニ　ドケー　イッキャイ<u>ト</u>。
　　　　（こんな遅い時間にどこへ行かれるんだ。）
　（20）　アンフター　カイェーヤッタ<u>トン</u>。（あの人は帰られたの。）

(19)と(20)は聞き手に対する問いかけを表す文であり、文末に「ト」が使

5　(20)の「ト」に続く「ン」は疑問の終助詞「ナ」のバリアントと考えられるが、いつでも「ン」という形をとるわけではなく、「ン」になる条件は十分に明らかにはできていない。詳しくは、白岩ほか(2017: 208–209)を参照されたい。

用されることで、「先行文脈や状況の事情を認識したい」という態度を表す（日本語記述文法研究会（編）2003: 199）。(19)では、単に行き先を尋ねているだけではなく、「こんな遅い時間に出かけるのはどういうことだ」という含意があり、(20)では、「あの人が帰ったかどうか」の真偽を尋ねているだけでなく、帰った事情やその際の状況に対して説明を求める話し手の態度が表されている。このように、ノダ相当形式の意味については、疑問文においてもおおむね標準語と並行的に考えられる。

ここまで「提示の「のだ」」について記述してきたが、標準語のノダ相当形式が表す意味には「把握の「のだ」」（日本語記述文法研究会（編）2003: 197）もある。これは、次のように、話し手が認識していなかったことを把握したときに用いられるものである。

(21) へー、あの人、たばこ吸う<u>んだ</u>。

(21)は、「あの人」がたばこを吸うのを見て、話し手が独り言としてつぶやいたものである。このとき、「あの人がたばこを吸う」という事態は、話し手が発話時に把握したことである。

しかし、里方言においては、「トヤイ」単独ではこのような「把握の「のだ」」としては使えない。

(22) *アンフター　タバコ　スー<u>トヤイ</u>。（あの人、たばこ吸うんだ。）

ただし、同じ「把握の「のだ」」でも、次のように過去形だと自然になる。

(23) キューワ　ヨージノ　アイ<u>サイタ</u>。（今日は用事があるんだった。）

(23)の「アイサイタ」は「あるんだった」に当たる表現で、忘れていたことを思い出した際に使用される。以上のことから考えると、里方言のノダ相当形式は、「把握の「のだ」」としても使用されるが、「トヤイ」単独ではその機能を果たせないと考えられる。標準語においても、「把握の「のだ」」は「のだ」「んだ」のままではやや不自然に感じる人もおり、世代差や地域差があるという（日本語記述文法研究会（編）2003: 203）。そのような場合も、「のか」や「んだな」のように終助詞を伴ったり、(23)のように過去形になったりすると「把握」の意味が表される。そのことを考慮すると、「把握の「のだ」」に関しても、里方言のノダ相当形式は標準語とおおむね並行的といえる。

4.3. 里方言の準体助詞における音変化

前節では、里方言のノダ相当形式について簡単な記述を行った。それを踏まえて、本節では、準体助詞に起こる音変化について考察する。以下では、形式名詞の場合とノダ相当形式の場合との音変化のあり方の違いを示し（4.3.1節）、その音変化のメカニズムについて考察する（4.3.2節）。

4.3.1. 形式名詞とノダ相当形式における音変化

前節で述べたように、里方言のノダ相当形式は、準体助詞「ト」とコピュラ「ヤイ」からなり、(24)のような形式名詞「ト」を述語とする名詞述語文とは異なった意味を持つモダリティ形式である。

(24)　コン　クルマー　オイガ<u>ト</u>ヤ　ナカドー。
　　　（この車は私のではないよ。）　　　　　　　　　　　　（(6) 再掲）

(24)は、「オイガ」（私の）に形式名詞「ト」が後接して名詞句を形成しており、そこに「ヤ　ナカ」が後接することによって述語（否定形）になっている。4.2.2節で述べたような「提示」や「把握」といった話し手の態度が積極的に表された文ではなく、単なる名詞述語文であるといえる。つまり、同じ「トヤイ」という形式であっても、「形式名詞＋コピュラ」の場合と、ノダ相当形式の場合とで、表す意味が異なるのである。

しかし、両者の異なりは意味だけではなく、音変化のあり方にもみられる。すなわち、ノダ相当形式は「トヤイ」が「チャイ」「タイ」「サイ」という形で実現するのに対して、「形式名詞＋ヤイ」は「チャイ」という形で実現するものの、「タイ」や「サイ」にはならないという違いである。ここでは、「チャイ」「タイ」「サイ」を「トヤイ」からの音変化[6]による形式と考え、その様相を記述する。

4.2節冒頭で既に述べたように、ノダ相当形式の「トヤイ」は「チャイ」「タイ」「サイ」という形で実現することがある。既に挙げた例にもあるが、改めて以下に例を挙げる。

---

[6] ここでいう「変化」とは、必ずしも通時的な意味での「変化」を意味しない。

(25) ミズチッチー　ドッカ[7]　ヒチハチネンマエ　ツクタ　コトガ　ア
　　　イチャイド。
　　　（水鉄砲を7、8年前に作ったことがあるんだよ。）
(26) イマワ　ナカモサイヨーモン。（今はないのでしょうね。）
(27) コンメンカッテモ　キッテ　ヘセバ　コッピャー　ナイタイデー。
　　　（小さくても、切って干せば、コッパになるんだから。）

(25)の下線部「チャイ」、(26)の「サイ」、(27)の「タイ」は「トヤイ」が音変化したものと考えられる。これらは互いにバリエーション関係にあり[8]、里町における地域や性別によって使用する形式が異なるようである。筆者の観察および話者のコメントによると、おおむね、「チャイ」は村西で、「サイ」は薗上と薗中で、「タイ」は薗下と村東で使用されていると思われるが、詳細は未調査である。また、「サイ」は特に女性が使用する傾向があるようである。

なお、以上のような音変化が起こるのはあくまでも「ト」にコピュラが続く場合においてのことであり、ノダ相当形式であっても、以下のようにコピュラが続かない環境においては、「ト」が単独で、あるいは終助詞類と組み合わさって使用される。

(28) コドモカイモ　イッショニ　ソレニ　サンカ　サセルト　ユー
　　　ヨーナ　カタチデ　シヨーカテ　ユーオイト。
　　　（子ども会も一緒にそれに参加させるというふうにしようかって
　　　言ってるの。）
(29) コトシャー　カライモン　ナカトヨ。（今年は唐芋がないんだよ。）
(30) マタ　コトシモ　アイモストン。（また今年もあるんですか。）

---

[7] (25)の例はインフォーマントの自然談話からのものだが、この「ドッカ」は、里方言話者による標準語訳では訳出されていなかった。おそらく、言いよどみかフィラーのようなものだと思われる。

[8] 「チャイ」「サイ」「タイ」が1人の話者の中で何かしらの基準に沿って使い分けられている可能性もあるが、その点に関しては調査が及んでいないため、今後の課題としたい。少なくとも、文法的な性質のうえではいずれも同じであると判断した。

（31）　イェー　クイ<u>ト</u>ナラ　レンラク　センカ。
　　　　（家に来るのなら、連絡してくれ。）

(28)では「ト」が後に何も続かない形で、(29)と(30)では終助詞「ヨ」「ン(ナ)」を伴って使用されている[9]。(31)では、順接仮定条件を表す「ナラ」が準体助詞「ト」に後接しているが、「ナラ」はコピュラではなく名詞に直接つく（森・平塚・黒木（編）2015: 171）ので、この場合も「トヤイ」ではなく「ト」に後接する。以上のように、ノダ相当形式であっても、コピュラが続かず「ト」単独で使用される場合、音変化は起こらない。

　一方、「形式名詞ト＋ヤイ」の場合、「トヤイ」のまま、もしくは「チャイ」として実現し、「タイ」「サイ」とはならない。

（32）　コン　リンガー　キノー　コーテ　キタ｛チャイ／＊サイ／＊タイ｝ドー。
　　　　（このりんごは昨日買ってきたものだよ。）
（33）　コン　クルマー　オイガ｛チャー／＊サー／＊ター｝　ナカドー。
　　　　（この車は私のではないよ。）

(32)では、「キタトヤイ」の「トヤイ」が「チャイ」として実現しているが、これを「サイ」「タイ」で置き換えることはできない（置き換えるとノダ相当形式の解釈になる）。また、(33)は(24)と同じ意味の文であり、「チャー」は「トヤ」が音変化したものだといえるが、「サー」「ター」のようにはならない。これらのことから、「トヤイ」が「タイ」「サイ」などになるのは「形式名詞＋コピュラ」ではなく、ノダ相当形式としての場合に限られると考えられる。つまり、このような「トヤイ」から「タイ」「サイ」への変化は、特定の音環境において規則的に起こるものではなく、「準体助詞＋コピュラ」がノダ相当形式として機能しているという文法的な条件が

9　名詞述語に終助詞がつく場合に、名詞に直接終助詞がつくかコピュラを伴うかは、終助詞によって異なる。(29)や(30)からわかるように、「ヨ」や「ン(ナ)」の場合はコピュラを伴わないが、(25)などで使用されている「ド」はコピュラを伴う。詳細は白岩ほか（2017）を参照されたい。

4.3.2. ノダ相当形式における音変化のメカニズム

では、このような音変化は、どのようなメカニズムで起こっているのだろうか。まずは、前節で述べた音変化を以下のようにまとめる。

(34) a. 形式名詞の場合

/tojai/ > /cjai/

b. ノダ相当形式の場合

/tojai/ > /cjai/、/tojai/ > /tai/、/tojai/ > /sai/

なお、/c/ は [ts] で実現する破擦音であり、/cj/ はそれが口蓋化した [tɕ] である[11]。(34)からは、形式名詞とノダ相当形式とで音変化のあり方に差があることがわかるが、/tojai/ > /cjai/ に関していえば、どちらにも共通している。

以上のことを踏まえると、「チャイ」「タイ」「サイ」といった形式の成立順序は以下のように想定できる。まず /toja/ > /cja/ という音変化が、形式名詞かノダ相当形式かという文法的な条件に関係なくあったと考えられる。この音変化は、引用節を作る「(ッ)テ」「ト」と動詞「ユー」が組み合わさって次の(35)のように「(ッ)チュー」で実現するのと同様の現象であると考えられる[12]。

(35) カライモン　フトー　シテ　シッテヤイ　トキャー　クイヤレ　<u>チューヤレ</u>。

（サツマイモが大きくて捨てなさる時は、「ください」と言ってください。）　　　　　　　　　　　　　（森・平塚・黒木（編）2015: 181）

10　宮崎方言では、準体助詞「ト」とコピュラ「ジャ」の組み合わせ「トジャ」が縮約して「チャ」に変化するという（村田 2003）。村田 (2003: 111) によると「宮崎方言の「チャ」と「ト」の関係は、共通語における「のだ」と「の」の関係とほぼ同じである」とのことだが、形式名詞とノダ相当形式とで縮約のあり方が異なるかどうかは不明である。

11　里方言の音素体系およびその解釈は、森・平塚・黒木（編）(2015) の第2章による。

12　[ta] が口蓋化した [tja] は、里方言では [tɕa] と区別されるが、話者によってはこの区別をせず、[tɕa] のみを使うこともある（森・平塚・黒木（編）2015: 29）。このことを考えると、[tojai] > [tɕai] というのはありえない音変化ではないと考えられる。

そして、ノダ相当形式の場合に限って、/cja/ から /ta/ および /sa/ への変化が成立したと考えられる。破裂と摩擦の素性を持つ破擦音である [tɕ] から破裂音の [t] と摩擦音の [s] へと変化したと考えたほうが、[tojai] から3つに分かれたと考えるよりも自然だといえる[13]し、「チャイ」のみ形式名詞の場合にも使用されることとも整合性がとれる。/cj/ から /t/ や /s/ への音韻変化は、里方言において一般的とはいえない[14]が、音の弱化（reduction）と考えると、この音変化は、「トヤイ」がモダリティ形式として一語化した表れと解釈できる。

　以上、ノダ相当形式に起こった音変化について、「トヤイ」が「チャイ」に変化し、そこからノダ相当形式の「タイ」「サイ」ができたのではないかということを述べた。

5. 他方言におけるノダ相当形式の音変化

　前節では、里方言におけるノダ相当形式について記述した。本節では、里方言のノダ相当形式の音変化を、準体助詞とコピュラの一語化という視点で解釈し、他方言と対照する。4.3.2節の(34)にまとめたように、里方言の「トヤイ」は、形式名詞の場合とノダ相当形式の場合とで、とりうる形が異なる。具体的には、「トヤイ」がノダ相当形式の場合は「チャイ」「サイ」「タイ」のように音変化するが、同じ「トヤイ」であっても「ト」が形式名詞の場合は、「サイ」「タイ」にはならないというものである。つまり、「サイ」「タイ」という形式として実現するか否かという点で、「形式名詞＋コピュラ」の「トヤイ」と、ノダ相当形式の「トヤイ」が区別されているとい

13　本稿とは地域も形式も異なるが、同様の指摘は久保薗（2016）にもみられる。

14　(26)の「モサイ」は、丁寧表現「モス」に「サイ」が後接したものだが、このように「モス」にノダ相当形式が後接するという環境が、「サイ」の成立の要因の1つになったと考えることもできる。すなわち、「モス」からの順行同化（mos-u=cjai における -u の無声化を経由）が起こったのではないかと考えられる（「モス」には「チャイ」や「タイ」、さらには準体助詞「ト」も後続することができる）。「サイ」は主に女性が使用するという話者のコメントもそれと関係があるだろう。

うことになる。

　以上のように、音変化のあり方によって「形式名詞＋コピュラ」とノダ相当形式が区別される現象は、里方言だけではなく、他の方言にもみられる。しかも、その区別の様相は方言によって異なりをみせる。そこで、以下では、「形式名詞＋コピュラ」とノダ相当形式の形態的な区別のあり方について、標準語と大阪方言を取り上げ、里方言と対照させる。

　以下では、5.1 節で標準語について、5.2 節で大阪方言について述べ、5.3 節で里方言を交えて対照する。

5.1.　標準語における形式名詞とノダ相当形式

　3 節で述べたように、標準語の準体助詞は「ノ」であり、以下に示すように、形式名詞としては通常「ン」になることはない[15]。

（36）　私が買った {ノ／？ン} は辞書です。

（37）　私が辞書を買った {ノ／？ン} を知っていますか。

そして、ノダ相当形式でも「ノ」が現れるのだが、「ダ」「デス」が続く場合に限って、「ノ」が「ン」になりうる。

（38）　私が辞書を買った {ノ／ン} だ。

（39）　辞書を買った {ノ／？ン} ？

（40）　私が辞書を買った {ノ／ン} です。

（41）　辞書を買った {ノ／ン} ですか？

(38) は 3 節の (5) と同じノダ文だが、「ノダ」「ンダ」どちらも使用される。一方、「ダ」の続かない疑問文である (39) では、「ン」は基本的に使用されない。また、(38) を丁寧体にした (40) では、「ノデス」「ンデス」の両方が使用され、(41) でも同様である。このことから、(39) において「ン」が使用されないのは、疑問文であるためではなく、コピュラが続いていないためだといえる。なお、「ダ」「デス」が続いたときに「ン」が現れるのは、以下のような複文でも同様である。

15　もちろん、話者の属性や文体によっては「ン」の形をとることもありえるが、かなりくだけた話しことばに限られ、この後にみる「ンダ」「ンデス」ほどの出現範囲の広さはない。

(42) もう遅い{ノ／ン}だから、さっさと寝なさい。
(43) 買い物に行く{ノ／ン}だけど、ついてきてくれない？

(42)は「から」、(43)は「けど」がそれぞれ後接した例である。いずれにおいても、「ノ」と「ン」の両方が使用される。

ここで注意しておきたいのは、「ノ」から「ン」への弱化と文体（スタイル）の関係である。日本語記述文法研究会（編）(2003: 196)で指摘されているように、ノダ相当形式は「ノダ」「ンダ」「ノデス」「ンデス」「ノデアル」「ノ」の形で現れるが、話しことばでは「ンダ」「ンデス」「ノ」の形をとる。一方、(39)のような「ダ」も「デス」も続かない場合に「ン」を使うのは、かなりくだけたスタイルの場合であると考えられる。つまり、標準語の準体助詞「ノ」が「ン」に全くならないというわけではないが、どのスタイルで「ン」になるかという点が、「ノ」にコピュラが続くか否かによって異なるのである。

一方、形式名詞の場合、コピュラが後に続いていても、通常「ン」になることはない[16]。

(44) このりんごは昨日買ってきた{ノ／?ン}だ。
(45)a. このりんごは太郎が昨日買ってきた{ノ／?ン}だ。
　　 b. このりんごは太郎の昨日買ってきた{ノ／*ン}だ。

(44)の文は、文脈次第で準体助詞ともノダ文ともとれる文で、どちらで解釈しても意味に大差はないが、「ン」だとノダ文として解釈される。このことは、「買ってきた」の動作主「太郎」を追加した(45)からもわかる。「太郎」が(45a)では「ガ」で、(45b)では「ノ」でマークされているが、(45b)の場合には準体助詞が「ン」だと非文になる。これは、ノダ文においていわゆるガノ交替が起こらないためであると考えられる。現代標準語において「ノ」が主格助詞になるのは連体修飾節内のみであり、「連体修飾節＋形式名詞」の構造と、形式名詞由来のモダリティ形式を区別するテストの1つと

---

16 「ノ」単独のノダ相当形式と同様に、くだけたスタイルの話しことばでは「ン」になりうる。

されている[17]。そのため、主語が「ノ」でマークされている (45b) は、「太郎の昨日買ってきた」が形式名詞「ノ」を修飾するという構造と分析される。つまり、同じ「ノダ」という形式の連続において、文脈次第で準体助詞ともノダ文とも分析できる (45a) では「ノ」の弱化が起こり、ノダ文と解釈することができない (45b) ではそれが起こらないということである。この点において、標準語では「形式名詞＋コピュラ」とノダ相当形式が区別されているといえる。

5.2. 大阪方言における形式名詞とノダ相当形式

大阪方言の準体助詞には「ン」「ノ」がある。このうち、形式名詞としては、基本的に「ン」を使用し、撥音の直後の場合は「ノ」が使用される[18]（野間 2014b）。以下に例文を示す。

(46) なんでもええからある {ン／*ノ} 持ってきて。
(47) なんでもええからあん {*ン／ノ} 持ってきて。
(48) 今日補講ある {ン／*ノ} 聞いた？
(49) 今日補講あん {*ン／ノ} 聞いた？　　　　（以上、野間 2014b: 26）

(46) および (47) は、「なんでもいいからあるのを持ってきて」という意味の文である。両者は動詞の末尾音が撥音になっているか否かで異なり[19]、それによって準体助詞の形も異なる。(46) では準体助詞の直前の動詞が非撥音形の「ある」となっており、「ン」が使用される。一方、(47) では動詞が撥音形の「あん」になっており、「ノ」が使用される。名詞節を作るタイプの (48) と (49) でも同様で、直前が撥音か否かで「ノ」と「ン」が相補分布する。

17　なお、里方言では、主節においても「ガ」と「ノ」の両方が出現しうる（森・平塚・黒木（編）2015: 92–95）ので、このテストは使えない。

18　「ノン」という形式も存在するが、これは例外的な分布を示すことがある。ここでは「ン」と「ノ」の分布を主たる問題とするため、「ノン」は考察の対象から外す。「ノン」の詳細は野間（2014b）を参照されたい。

19　当該方言においては、辞書形が「ル」で終わる動詞に /d, n, m/ で始まる接辞が接続する場合、「ル」が「ン」になることがある（郡 1997: 17、高木 1999: 83）。

このような分布はノダ相当形式においても同様で、コピュラの有無に関係なく、以下のように、撥音に続く場合は「ノ」、それ以外の場合は「ン」が使用される。

（50）　今日補講ある｛ン／*ノ｝やって。
（51）　今日補講あん｛*ン／ノ｝やって。
（52）　え、今日補講ある｛ン／*ノ｝？
（53）　え、今日補講あん｛*ン／ノ｝？

（50）と（51）はどちらも標準語訳すると「今日補講あるんだって」となるが、動詞の形が「ある」の場合は「ン」、「あん」の場合は「ノ」となる。また、（52）と（53）はコピュラのつかない疑問文だが、この場合も「ン」と「ノ」の分布は同じである。以上のことから、大阪方言のノダ相当形式における「ン」と「ノ」の分布は、形式名詞の分布と同じであることがわかる。この点は、コピュラの有無が「ン」と「ノ」の分布に関与している標準語と異なる。

　しかし、ノダ相当形式の場合に限り、以下のような「ネヤ」という形式が使用されることがある（野間 2013）。

（54）　今日補講あんネヤって。

（54）は（51）と同じ意味の文である。両者を比べると、「ノヤ」と「ネヤ」が異なっているだけであり、直前の動詞語尾はどちらも撥音である。これは、「ノヤ」が変化して「ネヤ」ができたと考えられる（野間 2014a）ためであり、撥音の直後を好むという「ノヤ」の性質を「ネヤ」が引き継いだものと考えられる。

　なお、「ノヤ」と「ネヤ」は「ノ」と「ネ」の母音が異なっているだけだが、以下に示すように、形式名詞「ノ」は「ネ」にはならない。

（55）　今日補講あん｛ノ／*ネ｝忘れとった。
（56）　あ、これ最近どこにも売ってへん｛ノ／*ネ｝や。

（55）は「補講があるのを忘れていた」という意味で、（56）は「最近どこにも売っていないの（＝もの）だ」という意味である。どちらも形式名詞としての用法だが、いずれの場合も「ネ」は使えない。つまり、「ノ」から「ネ」への変化はノダ相当形式の場合に限られるのである。

さらに、ノダ相当形式であっても、以下に示すように「ネヤ」が「ネ」という形で現れることはない[20]。

(57) 　学校行けへん {ノ／*ネ} か？

(57) は、「学校に行かないのか」という意味の疑問文である。このような真偽疑問文において、大阪方言では、コピュラの「ヤ」が現れないという規則があるため、(57) において「ノヤ」は「ノ（カ）」となり「ヤ」が現れない。一方、「ネヤ」の場合、このような文法操作ができない。これは、「ネヤ」が文法的に「ネ＋ヤ」のように分かれるものではなく、一語化しているということを示唆していると考えられる。

以上のことから、大阪方言の「ネヤ」について、以下のようにまとめられる。大阪方言では、準体助詞「ノ」が撥音の直後において使用されるが、ノダ相当形式であり、かつコピュラの「ヤ」が続く場合に限り、「ノ」が「ネ」になって「ネヤ」という形をとることができる。このことは、標準語において「ダ」「デス」が続く場合に限って「ノ」が弱化したのと同様に解釈できる。すなわち、大阪方言においては、コピュラ「ヤ」が続く場合に限って[21]「ノ」の母音が交替して「ネ」になるのであり、この点において、「準体助詞＋コピュラ」が形態的に一語化していることが示されていると解釈できる。

5.3. 諸方言における準体助詞とコピュラの一語化

ここまで、標準語と大阪方言を例に、ノダ相当形式における準体助詞とコピュラの一語化という観点で音変化のあり方を観察してきた。4節で記述した里方言も含めてまとめると以下のようになる。

20　地域や話者によっては「ネ」という形式も使用されるが、ここでいうような文法操作を「ネヤ」に施したものではない。実際、「ネ」は真偽疑問文では使えない（「どこ行くネ」のように補充疑問文なら使用可能）し、「今日補講あん {ノ／*ネ} かわからん」のような間接疑問文にも現れない。

21　大阪方言の場合、コピュラの丁寧体「デス」が「ネ」に続いても「*ネデス」という形にはならない。これには、「ノ」から「ネ」への母音変化の要因として「ヤ」が関与したということや、「デスノヤ」「デスネヤ」という、ノダ相当形式が「デス」に後接する形が存在することが関係していると思われる。

表1 標準語・大阪方言・里方言のノダ相当形式における音変化

	標準語	大阪方言	里方言
準体助詞	ノ	ン・ノ	ト
コピュラ	ダ	ヤ	ヤイ
ノダ相当形式の音変化	/noda/ > /Nda/	/noja/ > /neja/	/tojai/ > /cjai/ > /tai/, /sai/

　いずれの方言においても、準体助詞とコピュラが連続し、それがノダ相当形式として使用された場合に限り、特定の音変化を起こしうるということが共通している。このことは、「準体助詞＋コピュラ」がモダリティ形式として一語化しているということが、音変化に表れていると解釈できる。

　しかし、具体的な変化を見てみると、方言ごとにその一体化のあり方が異なることがわかる。標準語では、「ノ」が「ン」になるという形で「弱化」が起こっているが、大阪方言では「ノ」が「ネ」になるという「母音変化」が起こっている。そして、里方言では、破擦音から破裂音および摩擦音へという子音の変化が起こっている。

　では、このような一語化は何を意味しているのだろうか。どの方言にも共通していると考えられるのは、「準体助詞＋コピュラ」からモダリティ形式への文法化の表れとしての一語化ということである。準体助詞は名詞化、コピュラは名詞の述語化という別々の機能を果たしているが、それが1つになることで、別の意味を表すモダリティ形式として機能している。その違いが形のうえにも表れていると考えられる[22]。

　また、この現象は、ノダ相当形式の変化の可能性を示唆している。大阪方言のノダ相当形式として「ネヤ」があることは本稿でも述べたが、この形式は同方言において「ネン」というノダ相当形式が成立する契機の1つとなる（野間2014a）。この「ネン」は、「ンヤ」や「ネヤ」が変化してできた形

22　このような現象は広くみられる。例えば、英語の going to という表現は、Bill is going to go to college after all. のように近い未来を表す助動詞として使用される場合には gonna という縮約形になりうるが、Bill is going to college after all. のように go が本来の「移動」の意味を持った本動詞として使用される場合には縮約が起こらないという（Hopper and Traugott 2003）。

式で、様々な点において異なった性質を持つモダリティ形式である。成立過程の詳細は野間（2014a）を参照されたいが、「ネン」の成立に関わる変化の初期段階において「ノヤ」から「ネヤ」への変化があったと考えられる。

　本稿では詳しく扱わないが、同様のことは、石川方言についてもいえる。石川方言では、準体助詞「ガ」とコピュラ「ヤ」の組み合わせによるノダ相当形式「ガヤ」が使用されるが、それをもとにした「ガン」「ゲン」といった新形式が近年使われるようになっている（新田 2004、野間 2015）。新田（2004）と野間（2015）とで主張する成立過程は異なるが、どちらにも共通しているのが、変化の初期段階において「ガヤ」→「ガイ」→「ゲ（ー）」という変化が起こったと想定されていることである。この変化は大阪方言の「ノヤ」→「ネヤ」という変化と類似の母音変化であり、どちらも新しいノダ相当形式が成立しているという点も共通している。

　もちろん、ノダ相当形式における音変化がそのまま新しいノダ相当形式の成立につながるというわけではない。里方言においてはそのような事実は認められていないし、他の方言についても同様である。ただ、本稿で取り上げたような音変化は、文法においては必ずしも十分に取り上げられてこなかったように思われる。他の方言についても同様の記述を行うことで、新たなノダ相当形式の成立を促す諸要因に迫れるのではないだろうか。

6.　おわりに

　本稿では、甑島里方言のノダ相当形式について、特に「トヤイ」の音変化について記述した。当該方言では、形式名詞としての「トヤイ」は音変化を起こして「チャイ」となりうるが、ノダ相当形式の「トヤイ」は「チャイ」に加えて「サイ」「タイ」という形でも実現することを明らかにした。そして、準体助詞とコピュラがモダリティ形式として一語化していることの表れとしてこのことを解釈し、標準語および大阪方言と対照させた。その結果、ノダ相当形式が一語化の表れとして音変化を起こすのは他の方言でもみられることだが、里方言のそれは子音まで巻き込んだ変化であるという特徴が明

らかになった。

　本稿では、ごく一部の方言しか取り上げられなかったが、同様の現象について他の方言を調べれば、この現象の意味するところがより深く追究できるだろう。また、本稿では調査不足などもあって、意味の面に踏み込むことができなかった。用法ごとの音変化のあり方の違いなども考えられるが、他方言におけるノダ相当形式の記述とともに、今後の課題としたい。

参考文献
井島正博（2010）「ノダ文の機能と構造」『日本語学論集』6、東京大学大学院人文社会系研究科国語研究室
大野小百合（1983）「現代方言における連体格助詞と準体助詞」『日本学報』2、大阪大学文学部日本学研究室
久保薗愛（2016）「鹿児島方言における過去否定形式の歴史」『日本語の研究』12-4、日本語学会
郡史郎（1997）「総論」平山輝男ほか（編）『日本のことばシリーズ27　大阪府のことば』明治書院
佐治圭三（1969）「「こと」と「の」——形式名詞と準体助詞（その1）——」『日本語・日本文化』1、大阪外国語大学留学生別科（佐治圭三（1991）に再録）
佐治圭三（1991）『日本語の文法の研究』ひつじ書房
白岩広行・門屋飛央・野間純平・松丸真大（2017）「鹿児島県甑島里方言の終助詞」『阪大日本語研究』29、大阪大学大学院文学研究科日本語学講座
高木千恵（1999）「若年層の関西方言における否定辞ン・ヘンについて——談話から見た使用実態——」『現代日本語研究』6、大阪大学文学部日本語学講座
田野村忠温（1990）『現代日本語の文法Ⅰ　「のだ」の意味と用法』和泉書院
新田哲夫（2004）「石川県金沢方言のガヤとその周辺」中井精一・内山純蔵・高橋浩二（編）『日本海沿岸の地域特性とことば——富山県方言の過去・現在・未来——』桂書房
日本語記述文法研究会（編）（2003）『現代日本語文法4　第8部　モダリティ』くろしお出版
野田春美（1997）『日本語研究叢書9　「の（だ）」の機能』くろしお出版
野間純平（2013）「大阪方言におけるノダ相当表現——ノヤからネンへの変遷に注目して——」『阪大日本語研究』25、大阪大学大学院文学研究科日本語学講座
野間純平（2014a）「近畿方言におけるネン・テンの成立——昔話資料を手がかりに——」『阪大日本語研究』26、大阪大学大学院文学研究科日本語学講座
野間純平（2014b）「大阪方言における準体助詞ン・ノ・ノン——ノンの分布を中心

に――」『阪大社会言語学研究ノート』12、大阪大学大学院文学研究科社会言語学研究室
野間純平（2015）「石川方言におけるノダ相当形式――新形式の成立過程に注目して――」『方言の研究』1、日本方言研究会
村田真美（2003）「宮崎方言の『チャ』と『ト』」『阪大日本語研究』15、大阪大学大学院文学研究科日本語学講座
森勇太・平塚雄亮・黒木邦彦（編）窪薗晴夫（監修）（2015）『甑島里方言記述文法書』大学共同利用機関法人　人間文化研究機構連携研究「アジアにおける自然と文化の重層的関係の歴史的解明」サブプロジェクト（研究代表者・窪薗晴夫）「鹿児島県甑島の限界集落における絶滅危機方言のアクセント調査研究」研究成果報告書、国立国語研究所
Hopper, P. and E. C. Traugott（2003）*Grammaticalization, Second Edition*. Cambridge University Press, Cambridge.

動詞語幹交替より紐解く
九州方言のラ行五段化

黒木邦彦

キーワード：形態論、活用、上一段動詞、比較方言学

要旨

　本稿では、上一段動詞と一部の二段動詞とが九州方言において（部分的に）ラ行五段動詞に転じたことを、比較方言学的観点から語幹の変化として捉える。i 終わりと ir 終わりとで交替を起こす上一段動詞語幹は、動詞語幹を非交替型子音語幹と e～u 交替型母音語幹とに二極化させている九州方言において、前者に合流するかのように ir 終わりの領域を広げている。この後天的 r 語幹には、i～u 交替を起こす上二段動詞語幹の一部や、音韻的安定性に欠ける 1 音節の下二段動詞語幹も合流しており、前述した語幹型の二極化を際立たせている。

1. はじめに

　本稿では、上一段動詞と一部の二段動詞とが九州方言（本稿に言う「方言」は基本的に現代方言）において（部分的に）ラ行五段動詞に転じたこと（以下、この通時的変化に対する解釈を問題にしない限り、「九州ラ行五段化」と呼ぶ）を、比較方言学的観点から語幹の変化として捉える（cf. 佐々木 2016）。その目的は、〈i〉活用[1] の変遷に関して、新規性と妥当性とに富む説を唱えると共に、〈ii〉古代日本語動詞に広く見られる語幹交替の存在を知らしめることに有る。

1　本稿に言う活用とは、接尾辞添加による動詞の形態変化を指す。印欧諸語における動詞の屈折（inflection）や学校文法における用言の語尾変化ではない（清瀬 1971 も参照）。

まず、本研究の対象たる九州ラ行五段化とは、日本語動詞に語幹交替を認める筆者の分析に拠れば（4節参照）、i～ir交替を起こす上一段動詞語幹（1a1)(1b1)が、九州方言における語幹型二極化の中で、r語幹ないしir終わり優勢のi_r語幹(1a2, 1b2、以下「後天的r語幹」)に推移したことを意味する（記号・略号一覧は本稿末を参照）。

(1) 　　　　　　見る　　　　　　　　着る
　　　　　　a1.　　　　a2.　　　　b1.　　　　b2.
　否定：　　mi-n-　　　mir-an-　　ki-n-　　　kir-an-
　達成：　　mi-te　　　mi((Q))-te　ki-te　　　ki((Q))-te [*1]
　連体：　　mir-u　　　mir-u　　　kir-u　　　kir-u
　譲歩：　　mir-edo　　mir-edo　　kir-edo　　kir-edo

[*1] ((Q))は、地域や話者によって、Qの有無が異なることを意味する。なお、mi-, ki- はi語幹、miQ-, kiQ- はir語幹の異形態。

　そして、比較方言学的観点とは、研究対象の通時的変化を、空間的・時間的変種（方言や古典語）の存在および分布を考慮しながら推定する姿勢を指す。たとえば、母音に直接続く（postvocalic）ザ行子音z[2]の音価の変遷は、諸方言における音価(2)、東アジアの漢字音、五十音図における子音配列とその変遷などを踏まえれば、図1のように推定される。

(2) 　　　　瀬上[3]　　津軽　　　　土佐　　　　東京等
　　　z:　　[ɲ]　　　[(n)d͡z]　　[d͡z～d̪͡z̪]　　[z][4]

---

[2] 複数変種の分節音に言及する際は、日本語研究で一般的に用いられ、かつ、音価の推測に障らないローマ字を括弧無しで用いる。

[3] 鹿児島県薩摩川内市上甑町瀬上。東シナ海に浮かぶ上甑島の北西部に位置する小集落で、2017年2月1日現在の人口は155人。

[4] 音韻的環境を母音の直後に限ると、土佐方言のzは、硬口蓋音の直前で[dz]、非硬口蓋音の直前で[d̪z̪]（山田1983。本注で提示するデータは筆者も全て確認している）。津軽方言のzは、前鼻音を欠く[dz]でも実現するが、前鼻音の有無を問わず、直前の母音を鼻母音化させる（小林1983）。この点で鼻音性を保っており、前鼻音も直前母音の鼻母音化も欠く土佐方言のz [dz～d̪z̪] とは異なる。

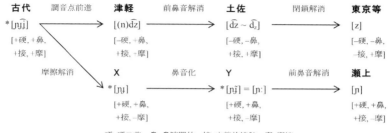

図1 ザ行子音 z の音価の変遷（推定）

2. 先行研究

九州方言などで生じ、かつ、学界でも広く知られている、一・二段動詞のラ行五段化は、通時的観点からは次のように解釈されてきた。

(3) a. 動詞接尾辞が形態的に依存する要素 (host) の変化

1. 語幹型の変化（黒木 2012、迫野 1998）：数の論理に基づいて、「少数派 [= ir 語幹] を多数派 [= r 語幹] に合流させるためのもの」（黒木 2012: 117、[ ] は筆者注）

2. 活用型の変化（小林 1995）：否定動詞接尾辞 -ᵃN の「音としての独立性が弱いため」、同接尾辞とそのホストたる動詞語幹とのあいだに「ラを挿入することによって形態を安定させようとした」（小林 1995: 14）もの。

b. 動詞接尾辞の変化（佐々木 2016）：「子音一つだけからなる形態素であり、モーラを担う要素ではあるものの、それ自体で音節を構成せず、常に先行する形態素末の母音を音節核とし、音節の依存部に位置づけられる」-N の「韻律的な不安定性の解消をモチーフとした五段動詞の否定形の再分析と可能動詞のラ抜き現象に並行的な類推の結果生じたもの」（佐々木 2016: 25）

語幹型の変化と活用型のそれとは、動詞接尾辞の形態的依り代に生じた変化たる点で共通するので、(3a) としてまとめた。ただし、(3a1) と (3a2) と

は変化の要因に対する解釈を異にする。

　九州ラ行五段化は、黒木 (2012: 117) が提案する (3a1)「少数派を多数派に合流させるためのもの」とも考えられよう。迫野 (1998) が述べるように、九州方言は動詞活用型を五段と下二段とに二極化させているため、黒木 (2012) が挙げる要因は、九州ラ行五段化に関するものとしては悪くない。ただし、佐々木 (2016: 26) が指摘するとおり、他の方言 (特に東日本方言) で同様の現象が見られない以上、この要因だけでラ行五段化全体を説明するのは苦しい。

　否定動詞接尾辞 -ᵃN⁵ の音韻的不安定性に関連付けて、小林 (1995: 14) が挙げる (3a2)「音としての独立性が弱いため」という要因、或いは、佐々木 (2016: 25) が示す (3b)「韻律的な不安定性の解消をモチーフとし」てという要因も看過してはならない。-N を接尾させても 1 音節に収まる、上一段動詞と下二段動詞「出る」「寝る」とにおいて九州ラ行五段化が専ら進んでいることを踏まえれば、音節構造も考慮すべく思われるからである。

　気に掛かるのは、ラ行五段化が、次の動詞接尾辞 (=音韻的安定性に欠ける -ᵃN 以外) を取る際にも起こるという点である。

(4) a.　連体⁺⁶: -ᵃzjaQta, -ᵃNzjaQta, -ᵃNdaQta, etc. '否定.過去'
　　b.　連用: -ᵃNde, -ᵃziN, etc. '未達成'; -ᵃnjaa, -ᵃNnjaa, etc. '否定.条件'; -ᵃNdemo, -ᵃNcja, etc. '否定.逆条件'

動詞接尾辞 (4) は、その形態的依り代たる動詞語幹の選択に関して、-ᵃN と同じく振る舞うものの、1 音節・2 モーラ以上を有しており、音韻的に不安定ではない。ただし、いずれも否定的意味を持つ動詞接尾辞であるから、

5　-ᵃnjaa '否定.条件' や -ᵃNde '未達成' を有する方言であれば、-ᵃN は必ずしも文法接尾辞ではなく、次のように、派生接尾辞 -ᵃn- '否定' と文法接尾辞 -ʳu '非過去' とから成る拘束形式として分析できる (-ᵃNde '否定.達成' を -ᵃn-te と見るのは、siNde '死ぬ: 達成' が sin-te と分析できることに拠る)。

(I)　否定-非過去　　否定-条件⁺　　否定-達成
　　-ᵃN　　　　　　-ᵃnjaa　　　　-ᵃNde
　　{-ᵃn-ʳu}　　　　{-ᵃn-ʳjaa}　　{-ᵃn-te}

6　文法的意味 (≒生産性に富む拘束形式の意味) のうち、⁺ で終わるものは多義的。

-ᵃ 始まりの動詞接尾辞（以下「-ᵃ 系」のように呼ぶ）に対する屋名池（2006）の解釈に倣い、形態分岐に意味的要因を設けて、処理することもできようか。つまり、否定系動詞接尾辞を取る動詞語幹に限り、ラ行五段化が進んだと考えるわけである。

3. 本稿の主張

1節でも述べたとおり、九州ラ行五段化とは、i～ir 交替を起こす上一段動詞語幹が、九州方言における語幹型二極化の中で、後天的 r 語幹に推移したことを指す。この後天的 r 語幹には、i～u 交替を起こす上二段動詞語幹の一部や、音韻的安定性に欠ける1音節の下二段動詞語幹も合流しており、非交替型子音語幹と e～u 交替型母音語幹とによる語幹型二極化（迫野 1998）を際立たせている。

この見方に拠れば、形態変化に乏しい上一段動詞がそれに富む五段動詞に推移するという解釈の奇妙さ（黒木 2012: 104–107）は解消される。本稿の主張は更に、「少数派を多数派に合流させるための」、或いは、「韻律的な不安定性の解消をモチーフとした」変化とする先達の説とも矛盾しない。

続く第4節では、古代日本語動詞を資料として、一・二段動詞などに見られる語幹交替を明らかにする。第5節では、上甑島里方言を資料として、動詞に関する文法記述に、表層形と基底形との区別が欠かせないことを確認する。第6節では、筆者の調査結果に基づいて、九州西部方言における動詞語幹交替を示す。第7節では、言語地理学的・歴史言語学的観点に拠る推定を交えつつ、ラ行五段化の変遷を考察する。最後の第8節ではまとめを行なう。

筆者は、大西（1995）が明らかにした、日本語諸変種間における動詞活用型の対応関係に関心を抱き、本研究を通じて、その通時的変化の解明を目指している。ただし、諸方言および同系諸言語を共通祖語からの純粋派生物と見做す古典的歴史言語学に立脚している点で、真田（2011）が指摘する「一国方言学」の域を出ない。論旨は無論のこと、この点への叱正も切に乞う。

4. 日本語における動詞語幹交替

本節では、古代日本語動詞を資料として、一・二段動詞などに見られる語幹交替を明らかにする。

日本語の活用とは、接尾辞添加による動詞の形態変化である（尾形 1987、清瀬 1971、屋名池 1986, 1987、Bloch 1946a, b）。日本語の一部変種においては、その際に動詞語幹の交替も起こる。このような交替は古代日本語に顕著であり、(5) のとおり、一段・二段・ナ変・カ変・サ変動詞語幹は、{-ʰØ} '平叙' や {-ʲu} '準体⁺' を取る際に語幹末の音素配列を変える。カ変・サ変動詞語幹においては、-ⁱ 系接尾辞を取る時も同様の変化が起こる（黒木 2015。記述の包括性および体系性を優先し、実例を欠く形式も挙げる）。

(5)
	取る	見る	蹴る	去ぬ	上げる	来る	する
使役：	tor-ase-	mi-sase-	ke-sase-	in-ase-	agë-sase-	kö-sase-	se-sase-
所動：	tor-are-	mi-rare-	ke-rare-	in-are-	agë-rare-	kö-rare-	se-rare-
命令：	tor-e-	mi-rare-	ke-rare-	in-are-	agë-rare-	kö-rare-	se-rare-
非現実：	tor-am-	mi-m-	ke-m-	in-am-	agë-m-	kö-m-	se-m-
否定：	tor-an-	mi-n-	ke-n-	in-an-	agë-n-	kö-n-	se-n-
連用⁺：	tor-i	mi-Ø	ke-Ø	in-i	agë-Ø	**ki**-Ø	**si**-Ø
達成：	tor-ite-	mi-te-	ke-te-	in-ite-	agë-te-	**ki**-te-	**si**-te-
回想：	tor-iker-	mi-ker-	ke-ker-	in-iker-	agë-ker-	**ki**-ker	**si**-ker
平叙：	tor-u	**mir-u**	**ker-u**	**inu**-Ø	**agu**-Ø	**ku**-Ø	**su**-Ø
妥当：	tor-ube-	**mir**-ube-	**ker**-ube-	**inu**-be-	**agu**-be-	**ku**-be-	**su**-be-
準体⁺：	tor-u	**mir**-u	**ker**-u	**inu**-ru	**agu**-ru	**ku**-ru	**su**-ru
準体：	tor-aku	**mir**-aku	**ker**-aku	**inu**-raku	**agu**-raku	**ku**-raku	**su**-raku

二段・カ変・サ変動詞語幹が語幹末母音を交替させるのに対し、一段動詞語幹は i・e 語幹に r を、ナ変動詞語幹は n 語幹に u を足して、語幹末の音素配列を変えるのである。上記の分析に拠れば、学校文法の活用型は次のような語幹型に呼び変えられる。

(6)　学校：　　四　　上一　　下一　　ナ変　　上二　　下二　　カ変　　サ変
　　　語幹末：　C　i～ir　e～er　n～nu　i～u　e～u　o～i～u　e～i～u
　　　呼称：　　C　i_r　　e_r　　n_u　　i'　　 e'　　 ko　　 se

そして、C 語幹以外の動詞語幹のように、接尾辞の種類によって語幹末を交替させるものを「交替語幹」と呼ぶ[7]。

交替語幹のうち、ko・se 語幹以外は多くの方言において失われている（とりわけ、東日本方言には見当たらない）が、九州方言では今なお確認される。

5. 表層形と基底形との区別

本節では、上甑島里[8]方言を資料として、動詞に関する文法記述に、表層形（＝出力形）と基底形（＝入力形）との区別が欠かせないことを確認する。

古代日本語や標準語は、語形成過程（＝入力から出力までの過程）において適用される（形態）音韻規則（尾形 1987、早田 1985、南 1962, 1967、森・平塚・黒木（編）2015: 第 3, 5 章）に乏しい。したがって、文法記述（ここでは特に、語をその構成要素に切り分けつつ、それらの承接規則を記述することを指す）は、表層形、つまり、実際に使用される音形を学校文法風に分析するだけでも、それなりに果たしうる。

しかし、（形態）音韻規則に富む方言の文法記述は、表層形を分析するだけではうまく行かない。たとえば、里方言話者 30s-F-10（生年代 - 性別 -ID 番号）の動詞は、森・平塚・黒木（編）（2015: 第 3, 5 章）の分析原理に拠れば、次のように分析される。

---

[7]　なお、現代標準日本語などの一段動詞（旧上一・二段動詞）は、i・e 語幹動詞としても i_r・e_r 語幹動詞としても分析できる。しかし、何らかの言語現象を説明する上で、後者の分析を要するようには思われない。二段・下一段・ナ変動詞を失っている東京方言などで交替語幹動詞を設定しても、記述の経済性を損なうだけで、利点は無い。

[8]　上甑島東部に位置する鹿児島県薩摩川内市里町。甑島列島最大の集落で、2017 年 2 月 1 日現在の人口は 1,168。

	書く	浴びる	見る	寝る		上げる	来る
	kak-	abir-	mi_r-	ne'-,	ne_r-	age'-	ke-
-ⁱkjaa：	[kɐ.kʲi.kʲɐ	ɐ.bʲi:.kʲɐ	mʲi:.kʲɐ	ne.kʲɐ:		ɐ.ge.kʲɐ	N/A] [9]
'目的'	{kak-ikjaa	abir-ikjaa	mir-ikjaa	ne-kjaa		age-kjaa	} [10]
-ⁱjor-：	[kɐ.kʲi.jor-	ɐ.bʲi:.jor-	mʲi:.jor-	ne.jor-		ɐ.ge.jor-	kʲi.jor-
'不完成'	{kak-ijor-	abir-ijor-	mir-ijor-	ne-jor-		age-jor-	ki-jor- }
-te：	[kʲɐ:.te	ɐ.bʲit.te	mʲi.te	ne.te		ɐ.ge.te	kʲi.te]
'達成'	{kak-te	abir-te	mi-te	ne-te		age-te	ki-te }
-e：	[kɐ.ke	ɐ.bʲi.ɾe	mʲi.ɾe	ne:,	ne.ɾe	ɐ.ge:	ke:]
'命令'	{kak-e	abir-e	mir-e	ne-e,	ner-e	age-e	ke-e }
-ᵃu：	[kɐ.ko:	ɐ.bʲi.ɾo:	mʲi.ɾo:	nu:,	ne.ɾo:	ɐ.gu:	ku:]
'意志⁺'	{kak-au	abir-au	mir-au	ne-u,	ner-au	age-u	ke-u }
-ᵃn-：	[kɐ.kɐn-	ɐ.bʲi.ɾɐn-	mʲi.ɾɐn-	nen-,	ne.ɾɐn-	ɐ.gen-	ken-]
'否定'	{kak-an-	abir-an-	mir-an-	ne-n-,	ner-an-	age-n-	ke-n- }
-ʳeba：	[kɐ.ke.bɐ	ɐ.bʲi.ɾe.bɐ	mʲi.ɾe.bɐ	nu.ɾe.bɐ,	ne.ɾe.bɐ	ɐ.gu.ɾe.bɐ	ku.ɾe.bɐ]
'条件⁺'	{kak-eba	abir-eba	mir-eba	nu-reba,	ner-eba	agu-reba	ku-reba }
-ʳu：	[kɐ.ku	ɐ.bʲi:	mʲi:	nui		ɐ.gui	kui]
'非過去'	{kak-u	abir-u	mir-u	nu-ru		agu-ru	ku-ru }

　動詞（7）の表層形（＝[ ]で括った出力形）を分析・整理しただけのものは、文法記述とは言えない。たとえば、表層形のみから'書く'を意味する語幹と、'非過去'を表す接尾辞とを抽出した場合、それぞれの音形は /kak- 〜 kjaa-/、

---

[9] 或る調音動作から次のそれに移る際、調音器官の制約（＝口や喉がひとつしか無い上、いずれも調音に特化していないこと）から渡り音が生じたり、一方ないし両方の調音動作（＝調音点、調音法、円唇性など）が変わったりする。これを音韻的に換言すれば、或る音素の音価は近隣音素のそれに影響されるということである。たとえば、⟨i⟩硬口蓋音の前後では、前舌が、⟨ii⟩軟口蓋音の前後では、後舌が相対的に盛り上がる。更に、鼻音に隣接する母音は、当該鼻音に伴う口蓋帆の降下により鼻母音化する。ただし、こうした影響は、そのための補助記号を欠いても、十分に掴みうる。よって、本稿では表記の簡易性を優先し、⟨i, ii⟩の表記に要する補助記号は基本的に割愛する。

[10] {-ⁱkjaa} は [-kʲɐ] のように短母音でも実現するが、その理由や長母音との弁別性は不明。

/-u ~ -i/ と成ろう（e.g. /**kak**-ikjaa/ [kɐkʲ-ikʲɐ:]，/**kak**-e/ [kɐk-e]，/**kjaa**-te/ [kʲɐ:-te]；/kak-**u**/ [kɐk-ṵ]，/abi-**i**/ [abʲi-i]，/agu-**i**/ [ɐgṵ-i]）。しかし、これは現象の記述に過ぎず、言語学の発展には貢献しそうにない [11]。

6. 九州西部方言の交替語幹動詞

表1–14は、九州西部方言における一・二段動詞の語幹末を整理したものである。2009年から現在までに行なった面接調査および談話収録で得た資料を、前掲(7)のように分析している。表1–14の1行めに見える1–6は次のものを指す。

(8) 1. oti'- '落ちる' の語幹末 ti'
    2. ori'- '下りる' の語幹末 ri'
    3. ne'- '寝る'，(ide'- >)de'- '出る' の語幹末 Ce'
    4. mi$_r$- '見る'，ki$_r$- '着る'，ni$_r$- '煮る; 似る' の語幹末 Ci ~ Cir
    5. oki'- '起きる'，(ik- >)iki'- '生きる'，abi'- '浴びる' などの語幹末 Ci'
    6. nobi'- '伸びる' の語幹末 bi'

そして、子音語幹が抽出できる箇所は太線で囲い、完全に子音語幹であるものは更に斜体とした（たとえば、CiないしCirを意味するCi($_r$)、Ci[$_r$]は、母音語幹でもあるので、斜体とはしない）。

---

[11] 記述言語学的立場から行なわれた活用の記述は、大木(2010)、大西(1995, 2002)、丹羽(2005)、南(1962)にも見られる。しかし、表層形と基底形とを区別しない点や、不要に思われる語幹形成辞を設ける点で、分析精度に劣る。

黒木邦彦

表1　長崎県旧口之津町（島原半島南端）: 南 (1962), 40sF07

	1	2	3	4	5	6
-ⁱ 類⁽¹⁾	N/A	ri	Ce	Ci	Ci	??
-te 類	N/A	ri	Ce	Ci	Ci	??
-ⁱe, -ro	N/A	ri	Ce	Cir	Cir	??
-ᵃu	N/A	ri	Ce	Cir	Cir	??
-ᵃn- 類	N/A	rir	Ce[r]⁽²⁾	Cir	Cir	??
-ⁱeba	N/A	rir	Ce	Cir	Cir	??
-ⁱu 類	N/A	rir	Cu	Cir	Cir	??

表2　熊本県苓北町（天草下島北西部）: 30sM04

	1	2	3	4	5	6
-ⁱ 類	N/A	re	Ce	Cᵢᵣ	Ci	??
-te 類	N/A	re	Ce	Ci	Ci	??
-e ~ -ro	N/A	re	Ce	Ci(r)	Cir	??
-ᵃu	N/A	re	Ce	Ci(r)	Cir	??
-ᵃn- 類	N/A	re	Ce	Ci[r]	Cir	??
-ⁱeba⁽³⁾	N/A	re	Ce/u	Ci(r)	Cir	??
-ⁱu 類	N/A	ru	Cu	Cir	Cir	??

（表注1）以下、動詞語幹に後続する形式（そのほとんどが動詞接尾辞）は、方言間における音形と意味との対応関係に基づいて、次の順に並べる。

　-ⁱ 類 : 連結母音 ⁱ を取る（ただし、常にではない）複合動詞語幹後項、および、動詞接尾辞 {-ⁱØ} '準体', {-ⁱgjaa}, {-ⁱkjaa}, {-ⁱke} {-ⁱkee} '目的', {-ⁱwor-}, {-ⁱjor-}, {-ⁱor-} '不完成' など。

　-te 類 : {-te} '達成'、および、語源的にこれを含む {-ta} '過去', {-tara} '条件⁺', {-cjor-}, {-tor-} '継続/完了' など。

　　　　　{-e}, {-ⁱe}, {-e ~ -ro} : '命令' を意味するもの。

　　　　　{-ᵃu}, {-ᵃoo} : '意志⁺' を意味するもの。

　-ᵃn- 類 : {-ᵃn-} '否定'、語源的にこれを含む {-ᵃN} '否定.非過去'、および、意味の面で {-ᵃn-} に類似する {-ᵃzu}, {-ᵃzin}, {-ᵃde}, {-ᵃdena} '未達成' など。

　{-ⁱeba} : '条件(/継起)' を意味するもの。

　-ⁱu 類 : -ⁱu、ないし、それに対応する -ⁱu で始まる {-ⁱu}, {-ⁱu} '非過去' および {-ⁱuna}, {-ⁱuna} '禁止'。

（表注2）[ ] で括った音素は、ごく限定された形態的条件においてのみ欠けるもの（なお、下付き 1/4 の音素は、特定の形態的条件において現れるもの。( ) で括った音素は自由変異）。たとえば、{neᵣ-} という語幹は、次に挙げる語のうち、a からも b からも抽出できる {ner-} と、a からのみ抽出できる {ne-} とを合わせたもの。

　a.　ne.raN　　neN　　　b.　ne.raN.ka　　*neN.ka
　　　{ner-ᵃN}　{ne-ᵃN}　　　{ner-ᵃN=ka}　* {ne-ᵃN=ka}
　　　寝ᵣ-否定.非過去　　　　寝ᵣ-否定.非過去=疑問

（表注3）母音語幹に付く {-ⁱeba} は、u を除く母音音素の直後においては -roba で実現（e.g. agu-reba, age-**roba** '上げᵣ- 条件⁺', mir-eba, mi-**roba** '見ᵣ-条件⁺'）

動詞語幹交替より紐解く九州方言のラ行五段化

表3　熊本県旧牛深市深海（天草下島南東部）：20sM01, 20sM02, 30sM03

	1	2	3	4	5	6
-¹ 類	N/A	re	Ce	Ci	Ci	??
-te 類	N/A	re	Cer	Ci	Cir	??
-e, -ro	N/A	re, rir	Cer	Cir	Cir	??
-ᵃu	N/A	re, rir	Cer	Cir	Cir	??
-ᵃn- 類	N/A	re, rir	Cer	Cir	Cir	??
-ʳeba	N/A	rir	Cu	Cir	Cir	??
-ʳu 類	N/A	rir	Cu	Cir	Cir	??

表4　鹿児島県長島町（県最北西）：40sF01, 40sM02, 40sF03

	1	2	3	4	5	6
-¹ 類	N/A	zir	Ce	Ci	Ci	b
-te 類	N/A	zir	Cer	Ci	Cir	b
-e ~ -ro	N/A	zir	Cer	Cir	Cir	b
-ᵃu	N/A	zir	Cer	Cir	Cir	b
-ᵃn- 類	N/A	zir	Cer	Cir	Cir	b
-ʳeba	N/A	zir	Cer	Cir	Cir	b
-ʳu 類	N/A	zir	Cer	Cir	Cir	b

表5　鹿児島県出水市（薩摩北部）：井島（1979）, 30sM01, 40sM02

	1	2	3	4	5	6
-¹ 類	te	zir	Ce	Cir	Ci(r)	bi
-te 類	te	zir	Ce	Cir	Ci(r)	bi
-e ~ -ro	te	zir	Cer	Cir	Ci(r)	bir
-ᵃu	te	zir	Cer	Cir	Ci(r)	bir
-ᵃn- 類	te	zir	Cer	Cir	Ci(r)	bir
-ʳeba	tu	zir	Cer	Cir	Cu, Cir	bir
-ʳu 類	tu	zir	Cer	Cir	Cu, Cir	bir

表6　鹿児島県旧高城村（薩摩北部）：大久保（2002）, 40sM01

	1	2	3	4	5	6
-¹ 類	te	zir	Ce	Ci	Cir	bir
-te 類	te	zir	Ce	Ci	Cir	bir
-e	te	zir	Cer	Cir	Cir	bir
-ᵃu	te	zir	Cer	Cir	Cir	bir
-ᵃn- 類	te	zir	Cer	Cir	Cir	bir
-ʳeba	tu	zir	Cer	Cir	Cir	bir
-ʳu 類	tu	zir	Cer	Cir	Cir	bir

表7　鹿児島県旧串木野市（薩摩中部）：20sF01

	1	2	3	4	5	6
-¹ 類	tir	zir	Ce	Ci	Cir	bir
-te 類	tir	zir	Cer	Cir	Cir	bir
-e	tir	zir	Cer	Cir	Cir	bir
-ᵃu	tir	zir	Cer	Cir	Cir	bir
-ᵃn- 類	tir	zir	Cer	Cir	Cir	bir
-ʳeba	tir	zir	Cer	Cir	Cir	bir
-ʳu 類	tir	zir	Cer	Cir	Cir	bir

表8　鹿児島県旧串木野市（薩摩中部）：40sM03

	1	2	3	4	5	6
-¹ 類	te	zir	Ce	Ci	Cir	bar
-te 類	te	zir	Ce	Ci	Cir	bar
-e	te	zir	Cer	Cir	Cir	N/A
-ᵃu	te	zir	Cer	Cir	Cir	N/A
-ᵃn- 類	te	zir	Cer	Cir	Cir	bar
-ʳeba	tu	zir	Cer	Cir	Cir	bar
-ʳu 類	tu	zir	Cer	Cir	Cir	bar

表9　鹿児島県旧市来町（薩摩中部）: 30sM01

	1	2	3	4	5	6
-ⁱ類	te	zir	Ceᵣ	Ciᵣ	Cir	bi
-te類	te	zir	Ceᵣ	Ciᵣ	Cir	bi
-e	te	zir	Cer	Cir	Cir	bir
-ᵃu	te	zir	Cer	Cir	Cir	N/A
-ᵃn-類	te	zir	Cer	Cir	Cir	bir
-ʳeba	tu	zir	Cer	Cir	Cir	bir
-ⁱu類	tu	zir	Cer	Cir	Cir	bir

表10　鹿児島県旧里村（上甑島東部）: 30sF10

	1	2	3	4	5	6
-ⁱ類	te	re	Ce	Cir	Ciᵣ	biᵣ
-te類	te	re	Ce	Ci	Cir	bi(r)
-e	te	re	Ce(r)	Cir	Cir	N/A
-ᵃu	te	re	Ce(r)	Cir	Cir	bir
-ᵃn-類	te	re	Ce(r)	Cir	Cir	bir
-ʳeba	te	ru	Cu, Cer	Cir	Cir	bir
-ⁱu類	te	ru	Cu	Cir	Cir	bir

表11　鹿児島県旧里村（上甑島東部）: 20sF13

	1	2	3	4	5	6
-ⁱ類	te	re	Ce	Cir	Ciᵣ	b
-te類	te	re	Ce	Ci	Cir	b
-e	te	re	Cer	Cir	Cir	N/A
-ᵃu	te	re	Cer	Cir	Cir	N/A
-ᵃn-類	te	re	Cer	Cir	Cir	b
-ʳeba	tu	ru	Cer	Cir	Cir	b
-ⁱu類	tu	ru	Cu	Cir	Cir	b

表12　鹿児島県旧上甑村瀬上（上甑島北西部）: 上村（1965），尾形（1987），20sF03，20sF04

	1	2	3	4	5	6
-ⁱ類	N/A	je, zij⁽⁴⁾	Ce	Cij	Cij	bij
-te類	N/A	je, zij	Ce	Cij	Cij	bij
-e	N/A	je, zij	Ce	Cij	Cij	bij
-ᵃu	N/A	je, zij	Ce	Cij	Cij	bij
-ᵃn-類	N/A	je, zij	Ce	Cij	Cij	bij
-eba	N/A	ju, zij	Cu	Cij	Cij	bij
-ⁱu類	N/A	ju, zij	Cu	Cij	Cij	bij

（表注4）当方言のjは他方言のrに対応。

表13　鹿児島県旧下甑村手打（下甑島南端）: 20sM09, 20sF10

	1	2	3	4	5	6
-ⁱ類	te	re	Ce	Ci	Ci	b
-te類	te	re	Ce	Ci	Ciᵣ	b
-e	te	re	Ce	Cir	Cir	N/A
-ᵃu	te	re	Ce	Cir	Cir	N/A
-ᵃn-類	te	re	Ce	Cir	Cir	b
-ʳeba	tu	ru	Cu	Cir	Cir	b
-ⁱu類	tu	ru	Cu	Cir	Cir	b

表14　大分県日田市: 80sM01（＝筆者。参考まで）

	1	2	3	4	5	6
-ⁱ類	ti	ri	Ce	Ci	Ci	bi
-te類	ti	ri	Ce	Ci	Ci	bi
-e ~ -ro	ti(r)	ri(r)	Ce(r)	Ci(r)	Ci(r)	bi(r)
-ʲoo	ti(r)	ri(r)	Ce(r)	Ci(r)	Ci(r)	bi(r)
-ᵃn-類	tir	rir	Cer	Cir	Cir	bir
-ʳeba	tir	rir	Cer	Cir	Cir	bir
-ⁱu類	tir	rir	Cer	Cir	Cir	bir

表1–14から読み取れることを次にまとめる。

(9) a. 　上一・二段動詞と下二段動詞「寝る」「出る」とからは多くの子音語幹が抽出される。

b.　(9a) の子音語幹は、{nob-} '伸びる' (表 4, 11, 13) を除けば、いずれも r 語幹である。
　　c.　上二段動詞語幹は後天的 r 語幹ないし e' 語幹と成っており、その所属は語幹ごとに異なる (井島 1979: 18–20)。
なお、その他の交替語幹動詞における語幹交替は、大よそ次のように成っている。
(10)　古代：　　　下一　　下二　　ナ変[12]　　カ変　　サ変
　　　九州西部：r　　　e~u　　n　　　o~i~u　　Ø~e~i~u
九州西部方言の e' 語幹動詞は {-ˉeba} ないし -ˉu 類を取る際、下二段動詞のように u 語幹に交替する。ただし、口之津方言話者や近年の高齢層話者は、{-ˉeba} を取る時はこの交替を行なわない (失ったと考えられる)。

7.　考察

2 節で確認したとおり、古代日本語の上一段動詞語幹は、i 終わりと ir 終わり (子音終わりの一種) とで交替を起こす i_r 語幹である。図 2 のとおり、この種の語幹は、語幹交替を失った現代日本語方言一般においては、i 語幹と

---

[12]　表 12 のとおり、瀬上方言はナ変動詞を保っている。ただし、古代日本語とは異なり、次のように、'命令' の形式は n 語幹ではなく、e 語幹から作っているように見える。
　(II)　　　読め　　取れ　　書け　　上げろ　　しろ　　死ね
　　　　 [jome　 to(j)e　 kʌge　 ʌŋe:　 s⁽ʲ⁾e:　 ɕine:]
　　　　 {jom-e　 toj-e　 kak-e　 age-e　 se-e　 **sine-e**}
尾形 (1987) の瀬上方言話者は、次のように、ナ変動詞語幹を n~ne~nu で交替させる。
　(III)　接尾辞：　-ˉ類　-te 類　-e　-ˈu　-ᵃn-　-ᵃNmee　-ʲeba　-ˈu 類
　　　　語幹末：　 ne　　n　　 ne　 n(e)　 ne　　n　　　　nu　　nu
　(IV)　a.　シンネ {**sin**-te} '死ぬ-達成', シンノッタ {**sin**-coj-ta} '死ぬ-継続/完了-非過去', シノー {**sin**-ˈu} '死ぬ-意志⁺', シナンメー {**sin**-ᵃNmee} '死ぬ-否定.意志⁺'
　　　　b.　シネゲー {**sine**-kee} '死ぬ-目的', シネウォヤー {**sine**-woj-ʲu} '死ぬ-不完成-非過去', シネー {**sine**-e} '死ぬ-命令', シニユイ {**sine**-ᵃu=i} '死ぬ-意志⁺=呼掛', シネニン {**sine**-ᵃziN} '死ぬ-未達成', シネンカ {**sine**-ᵃn-ʲu=ka} '死ぬ-否定-非過去=疑問'
　　　　c.　シニュヰバ {**sinu**-eba} '死ぬ-条件', シヌイガモ {**sinu**-ju=ka=mo} '死ぬ-非過去=疑問=も'　　　　(仮名/ローマ字表記の表層形は尾形 1987 に拠る)

成っている。一方、動詞語幹を非交替型 C 語幹と交替型 e' 語幹とに二極化させている九州方言（迫野 1998）においては、C 語幹に合流するかのように ir 終わりの領域を広げ、後天的 r 語幹と成っている。

図2　i_r 語幹の変遷

i_r 語幹は、元々備わっていた子音終わりの ir 語幹が利用できるという点で、n_u 語幹（＝ナ変動詞語幹）に同じく、少数派語幹の中では C 語幹に合流しやすかったと考えられる。九州方言の多くにおいて、e' 語幹のうち、1モーラの de'- '出る'、ne'- '寝る' のみが後天的 r 語幹に推移しているという事実を踏まえるに、音韻的安定性に欠ける 1 モーラ語幹を 2 モーラ語幹に伸ばしうる（mi- > mir- '見る', ki- > kir- '着る'）点も、C 語幹化の動機として望ましいもののようである。

九州西部方言における i' 語幹の変遷については、次のように考える。こちらは、迫野（1998）の説に後天的 r 語幹の存在を組み入れるに留まる。

(11)　一部の i' 語幹は、i_r 語幹が後天的 r 語幹を確立させたのちにそこへ合流した。

上二段動詞語幹は i〜u 交替を起こす i' 語幹である。母音終わり同士で交替を起こす点では e' 語幹に通じるものの、i_r 語幹とは異なり、子音終わりには成らない。更に、i' 語幹はいずれも 2 モーラ以上の長さを備えているので、i_r 語幹に比べると、ふたつの点で C 語幹化の動機に乏しい。そのため、一部の上二段動詞語幹は e' 語幹に合流しているのであろう（九州西部でよく観察されるのは、oti'- > ote'- '落ちる'）。

九州西部方言における e'・i'・i_r 語幹の変遷をまとめると、図3のとおり。

動詞語幹交替より紐解く九州方言のラ行五段化

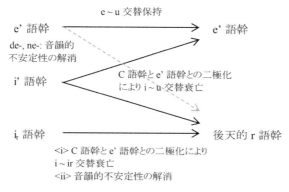

図3　九州西部方言におけるe'・i'・i_r語幹の変遷

8. まとめ

本稿では、九州ラ行五段化を比較方言学的観点から語幹の変化として捉え、次のことを明らかにした。

(12) i 終わりと ir 終わりとで交替を起こす上一段動詞語幹は、動詞語幹を C 語幹と e' 語幹とに二極化させている九州方言において、前者に合流するかのように ir 終わりの領域を広げている。この後天的 r 語幹には、i～u 交替を起こす上二段動詞語幹の一部や、音韻的安定性に欠ける 1 音節の下二段動詞語幹も合流しており、前述した語幹型の二極化を際立たせている。

記号

[ ]: 音声表記　{ }: 基底表記　.: 音節境界　-: 接辞境界　=: 接語境界　*: 文法的に不適格　A/BC: AC or BC (*A or BC)　A(B): A と AB とは自由変異　A((B)): A と AB とは地域的/個人的変異　^{A}: 特定の音韻的条件において現れる音素　$_A$: 特定の形態的条件において現れる音素　A～B: A と B は異音/異形態/補充形式　A → B (時に縦並び): 入力 A からの出力 B　A > B: A から B への通時的変化

黒木邦彦

略号

意志⁺: 意志/推量　準体⁺: 準体/連体　条件⁺: 条件/継起　連体⁺: 終止/連体　連用⁺: 準体/連用　達成: 限界達成　未達成: 限界未達成

謝辞

　長時間に亘る調査にご協力くださった方々、および、日本語学会 2015 年度秋季大会（於山口大学吉田キャンパス）でご意見くださった方々に記して感謝申し上げる。

付記

　本稿は次の研究助成を受けている。
- [1] 鹿児島県薩摩川内市：甑島振興事業・こしきアイランドキャンパス「甑島方言の記録と伝承」、2010 年度
- [2] 宮地裕名誉教授記念基金（大阪大学）：ポスドク研究支援「鹿児島県北西部方言における述部の語形成とアクセント形成」、2010 年度
- [3] 国立国語研究所：人間文化研究機構連携研究「鹿児島県甑島の限界集落における絶滅危惧方言のアクセント調査」（「アジアにおける自然と文化の重層的関係の歴史的解明」の一環）、代表：窪薗 晴夫、2011–14 年度

参考文献

井島六助（1979）『出水方言——カゴシマ語の一特異分野——』私家版（印刷：南日本新聞開発センター）

大木一夫（2010）『古代日本語連体形の機能とその変遷——係り結び文・連体形終止文を視座として——』（科学研究費補助金研究成果報告書）東北大学文学研究科

大久保寛（2002）『さつま言辞典』高城書房

大西拓一郎（1995）『日本語方言活用の通時的研究序説』（科学研究費補助金研究成果報告書）、国立国語研究所

大西拓一郎（2002）「活用」大西拓一郎（編）『方言文法調査ガイドブック』国立国語研究所

尾形佳助（1987）「上甑島瀬上方言の形態音韻論」九州大学大学院人文科学府、昭和 62 年度修士論文、未公刊

上村孝二（1965）「上甑島瀬上方言の研究」『鹿児島大学法文学部紀要文学科論集』1、鹿児島大学法文学部

清瀬義三郎則府（1971）「連結子音と連結母音と——日本語動詞無活用論——」『国語

学』86、国語学会
黒木邦彦（2012）「二段動詞の一段化と一段動詞の五段化」丹羽一彌（編）『日本語はどのような膠着語か——用言複合体の研究——』笠間書院
黒木邦彦（2015）「書評　清瀬義三郎則府著『日本語文法体系新論』」『日本語の研究』11-4、日本語学会
小林隆（1995）「動詞活用におけるラ行五段化傾向の地理的分布」『東北大学文学部研究年報』45、東北大学文学部
小林泰秀（1983）「津軽方言の音韻規則」『広島女学院大学論集』33、広島女学院大学
迫野虔徳（1998）「九州方言の動詞の活用」『語文研究』85、九州大学文学部国語国文学会
佐々木冠（2016）「現代日本語における未然形」庵功雄・佐藤琢三・中俣尚己（編）『日本語文法研究のフロンティア』くろしお出版
真田信治（2011）「日本の方言研究と「ひとつの日本語」」『国語学研究』50、東北大学「国語学研究」刊行会
丹羽一彌（2005）『日本語動詞述語の構造』笠間書院
早田輝洋（1985）『博多方言のアクセント・形態論』九州大学出版会
南不二男（1962）「三　文法」国語学会（編）『方言学概説』武蔵野書院
南不二男（1967）「鹿児島県甑島瀬上方言の音韻体系」『方言研究年報』10、広島大学方言研究会
森勇太・平塚雄亮・黒木邦彦（編）窪薗晴夫（監修）（2015）『甑島里方言記述文法書』大学共同利用機関法人　人間文化研究機構連携研究「アジアにおける自然と文化の重層的関係の歴史的解明」サブプロジェクト（研究代表者・窪薗晴夫）「鹿児島県甑島の限界集落における絶滅危機方言のアクセント調査研究」研究成果報告書、国立国語研究所
屋名池誠（1986）「述部構造——現代東京方言述部の形態＝構文論的記述——」『松村明教授古稀記念　国語研究論集』明治書院
屋名池誠（1987）「活用——現代東京方言述部の形態＝構文論的記述〔2〕——」『学苑』565、昭和女子大学近代文化研究所
屋名池誠（2006）「動詞活用の地域差とその成因・今後の進路——理論と『方言文法全国地図』の出会うところ——」『日本方言研究会第83回研究発表会発表原稿集』日本方言研究会
山田幸宏（1983）「土佐方言サ行子音と上代サ行子音」『国語学』133、国語学会
Bloch, Bernald（1946a）'Studies in Colloquial Japanese: I. Inflection' *Journal of the American Oriental Society* 66.
Bloch, Bernald（1946b）'Studies in Colloquial Japanese: III. Derivation of inflected words' *Journal of the American Oriental Society* 66.

索 引

あ行

意志 122, 125, 145, 146, 153
意味的配列 67
ウ音便 107
遠心的用法 185
音韻的不安定性 276
音節構造 8
音素 5, 41

か行

格助詞 13
確定 161
確認要求 129, 130, 152
格配列 50, 51, 52, 67, 70, 79
活用 273, 275, 278
仮定 161
上一段動詞 273, 276, 277, 285, 287
完全時制節 169
勧誘 122, 125, 145, 146, 153
聞き手志向待遇 101
聞き手待遇場面 194
危機方言 112
基底形 279
既定性 165
既定的 165
希望 122, 134, 145, 148, 153
疑問節 132, 152
逆接 161
逆接確定条件表現 161
逆接仮定条件表現 161
求心的用法 185

偶然確定条件 163
形式名詞 130, 134, 139, 145, 250, 253, 262, 269
形容詞 27, 107, 114, 117
言語・思考・認識活動の内容を表す用法 233
言語変化 106
謙譲語 199
交替語幹 279
後天的r語幹 274, 277, 285, 286, 287
語幹型二極化 274, 277
語幹交替 273, 278, 285
コピュラ 27, 249, 252, 254, 262, 269

さ行

指示代名詞 11
事実的条件文 174
指示副詞 232
自動詞分裂 67
弱化 262, 268
終助詞 38
主語標示 49, 50, 52, 56, 68
順接 161
順接確定条件表現 161
順接仮定条件表現 161
準体助詞 39, 249, 251, 262, 269
状況タイプ 166
推量 122, 125, 149, 152
数詞 12
静的状態の様子を表す用法 233
接続助詞 35

索　引

絶対敬語　95, 97
説明的な場面　237
総称的条件文　173
素材待遇形式　83, 84, 88, 97
尊敬語　186, 191, 200
尊卑　50, 51, 70, 76, 79

た行

対格助詞　107, 117
第三者待遇　83, 86, 88, 97, 194
第三者偏用　98
対者敬語化　99
対者待遇　83, 86, 88, 97
対称詞　205, 207, 210, 214, 216, 219, 222, 225, 226
他動性階層　52, 79
談話　207, 210, 213, 216, 218, 219, 220, 226
地域差　208, 212
地域特性　101
程度・量の大きさを表す用法　233
程度・量を表す用法　230
丁寧語　186, 191, 201
テキスト　106, 108, 114
伝統方言　106, 117
伝聞　125, 142, 152
動作・作用の様態を表す用法　233
動作主性　50, 56, 66, 67, 71, 79
動詞　14
独立用法　211, 215, 216, 217, 218, 219, 221, 222, 224
取り立て　33

な行

二人称代名詞　205, 207, 210, 219, 220, 222, 224, 225

認識タイプ　166
認識的条件文　168
人称代名詞　10
ノダ　249, 250, 251, 252, 254, 262, 269

は行

場面制約　233
反事実的条件文　172
比較方言学　273, 287
非既定的　165
非代名詞　206, 208, 226
必然確定条件　163
非伝統方言　106, 117
表層形　279
不完全時制節　169
分析的傾向の変化　246
母音変化　268
方言接触　111, 112, 117
方言談話　206
補助動詞　193
本動詞　193

ま行

身内尊敬用法　87
無敬語　94, 98
名詞　9
モダリティ　249, 252, 258, 264, 269

や行

有生性階層　52, 79
様態　122, 125, 133, 148, 152
予測的条件文　165

ら行

ラ行五段化　273, 275, 277, 287
連体用法　211, 215, 216, 217, 218, 219,

　　　　221, 223, 225
連用用法　211, 215, 216, 217, 218, 225
連用用法（省略可）219, 221, 223, 225
連用用法（省略不可）219, 221, 223, 225

編者・執筆者一覧

木部暢子（きべ・のぶこ）　　　　　国立国語研究所言語変異研究領域・教授

窪薗晴夫（くぼぞの・はるお）　　　国立国語研究所理論対照研究領域・教授

高木千恵（たかぎ・ちえ）　　　　　大阪大学大学院文学研究科・准教授

有田節子（ありた・せつこ）　　　　立命館大学大学院言語教育情報研究科・教授

岩田美穂（いわた・みほ）　　　　　就実大学人文科学部・講師

江口正（えぐち・ただし）　　　　　福岡大学人文学部・教授

門屋飛央（かどや・たかてる）
　　　　　　　　福井工業高等専門学校一般科目教室（人文社会科学系）・助教

黒木邦彦（くろき・くにひこ）　　　神戸松蔭女子学院大学文学部・准教授

酒井雅史（さかい・まさし）　　　　大阪大学大学院文学研究科・助教

坂井美日（さかい・みか）
　　　　　　　　日本学術振興会／国立国語研究所・日本学術振興会特別研究員

白岩広行（しらいわ・ひろゆき）　　立正大学文学部・専任講師

野間純平（のま・じゅんぺい）　　　島根大学法文学部・講師

平塚雄亮（ひらつか・ゆうすけ）　　中京大学文学部・講師

藤本真理子（ふじもと・まりこ）　　尾道市立大学芸術文化学部・准教授

松丸真大（まつまる・みちお）　　　滋賀大学教育学部・教授

森勇太（もり・ゆうた）　　　　　　関西大学文学部・准教授

山本空（やまもと・そら）　　　　　関西大学大学院・博士課程後期課程

（五十音順）

鹿児島県甑島方言からみる文法の諸相

| 2019 年 2 月 27 日 | 初版第 1 刷発行 |

編　者	窪薗晴夫・木部暢子・高木千恵
発行人	岡野秀夫
発行所	株式会社　くろしお出版
	〒102-0084　東京都千代田区二番町 4-3
	TEL: 03-6261-2867　FAX: 03-6261-2879
	URL: http://www.9640.jp　e-mail: kurosio@9640.jp
印刷所	三秀舎
装　丁	折原カズヒロ

© Haruo KUBOZONO, Nobuko KIBE, and Chie TAKAGI 2019
Printed in Japan　　ISBN 978-4-87424-786-0　C3081
乱丁・落丁はおとりかえいたします。本書の無断転載・複製を禁じます。